Jurisdição, Direitos Sociais e Proteção do Trabalhador

C376j   Cavalcante, Ricardo Tenório
            Jurisdição, direitos sociais e proteção do trabalhador: a efetividade do direito material e processual do trabalho desde a teoria dos princípios / Ricardo Tenório Cavalcante. – Porto Alegre: Livraria do Advogado Editora, 2008.
            223 p.; 23 cm.
            ISBN 978-85-7348-583-7

            1. Trabalhador: Proteção. 2. Direitos econômicos e sociais. 3. Direito do trabalho. 4. Processo trabalhista. I. Título.

CDU – 331:34

Índices para catálogo sistemático:
Direito do trabalho
Trabalhador: Proteção
Direitos econômicos e sociais
Processo trabalhista

(Bibliotecária responsável: Marta Roberto, CRB-10/652)

RICARDO TENÓRIO CAVALCANTE

Jurisdição, Direitos Sociais e Proteção do Trabalhador

A EFETIVIDADE DO DIREITO MATERIAL
E PROCESSUAL DO TRABALHO
DESDE A TEORIA DOS PRINCÍPIOS

Porto Alegre, 2008

© Ricardo Tenório Cavalcante, 2008

Capa, projeto gráfico e diagramação
Livraria do Advogado Editora

Revisão
Rosane Marques Borba

Direitos desta edição reservados por
Livraria do Advogado Editora Ltda.
Rua Riachuelo, 1338
90010-273 Porto Alegre RS
Fone/fax: 0800-51-7522
editora@livrariadoadvogado.com.br
www.doadvogado.com.br

Impresso no Brasil / Printed in Brazil

A minha família. Seja no que Deus dadivosamente me contemplou (João, Carmen Lúcia, Gustavo, Carolina e Caik). Seja na parte que coube a mim a escolha (Leila e Raphael, este que primeiramente veio no pacote do meu amor por sua mãe e hoje é filho escolhido, cuidado e para sempre amado).

Agradecimentos

Como é bom poder agradecer a quem tanto amo e nem sempre o faço. Minha eterna gratidão a meu pai, João, a minha mãe, Carmen Lúcia, e a meu irmão, Gustavo. Bem sabem que o apoio à realização de um sonho que é o doutorado diz muito pouco do suporte em tudo e a todo momento que vocês têm estendido a mim, mas a oportunidade de registrar o agradecimento e o reconhecimento não poderia ser dispensada. Quisera poder retribuir-lhes à altura.

À Leila, que foi decisiva na concretização deste trabalho. Seu amor produziu em mim diversas mudanças e muitas iniciativas, entre elas a de me jogar no projeto de doutoramento.

Ao Rapha, que mesmo no despertar da adolescência já me ajudou na confecção do sumário.

Ao meu orientador, o Professor-Doutor Sérgio Torres, a quem desde sempre admirei, primeiro como Professor, depois como colega e hoje me distingue com a sua amizade.

Aos Professores-Doutores Andreas Krell, Eneida Melo, Ingo Sarlet, João Maurício Deodato e Luiz Guilherme Marinoni.

Ao amigo Everaldo Gaspar Lopes de Andrade. Quebrangulense como meu dileto pai, deixou-me das aulas o legado de Professor comprometido com o Direito e de sua convivência o exemplo de homem desprendido, generoso e resistente, que na cidade grande não perdeu a simplicidade e a solidariedade do interior alagoano.

Ao amigo Marcelo Toledo, que, a par do fraternal apoio quotidiano em outras áreas da minha vida, foi atento e solícito revisor de todo o texto ora defendido.

Ao amigo Sérgio Wanderley, pela presença constante e pelas palavras de solidariedade ao longo dessa trajetória.

Ao amigo Flávio Barbosa, minha ponte entre Maceió e Recife e companheiro de muitos desafios.

Ao amigo Ricardo Melro, parceiro ideológico nas batalhas não raro inglórias no cotidiano forense.

Aos colegas e amigos Alda Barros de Araújo, Henrique Cavalcanti, Flávio Luiz, Leonardo Wandelli, Sávio Gazzaneo e Valdete Severo, cada um e a seu jeito contribuiu significativamente para a feitura desta investigação.

A Jousi e a Carminha, diligentes servidoras da UFPE e queridas amigas.

Aos parceiros de jornada em União dos Palmares, todos e sem exceção, Antônio Carlos, Rouse, D. Creuza, Madalena, Sílvio Sousa, Sílvio Antônio, Luciana, Lúcio, Nena, Elza, José Carlos de Lima, José Carlos Júnior.

Ao Tribunal Regional do Trabalho da 19ª Região, instituição que honra o Poder Judiciário e é um farol de cidadania no Estado de Alagoas.

"Não sou só para comer trigo
Sou para cair e para me levantar."

Jorge de Lima

Prefácio

Em certas ocasiões – pode-se dizer muito raramente –, surge no horizonte acadêmico um jovem cujo brilho intelectual o distingue dos demais integrantes de mais uma geração de grandes juristas. O destaque, neste caso, provém não daquilo que é descrito na obra, mas da visão peculiar do autor sobre aquilo que é escrito, demonstrando uma habilidade ímpar em focar o tema do seu estudo sob uma luz antes desconhecida, revelando novidades diante daquilo que outros já tinham contemplado, sem entretanto realmente compreender em toda a sua plenitude.

Ricardo Tenório Cavalcante é o autor a quem me refiro, um desses jovens acadêmicos de excepcional brilho.

São muitos os nomes dos grandes estudiosos do Direito do Trabalho desta primeira "fornada" de jovens juristas do Século XXI. A aptidão visionária do jovem Ricardo, no entanto, é única.

Capaz de ver, compreender e examinar de forma crítica aspectos que usualmente escapam ao alcance do acadêmico comum, o insigne alagoano consegue transmitir conhecimento como quem conversa com velhos amigos no sofá de casa. Uma prosa tranqüila, cativante e bem entendida pelos seus leitores.

Nascido na cidade de Maceió, filho de João e Carmem Lúcia, ambos advogados, e irmão de Gustavo, juiz do trabalho de reconhecida vocação para a função, o jovem Ricardo honrou a tradição familiar de intimidade com as letras jurídicas e graduou-se em Direito, no ano de 1995, para, em seguida, ingressar na magistratura do trabalho, em setembro de 1996. Primeiro, no Paraná, perante o prestigiado Tribunal Regional do Trabalho da 9ª Região. Posteriormente, como meu colega em Pernambuco, no Tribunal Regional do Trabalho da 6ª Região. E, finalmente, retornando ao seu estado natal, atuando como juiz do trabalho do Tribunal Regional do Trabalho da 19ª Região, desde dezembro de 1997.

Já como magistrado, deu vazão à sua forte veia acadêmica ao concluir o seu curso de mestrado em direito, e, agora também, o curso de doutorado em direito, ambos na Universidade Federal de Pernambuco, completando uma formação autenticamente nordestina, mas universal no seu alcance. É mais um nome que vem justificar a tradição da Faculdade de Direito do Recife como estuário de grandes juristas, desde Tobias Barreto, Nelson Saldanha, João Maurício Adeodato, Marcelo Neves entre tantos outros.

Para mim, foi sinceramente uma elevada honra ter sido o seu orientador no curso de doutorado. Tenho certeza de que fui orientado tanto quanto orientei e aprendi ainda mais do que ensinei. E, acima de tudo, elejo o fortalecimento da nossa sincera e fraternal amizade como um dos pontos altos de tal empreitada.

E o resultado acadêmico não poderia ser melhor: aprovação com louvor, com destacados encômios de todos os ilustres membros da banca examinadora, formada pelos notáveis Nelson Saldanha (UFPE), Manoel Cavalcante de Lima Neto (UFAL), George Sarmento Lins Jr. (UFAL), Raymundo Juliano Rego Feitosa (UFPE) e Eneida Melo Correa de Araújo (UFPE).

A presente obra é o resultado da "lapidação" (de forma, e não de conteúdo) da sua tese de doutorado, adaptada às exigências de uma publicação doutrinária destinada ao grande público do mundo jurídico-social.

Lançada neste momento pela conceituada editora Livraria do Advogado com o título de *Jurisdição, Direitos Sociais e Proteção ao Trabalhador – a efetividade do direito material e processual do trabalho desde a teoria dos princípios*, a obra tem um destino certo: o posto de referência para a compreensão de um novo modelo de tutela juslaboral.

O estudo desenvolvido pelo autor transita em torno do tema *proteção do trabalhador*, desde a qualificação normativa até a tutela jurisdicional estatal, tendo sido dividido em oito capítulos, precedidos por uma Introdução almejando a apresentação e contextualização do objeto e sucedidos por uma Conclusão na qual são expostas as principais constatações extraídas de sua pesquisa sobre a efetivação do princípio tuitivo.

No capítulo inaugural, destinado a traçar as diretrizes do enfoque científico a ser desenvolvido, o autor explora a evolução do trabalho e o novo papel do Judiciário. Enquanto no segundo capítulo examina com adequação a proteção do trabalhador na Carta Política de 1988, no terceiro capítulo o autor destaca a tutela do hipossuficiente desde a perspectiva da teoria dos princípios. Posteriormente, no quarto capítulo, é ressaltada a possibilidade normativa para a concretização do direito no modelo pátrio e, no quinto, o autor concentra sua análise na defesa de pré-compreensões legítimas no processo hermenêutico desenvolvido no âmbito judicial. Após passar pelos impactos do princípio tutelar no direito material do trabalho, no sexto capítulo a investigação é voltada para as repercussões daquele princípio sobre o processo do trabalho. No sétimo capítulo, o jovem Ricardo examina minuciosamente o procedimento de aplicação do princípio protetor do trabalhador pelo Poder Judiciário pátrio, sob a perspectiva da legitimidade democrática.

A obra, como se percebe, é densa e interdisciplinar, como convém a uma pesquisa que se pretende de maior alcance.

Mas talvez a sua maior contribuição científica seja a de introduzir uma nova visão ao princípio da proteção no Direito do Trabalho contemporâneo, estabelecendo o delineamento do "princípio da proteção à pessoa-que-trabalha", almejando proporcionar uma hermenêutica em prol da pessoa do trabalhador. Nesse sentido, o autor inova, com o objetivo de evitar o deslocamento artificioso típico do pensamento capitalista globalizado, que dispensa ao trabalho humano um tratamento próprio de mercadoria, desconsiderando a pessoa prestadora do labor. Doravante deve-se, portanto, aludir não mais apenas ao princípio da proteção do trabalhador e sim ao "princípio da proteção à pessoa-que-trabalha" – um feliz neologismo autoral, com uma expressão propositadamente composta para enfatizar a indissociabilidade da pessoa que trabalha do trabalho, como que criando um obstáculo a mais na tentativa de que a pessoa do trabalhador seja apropriada pelo capital. Resulta, por conseguinte, na "humanização" do princípio tuitivo que serve de fundação ao modelo normativo trabalhista. O que não é pouco e faz toda a diferença.

Outra grande construção do autor repousa na (re)elaboração do instrumento da precedência *prima facie*, na esteira dos arranjos teóricos de Robert Alexy, mas com uma nova roupagem, por meio da qual o jovem Ricardo defende uma preferência do "princípio da proteção da pessoa-que-trabalha" em face do princípio da livre iniciativa do empresário/empregador. O texto aponta que isso "não significa uma pré-determinação absoluta de que um direito se sobreponha sempre e em qualquer circunstância a outro", sendo antes uma preferência de largada dentro do procedimento de ponderação, próprio para a resolução dos conflitos principiológicos, que pode sim ser superada desde que sejam apresentados argumentos bastantes para tanto. Tal precedência *prima facie*, portanto, gera um ônus argumentativo sobre o empregador, e por isso uma proteção a mais em favor do trabalhador, nas escalas do processo de ponderação. A análise – importa acentuar – é toda realizada em consonância com a Carta Constitucional brasileira. O autor cuida de demonstrar, assim, que tal linha de raciocínio pode (e deve) ser utilizada na atividade judicante dos magistrados para uma infinidade de casos, tanto no âmbito do direito material do trabalho como na seara do processo trabalhista.

Nesse sentido – e já fazendo uso de parte do manancial do livro –, cito como exemplo o legítimo direito de despedir desfrutado pelo empregador, que, como regra geral, lhe dá autoridade para dispensar um empregado sem a presença de uma justa causa, encontraria limites na precedência *prima facie* do "princípio da proteção à pessoa-que-trabalha" em face do direito do empregador, restringindo a prática da dispensa não apenas quando diante do portador de alguma espécie de estabilidade no emprego, mas também em casos outros, como quando se tem um móvel discriminatório no ato de despedida, nos moldes de resto da Lei 9.029, de 1995. Restaria ao empregador trazer argumentos mais fortes para legitimar a despedida, ônus que apenas a ele competiria, como está bem posto no capítulo sete. Esse é um dentre tantos exemplos em que a jurisdição pode se valer da idéia regulativa da precedência *prima facie* trazida nesta publicação, como forma de promover o direito da proteção à pessoa-que-trabalha, dentro da nova terminologia forjada pelo autor.

Incumbe ao magistrado, para concretizar a tutela jurisdicional trabalhista de forma justa e eficaz, simplesmente seguir tal hermenêutica própria do espírito do Direito e Processo do Trabalho, tão naturalmente exposta pelo autor, na pacificação dos conflitos submetidos à sua apreciação.

Conforme descrito pelo próprio autor, "a hipótese central ao final coonestada é de que a jurisdição laboral pode contribuir para acrisolar a rede de protetividade jurídica das relações privadas de trabalho ou pelo menos tornar-se um umbral de resistência e questionamento, sob o prisma dos direitos fundamentais e da teoria dos princípios de Robert Alexy, para a avassaladora e pululante opressão da mão-de-obra no atual estágio do modo de produção capitalista no Brasil".

Enfim, uma obra jurídica de inigualável valor e que, certamente, será apontada como marco histórico na evolução da doutrina laboral brasileira, seja pela densidade teórica que encerra, seja pela ampla utilidade prática no dia-a-dia forense dos instrumentos ali elaborados. A conjugação dos dois lados do autor, o do acadêmico e do magistrado parece ser a explicação para a harmoniosa e sempre desejável imbricação entre teoria e prática presente no livro.

Aguardo, francamente, que as lições desenvolvidas nesta publicação possam colaborar, especialmente perante os integrantes da magistratura do trabalho, para uma melhor compreensão do novo modelo trabalhista do Século XXI.

Ofereço, assim, congratulações ao autor, à editora e a sociedade brasileira pela publicação desta obra tão rica em conteúdo quanto inovadora na visão crítica proporcionada aos seus leitores.

Recife, julho de 2008.

Sergio Torres Teixeira
Professor Adjunto da FDR/UFPE
Doutor em Direito
Juiz do Trabalho do TRT da 6ª Região

Sumário

Apresentação – *Ingo Wolfgang Sarlet* 19

Introdução 21

CAPÍTULO I – **O novo desenho do capitalismo no Brasil: o avanço do modo de produção toyotista, suas repercussões no mundo do trabalho e o papel do Poder Judiciário frente a esse contexto** 29
1. Considerações iniciais 29
2. O regime de produção brasileiro da década de 50 até início dos anos 80: a época da exploração da mão-de-obra 30
3. Os anos 80 e as primeiras transformações na estrutura organizacional-produtiva 32
4. Os anos 90 e o alvorecer do século XXI: o adensamento do processo de transformação no modo de produção e a exclusão do trabalhador 33
5. As razões da mudança do fordismo/taylorismo ao toyotismo: o êxito do capital e a globalização 35
   5.1. A crise do fordismo e do *welfare state*: a crise estrutural do capitalismo nos anos 70 .. 36
   5.2. A globalização 39
6. As novas tecnologias e a intensificação da exploração do capital sobre o trabalho 40
7. O fim do emprego: um caminho sem volta? 42
8. O entrincheiramento e a importância do direito do trabalho: o papel do Poder Judiciário .. 44
9. Considerações finais ao capítulo 47

CAPÍTULO II – **A proteção ao trabalhador na Constituição brasileira de 1988: qualificação normativa e modos eficaciais** 49
1. Considerações iniciais 49
2. O conceito estrutural de direitos fundamentais 50
3. A proteção ao trabalhador na Carta da República brasileira: norma geral com *status* de direito fundamental 52
4. Tratamento da Constituição brasileira aos Direitos Fundamentais 54
5. Da dimensão objetiva dos Direitos Fundamentais 55
6. Da dimensão subjetiva dos Direitos Fundamentais 56
7. Das funções dos direitos fundamentais no estado liberal: dos direitos de defesa ou proibições de intervenção 57
8. Das funções dos direitos fundamentais no Estado Social: dos deveres de proteção 59
9. Da eficácia dos Direitos fundamentais 61

9.1. Da distinção terminológica e conceitual entre eficácia e efetividade 61
9.2. Do grau de eficácia das normas definidoras de direitos fundamentais 62
9.3. Da tipologia eficacial: da eficácia vertical e da eficácia horizontal 63
9.4. Da eficácia direta e da eficácia indireta: a opção do constituinte brasileiro 65
9.5. Da eficácia da proteção ao trabalhador 67
10. Considerações finais ao capítulo 69

CAPÍTULO III – A norma geral de proteção ao trabalhador desde a perspectiva da teoria dos princípios 71
1. Considerações iniciais 71
2. Regras e princípios: da negativa à defesa da demarcação forte na era da dimensão normativa de ambos 72
3. Regras e princípios por Dworkin e Alexy: a escolha justificada de Alexy como marco teórico da parte metodológica da pesquisa 74
4. Tomada de posição: pela importância da diferenciação entre regras e princípios na tarefa de otimização dos direitos fundamentais pelo Poder Judiciário 77
5. A construção regras e princípios: uma crítica ao positivismo jurídico 79
6. O problema da hierarquia entre regras e princípios 80
7. O problema da hierarquia entre princípios 81
8. A resolução dos conflitos entre as normas-princípio: da complementação dos meios tradicionais de interpretação com o método da ponderação 82
9. A operacionalização do método de ponderação – a aplicação do princípio da proporcionalidade 84
10. A regra da razoabilidade 87
11. As precedências "prima facie" 88
12. O conceito de postulado. A superação da tipologia dual das regras e princípios? 90
13. Princípio e direitos fundamentais 91
14. Princípios, regras e Direitos Fundamentais do trabalhador 93
15. Proteção ao trabalhador: direito fundamental na estrutura de princípio 95
16. Considerações finais ao capítulo 96

CAPÍTULO IV – A racionalidade na teoria dos princípios e uma análise comparativa com a teoria da superação da regra (*defeasibility of rules*): possibilidades normativas para a aplicação do direito no Brasil, com ênfase na seara do trabalho 99
1. Considerações iniciais 99
2. A racionalidade da aplicação do direito e as principais correntes do pensamento jusfilosófico: do jusnaturalismo ao pós-positivismo 101
3. A permeabilidade a considerações subjetivas: característica ínsita a toda decisão jurídica . 106
4. Os princípios e a discricionariedade judicial: o fechamento através dos sentidos incorporados à linguagem 107
5. A racionalidade na teoria dos princípios: as estruturas da ponderação e a definição de critérios (*standards*) no procedimento operativo 109
6. A racionalidade possível e a relação de complementariedade com métodos alternativos .. 110
7. Regras e princípios como construção do intérprete: o enriquecimento do processo hermenêutico 111
8. Da teoria da superação ou "derrotabilidade" da regra (*defeasibility of rules*) 113
   8.1. Análise crítica e contextualizada com a realidade brasileira da teoria da "derrotabilidade" . 115
   8.2. Da aplicação da teoria no campo trabalhista 117
9. Considerações finais ao capítulo 119

CAPÍTULO V – Pela defesa de pré-compreensões legítimas: um diálogo com a construção teórica de Gadamer na tarefa de proteger o trabalhador no processo hermenêutico judicial . 123
1. Considerações iniciais 123
2. O preconceito como condição de compreensão 124
3. Pré-compreensões legítimas no campo da Constituição e do tratamento ao trabalhador dispensado em seu texto 126
   3.1. A constituição e o direito fundamental social ao trabalho: uma proteção adensada para o empregado 128
4. Pré-compreensões legítimas do Direito do Trabalho 130
   4.1. O Direito do Trabalho como um processo de árdua conquista da classe operária: a infiltração de justiça nas relações de trabalho 130
   4.2. O direito do trabalho para além do aspecto remuneratório, mesmo no modo de produção capitalista 133
   4.3. O resgate da positividade do trabalho 136
5. Considerações finais ao capítulo 139

CAPÍTULO VI – A jurisdição e o direito material do trabalho: os impactos do princípio da proteção ao empregado 141
1. Considerações iniciais 141
2. Caráter tutelar do direito material do trabalho: breves contornos 142
3. Dos direitos fundamentais do trabalho e da ordem econômica da Constituição Federal de 1988 143
4. Direitos fundamentais do trabalho e o seu escudo normativo 145
5. Das mutações informais do Direito do Trabalho e a relevância da dimensão hermenêutica judicial 145
6. A superação da proteção legal trabalhista: mecanismos clássicos (o critério da norma mais benéfica) 147
7. Da complementação dos meios tradicionais com o novo arranjo teórico da aplicação do princípio da proteção, pelo veículo da ponderação 149
8. Formas de aplicação do princípio constitucional da proteção do trabalhador sobre o direito material do trabalho: as incidências direta e indireta 151
9. A tensão do direito fundamental da proteção à pessoa-que-trabalha e o bem constitucional da livre iniciativa: o *iter* operacional da proporcionalidade e a precedência *prima facie* dos agentes do trabalho 152
   9.1. O enquadramento morfológico da livre iniciativa 152
   9.2. A ausência de hierarquia rígida entre o princípio da proteção do empregado e a livre iniciativa do empregador 153
   9.3. Da precedência *prima facie* do princípio da proteção do empregado em relação ao princípio da livre iniciativa do empregador 153
10. A análise prudente e séria na aplicação do princípio da proporcionalidade para resolver o conflito: casos ilustrativos em face da realidade mutante 158
11. Considerações finais ao capítulo 162

CAPÍTULO VII – A jurisdição e as reverberações do princípio da proteção ao trabalhador no Direito Processual do Trabalho 165
1. Considerações iniciais 165
2. A distribuição do ônus do tempo no processo e a particularidade do processo do trabalho . 166
3. Técnicas legislativas para enfrentamento do dano marginal 167
4. A delimitação conceitual da expressão "tutelas de urgência" 168

5. Aplicação no processo do trabalho das regras de tutela de urgência do processo civil 171
6. Os modos de superação da proteção celetista 173
7. Processo e efetividade dos direitos do trabalho 175
8. O princípio do contraditório e a efetividade do processo: a necessária releitura 176
9. O princípio da proteção do trabalhador e a proporcionalidade na esfera processual: operacionalização, campo de atuação e peculiaridades do processo do trabalho 178
   9.1. Insuficiência de meios de coerção indireta: a defesa da multa por obrigação de pagar quantia certa e da prisão civil, a partir do princípio da proteção do trabalhador 185
   9.2. Um caminho cheio de possibilidades favoráveis ao trabalhador 189
10. Considerações finais ao capítulo 190

Capítulo VIII – A aplicação do princípio da proteção ao trabalhador pelo Poder Judiciário brasileiro, a separação de Poderes e a legitimidade democrática 193
1. Considerações iniciais 193
2. A legitimidade democrática e o princípio da proteção 194
3. Do alargamento conceitual da Democracia e do seu tratamento conteudista na contemporaneidade 196
4. A Democracia em Ferrajoli: uma proposta conteudista 199
5. A Democracia pela Teoria do Discurso: notas sobre a visão de Habermas 202
6. A democracia e a realidade brasileira: é preciso contextualizar o conceito 204
7. O argumento da separação de poderes e a verdadeira separação dos poderes 205
8. Considerações finais ao capítulo 207

Conclusão 209

Referências 217

Apresentação

Muito embora a expressiva presença do direito do trabalho e de todo um conjunto de direitos, deveres, princípios e regras relacionadas direta e indiretamente ao mundo do trabalho na nossa Constituição Federal de 1988, curiosamente a doutrina e jurisprudência trabalhistas, ressalvadas as honrosas e relevantes exceções, tardou a despertar para a necessidade de uma reconstrução dogmática de toda a rede normativa de tutela e promoção do trabalhador e das relações de trabalho, com base na teoria moderna dos direitos e dos princípios fundamentais. Assim como ocorreu com o processo civil e outros ramos do Direito, a constitucionalização do direito do trabalho não raras vezes se limitava ao mero reconhecimento de que os direitos dos trabalhadores integram o elenco de direitos e garantias fundamentais da Constituição, mas sem a devida consideração das conseqüências de tal "status" para o direito material e processual do trabalho como um todo. Por evidente que ao longo do tempo, assim como em outras áreas, a produção doutrinária, notadamente na esfera dos direitos e garantias fundamentais, da teoria do direito e da interpretação constitucional, foi profundamente renovada e ampliada, isto sem falar no investimento crescente dos próprios profissionais do Direito na formação acadêmica em nível de pós-graduação, tudo a contribuir para uma fecunda oxigenação das discussões e um avanço significativo no campo do direito constitucional, sem antecedentes na história nacional. O mundo do trabalho não quedou imune a este processo e já há algum tempo, basta apontar para a farta e cada vez mais constitucionalmente comprometida produção teórica e prática, está vivenciando uma fase de expansão altamente positiva no que diz com a inserção do discurso constitucional.

A obra e o autor que ora tenho a feliz oportunidade de apresentar, com o intuito não de discorrer longamente sobre o tema, o texto e a pessoa do autor, mas com o objetivo de contribuir para a divulgação do livro, representa, com alguns ajustes, o resultado da tese de doutoramento exitosamente defendida pelo autor no Programa de Pós-Graduação em Direito da prestigiada Escola de Recife, perante banca integrada por expoentes da cultura jurídica, designadamente, Prof. Dr. Sérgio Gomes Teixeira, orientador, Prof. Dr. Nelson Saldanha, Prof. Dr. George Sarmento de Lima Jr., Prof. Dr. Manoel Cavalcante Lima Neto, Prof. Dr. Raymundo Juliano Rego Feitosa e Profa. Dra. Eneida Melo Correia de Araújo. Além disso, dada o relevante papel na formação jurídico-constitucional do autor ora apresentado, como seu professor tanto na Escola de Recife quanto em Maceió, destaco ainda a pessoa do colega e amigo Andreas Krell, que, nascido e formado na Alemanha, já se tornou um dos expoentes do constitucionalismo brasileiro e um dos mais severos críticos da importação direta e irrefletida de institutos jurídicos estrangeiros. O autor, Professor e Doutor Ricardo Tenório Cavalcante, é tanto um homem comprometido com o direito concretizado, imerso na realidade viva, atuando como Magistrado do Trabalho, quando um homem dedicado ao estudo e à pesquisa, além de exercer o Magistério, o que, como bem demonstra o texto da obra, acabou concorrendo para o resultado ora apresentado ao público, um texto sólido, comprometido e destinado a influenciar tanto na esfera teórica, quanto na esfera da prática jurídica. O tema, Jurisdição, Direitos Sociais e a Proteção do Trabalhador, não poderia ser mais atual e relevante. No que diz com o conteúdo, além de não deixar de proceder a uma contextualização, avaliando o marco político, social e econômico no qual se inserem as relações de trabalho, enveredou pela moderna dogmática dos direitos fundamentais, sem descurar dos meandros da hermenêutica e da teoria dos princípios, com base na qual, evitando assim os malefícios de uma abordagem eminentemente abstrata e desvinculada da realidade, empreendeu uma rica e competente análise no que diz com a concretização do discurso constitucional no plano das mais relevantes questões que dizem respeito ao direito do trabalho, tanto na perspectiva material, quando na dimensão processual. Soma-se a isso uma pesquisa sólida, a partir de uma bibliografia expressiva em termos quantitativos e qualitativos, além da inserção oportuna de uma série de casos extraídos da prática forense.

Pelas suas virtudes – e o elenco colacionado é meramente ilustrativo - a obra que ora se apresenta ao público nasce destinada ao sucesso editorial, e, pelo menos é isto que se almeja, haverá de influenciar positivamente a doutrina e a prática jurisdicional, agregando inequívoco valor ao fecundo debate em torno dos direitos fundamentais e da principiologia constitucional, contribuindo para o efetivo desenvolvimento do direito do trabalho entre nós. Resta-nos, também desta feita, parabenizar ao autor e a Livraria do Advogado Editora pela feliz união que fez possível a publicação desta obra.

Porto Alegre, agosto de 2008.

Prof. Dr. Ingo Wolfgang Sarlet
Titular da Faculdade de Direito da
PUCRS e Juiz de Direito no RS

Introdução

Busca-se com este livro reproduzir a tese de doutorado defendida em 21 de dezembro de 2007, na Universidade Federal de Pernambuco. Procurou-se não fazer maiores acréscimos, embora tenha sido forte a tentação de se fazer incorporar as novas leituras e vivências, de forma a não comprometer a unidade do texto original. Evidentemente que foram necessárias algumas adequações, sobretudo para verter o trabalho para uma linguagem mais leve, sem os academicismos de estilo tão comuns quanto desnecessários fora do contexto do doutoramento.

Desde logo se recomenda a todos que a leitura seja feita como se faz a um romance. Do início ao final, com os capítulos do livro como etapas de um processo narrativo literário, encadeados dentro uma lógica cuja compreensão só será de todo alcançada se seguida a trilha pré-determinada pelo autor. Ler esta ou aquela seção em separado pode dar ensejo a interpretações igualmente seccionadas, em prejuízo de um entendimento do que realmente se tenciona passar com o livro.

Com esta publicação, pretende-se defender mecanismos e posições judiciais de proteção ao trabalhador sob regime de emprego privado, como forma de promover o direito da proteção do empregado e assim superar déficits legislativos *vis-a-vis* com a carga de valores do texto constitucional brasileiro, e desde a perspectiva da teoria dos princípios, em uma contribuição ao debate sobre o papel de juízes e tribunais quanto à efetividade dos direitos fundamentais sociais. A hipótese central é de que o Poder Judiciário Laboral pode contribuir para melhorar a rede de protetividade jurídica das relações privadas de trabalho ou pelo menos tornar-se um umbral de resistência e questionamento, pelo prisma dos direitos fundamentais e da teoria dos princípios, para a avassaladora e pululante opressão da mão-de-obra no atual estágio do modo de produção capitalista no Brasil.

Correlato à discussão sobre o que cabe à jurisdição trabalhista, o debate acerca de qual sentido deve tomar, no interior do Estado Democrático de Direito, o modelo material e processual trabalhista tem mantido acesa uma celeuma ético-filosófica, na qual se esgrimam diferentes visões de mundo e dissensos sobre modos-de-ser no plano político, jurídico e sociológico.

De um modo geral, nesses embates é retratado um cenário fático real de mudanças. Sendo que, para fazer frente a esse contexto mutante, as propostas para o direito material e processual do trabalho são quase sempre de flexibilização (precarização) da rede protetora dos trabalhadores. A produção legislativa dos últimos anos reflete essa tendência, a exemplo da lei do banco de horas, da lei das comissões de conciliação prévia e da regra sobre contrato a tempo parcial.[1]

É interessante observar, contudo, que essa produção legislativa de precarização dos direitos trabalhistas não é espelho daquilo que a sociedade como um todo espera nem costumeiramente pratica nas relações de trabalho. Mesmo no chamado mercado informal, os paradigmas legais são em boa parte seguidos, como atesta Noronha.[2] É dizer, essa onda flexibilizante das leis do trabalho parece emanar de um grupo pouco representativo em termos estatísticos em relação à população, mas que detém poder político para engendrar tais mudanças.

Com esteio no mesmo cenário contemporâneo de vicissitudes e surpreendentes transformações nas relações de trabalho, a pretensão nesta pesquisa é de trilhar caminho diametralmente diverso das tendências precarizantes. A idéia é elaborar mecanismos e defender posições dais quais possa se utilizar o julgador trabalhista para superar eventuais debilidades protetivas da legislação laboral.

Trata-se de debruçar a pesquisa na outra face da proteção do trabalho: a idéia de insuficiência ou de fragilidade da tutela do Estado. Em vez do excesso propagado como entrave ao desenvolvimento pela cantinela neoliberal individualista, a deficiência em face do paradigma do Estado Social e Democrático de Direito.

Parte-se da firme convicção de que, pelo móvel dos direitos fundamentais do trabalhador, e no atual estágio da moderna dogmática e hermenêutica jurídicas, é perfeitamente factível extrair, do ponto de vista do intérprete do direito, uma nova dinâmica para o dia-a-dia do direito material e processual do trabalho.

Afastar o falso comodismo de um direito justo assegurado apenas e apenas por regras é a intenção última e primeira deste livro. Se é certo que as regras legislativas são absolutamente necessárias e cumprem um lugar de destaque na distribuição da justiça, não menos exato é que a sua existência pode levar o intérprete do direito à equivocada noção de que tudo já está resolvido e disciplinado, cabendo a ele só e somente fazer funcionar o sistema regratório, com o qual, inclusive, não tem qualquer responsabilidade. E fazendo demonstrar que, em adotando certas posições e critérios dogmáticos, o aplicador do direito pode aumentar o grau de proteção do trabalhador é que se desvelará a co-responsabilização judicial no processo de criação e distribuição do Direito.

Seria trivial ressaltar a importância que toma no limiar do século XXI o debate acerca da proteção ao trabalhador.

---

[1] Para esse tipo de contrato, Eneida Melo C. de Araújo recorre às expressões "deficiência quantitativa temporal" e "desocupação parcial", para apontar que em verdade se cuida de uma forma de subemprego. Cf. ARAÚJO, Eneida Melo Correia de. *As relações de trabalho*: uma perspectiva democrática. São Paulo: LTr, 2003, p. 143-147.

[2] Cf. NORONHA, Eduardo Garuti. *Entre a lei a arbitrariedade: mercados e relações de trabalho no Brasil*, São Paulo: LTr, 2000, p. 165-169.

É época de mudanças, e mudanças cada vez maiores, em um ritmo frenético, movidas pelo aperfeiçoamento da racionalidade científico-tecnológica, o que tem repercutido na dogmática jurídica trabalhista, que se vê diante de figuras inovadoras e de contornos ainda imprecisos, mas que, apesar disso, detêm enorme poder sedutor a ponto de se assistir, por parte dos administradores privados e até públicos, a um indisfarçável interesse de vê-las tão logo implantadas em suas gestões.

Vai longe o tempo em que se enxergava no Poder Legislativo a única fonte produtora de normas, apenas rivalizando com o contrato enquadrado naquela estabilidade milenar do direito das obrigações,[3] como que perpetuando os princípios dos legados romanístico e montesquiano.

O direito mesmo deixa de se ver como uma auto-subsistente e lógico-sistemática racionalidade dogmática para se compreender como *"uma intenção e uma tarefa práticas"*,[4] referidas à comunidade histórica da sua realização e em função de cujo contexto, também prático, se constitui.

O operador do direito não pode assim furtar-se dessa missão, e simplesmente conviver com o vilipêndio dos direitos fundamentais do trabalhador, como se não fosse co-responsável pela criação das normas, mas sim mero executor de regras jurídicas gestadas por outro poder do qual não faz parte.

É certo que haverá uma preocupação de abordagem não apenas teorética, e sim *com os pés fincados no chão da realidade*.

Não se pode fazer um trabalho científico com uma atitude compromissória se não for levada em consideração a circunstância de o Brasil estar na periferia do mundo ocidental, um país em que apenas uma parcela pequena da população tem acesso às benesses da modernidade e onde a grande maioria vive em estado de pré-modernidade. Haverá pois uma análise contingente ao longo da pesquisa.

Contudo, isso não significa dizer que será o enfrentamento meramente pragmático, como se desde sempre a realidade devesse imperar,[5] ainda que dela viessem dados pouco animadores ou mesmo dramaticamente pertubadores. Serão assim, e bem ao oposto, privilegiados os valores constitucionais, sendo o real considerado apenas como elo necessário numa engrenagem progressista e democrática de se pensar o direito.

O problema da deficiência de proteção do trabalhador em relação aos dizeres constitucionais será abordado tanto no aspecto da legislação material quanto no tocante à lei processual, com a consciência de que é preciso tratar dos dois pólos para a cobertura do empregado – a jurisdição e a legislação –, sob pena de ficar a meio caminho do resultado almejado.

---

[3] Cf. LÔBO, Paulo Luiz Netto. Contrato e Mudança Social. In: *Anuário dos Cursos de Pós-Graduação em Direito,* n. 7, Recife: Universitária UFPE, 1995, p. 345.

[4] NEVES, A. Castanheira. *Digesta,* vol. 2. Coimbra: Coimbra, 1995, p. 313-315.

[5] A esse respeito, é precisa a advertência de Hesse de que não se pode desprezar a normatividade constitucional em benefício da realidade. Cf. HESSE, K. *A Força Normativa da Constituição.* Porto Alegre: Sergio Antonio Fabris, 1991, p. 14-18.

A escolha da teoria dos princípios se deve à sua ampla repercussão nos setores jurídicos do Brasil, e sobretudo ao convencimento do autor desta investigação de que isso se deve a uma especial propriedade do instrumental metodológico daquela teoria para o julgador enfrentar os desafios da realidade juslaboral brasileira. A propagação da teoria não se trata de mera tendência mimética pelo novo, mas porque alcança pontos até então desprezados pelos métodos vigentes.

A investigação é inovadora no campo do direito material e processual do trabalho. As obras de traço crítico nesses campos do conhecimento, malgrado várias de excelente qualidade e relevância, muito raramente apontam caminhos dogmáticos de superação de deficiências legislativas, a partir do ângulo do julgador laboral brasileiro, mas jamais com a abordagem que aqui se pretende levar a efeito. Mesmo em outras áreas do direito não se encontram elaborações com o viés desta pesquisa, à exceção de algumas abordagens específicas e pontuais no campo do direito penal em recentes artigos de Lenio Streck[6] e Ingo Sarlet.[7]

O enfrentamento do problema requer uma abordagem necessariamente multidisciplinar. As respostas só e somente serão desveladas no intercruzamento de saberes, no caso e especialmente com subsídios filosóficos, sociológicos, da moderna dogmática trabalhista e constitucional, bem assim da teoria dos direitos fundamentais.

Esse viés reflexivo é especialmente adequado por duas razões. A primeira, com os constantes avatares nas relações de trabalho, já se percebe um hiato entre as disposições da legislação material e processual do trabalho com o ideal de proteção do trabalhador no plano constitucional. E se trata de um fosso que cresce em proporções ciclópicas. A segunda, dotar o Estado Juiz de mecanismos e critérios dogmáticos de superação de insuficiências legislativas é medida de urgência, e aparentemente o único modo factível e eficaz, de fazer com que o intérprete não seja *atropelado* pelas mudanças e que, ao contrário, esteja sempre apto a enfrentar os desafios dos novos dias, com técnicas de atualização e balizamento da proteção estatal.

É nessa onda de intermináveis vicissitudes, na crista da qual está o discurso de redução da carga protetiva do trabalhador, que se impõe uma reflexão sobre a atuação do Poder Judiciário diante da teoria dos direitos fundamentais e diante mesmo da democracia constitucional brasileira.

Para que se efetive tal proposta, já no primeiro capítulo se faz uma incursão no atual cenário do capitalismo brasileiro, cuidando-se de fazer um diagnóstico o mais próximo possível da realidade, para então dizer da centralidade ou não do direito do trabalho voltado para os empregados e o papel do Judiciário frente

---

[6] Cf. STRECK, Lenio Luiz. Bem Jurídico e Constituição: da proibição de excesso (*übermassverbot*) à proibição de proteção deficiente (*untermassverbot*) ou de como não há blindagem contra normas penais inconstitucionais. Disponível em www.leniostreck.com.br. Acesso em 10/02/2005, às 20h10min.

[7] Cf. SARLET, Ingo. Constituição e Proporcionalidade: o direito penal e os direitos fundamentais entre proibição de excesso e de insuficiência. *Revista de Estudos Criminais* n. 12, ano 3. Sapucaia do Sul, Editora Nota Dez, 2003, p. 86 e segs.

a esse contexto. Uma comparação entre os modos de organização e produção do fordismo/taylorismo com as formas pós-fordistas dos dias atuais, a exemplo do toyotismo, é levada a efeito com o foco de explanar as conseqüências para o laborista. Cuida-se ainda de apontar reverberações dos avanços tecnológicos no mundo contemporâneo do trabalho, com ênfase na proteção ao empregado. De nada adianta uma discussão que não tenha pelo menos um pé na realidade, por isso a preocupação em contextualizar a pesquisa desde o capítulo inicial. Afirmar a atualidade da idéia de proteção ao trabalho sob regime de emprego pelo julgador brasileiro é o que se persegue nessa parte da investigação.

O capítulo segundo se ocupa das características da dogmática constitucional brasileira no que diz com a proteção do empregado, tanto em termos de qualidade normativa – e aí se dirá se ostenta *status* de direito fundamental ou não – quanto no que respeita à forma eficacial, o que conduz ao exame dos tipos de eficácia a que estão amparados os trabalhadores com vínculo de emprego no Brasil. A efetividade do direito laboral tem como *handcape* primeiro a qualidade e a eficácia de seu arcabouço dogmático, daí a primazia do enfrentamento dessas questões no esforço investigatório. Nesta parte é dito qual o conceito de direitos fundamentais de que se fará uso ao longo da explanação.

Contextualizada a pesquisa, e a partir da análise dos dados dogmáticos do ordenamento jurídico brasileiro, no capítulo terceiro tem lugar o estudo sobre o tipo metodológico e dogmático que se entende adequado para as demandas jurisdicionais envolvendo a proteção do laborista. Para tanto, o estudo se debruça sobre os marcos da teoria dos princípios de Robert Alexy, sem deixar de mencionar a contribuição de Ronald Dworkin sobre o tema. A construção normativa das regras e princípios, o procedimento operacional para a aplicação de um princípio por meio da proporcionalidade, a resolução dos conflitos entre as normas-princípios, entre outros aspectos que estão no bojo daquela teoria, são enfrentados, sempre com os olhos voltados para a atuação judicial em defesa do trabalhador, de molde a suprir a lacuna de lei e/ou robustecer a guarida legislativa vigente.

A racionalidade do método da teoria dos princípios é analisada no quarto capítulo, e assim se dirá da permeabilidade dessa elaboração metodológica aos influxos dos juízos morais e subjetivos do julgador. Verificar-se se é possível dizê-la racional e o que isso venha a significar em concreto. Para ampliar a visibilidade sobre o tema da proteção, incursiona-se por outro modelo de método, a teoria inglesa da *defeasibility of rules,* dizendo da sua aplicabilidade ou não no Brasil, e mais ainda da sua adequação ao modelo dogmático e político implementado em *terra brasilis.* Tudo como modo de enriquecer o debate através de uma análise comparativa com a teoria dos princípios.

As pré-compreensões que se entendem legítimas para uma hermenêutica emancipatória de proteção do empregado é do que trata o quinto capítulo. Entendendo-se que toda e qualquer interpretação é permeada pela visão de mundo do intérprete, o que evidentemente não justifica subjetivismos em forma de sentenças, é feito um diálogo com a tese gadameriana sobre o processo de interpretação e aplicação do direito, com foco nos setores centrais por que passa uma exegese compromissória com o trabalhador. Pré-compreensões autênticas (para usar uma expressão de Gadamer) da Constituição Federal brasileira e do Direito do Trabalho no Brasil são nessa esteira defendidas. Ao desvelar o papel do julgador/pessoa humana no processo de concretização do Direito, esta parte do livro assume contornos nitidamente comprometidos para com a elevação da proteção à pessoa-que-trabalha.

Com os aportes que serão elaborados até esta altura da investigação, pretende-se, enfim, arrostar os dois eixos de proteção legislativa do empregado – o direito material e processual do trabalho.

Dizer assim da aplicação do princípio da proteção do empregado no Direito material do trabalho, dentro da nova dogmática da teoria dos princípios, e desde a perspectiva do julgador, é o assunto do capítulo sexto. Obviamente, não se pretende especificar todos os modos de efetivação daquele princípio, tanto mais que isso seria uma tarefa vã, tendo em vista não apenas a vastidão das manifestações laborais, mas sobretudo o constante fazer do quotidiano jurídico trabalhista, num mundo de complexidades crescentes nas relações entre o capital e o trabalho. Nem por isso a densificação pormenorizada do princípio protetivo está fora da proposta desta pesquisa, ao que serão trabalhados e citados pontuais exemplos práticos e hipotéticos como forma de auxiliar a compreensão da discussão, especialmente na defesa que diz com o capítulo. O foco da reflexão será o confronto entre o princípio da proteção do empregado e o princípio da livre iniciativa do empregador, ingressando na operacionalização desse conflito para defender um procedimento e para sustentar um norte e critério normativo em sintonia com os aportes construídos ao longo da pesquisa.

O capítulo sétimo segue quase a mesma lógica do anterior. O ponto central aqui se situa igualmente em como deve ser travada pela jurisdição a luta entre o princípio da proteção do empregado e o princípio da livre iniciativa do empregador, sendo que na arena do processo laboral. Diferentemente, contudo, da abordagem no terreno do direito material, a par dessa questão central, a pretensão é de alongar o espectro investigativo e tratar de um número maior de aplicações práticas do princípio da proteção no direito processual, isso porque este, ao contrário daquele, tem como característica maior e mesmo razão de existir a simplificação. Se o direito material navega na corrente do incremento de complexidades, o direito processual segue a via oposta do encurtamento e da redução de caminhos para que não se desvirtua da sua própria razão de ser e assim o desiderato instrumental do processo seja alcançado. Logo, e em conseqüência dessa diferenciação, é de todo factível e até aconselhável que se eleja um gancho pragmático dentro do processo e ali seja feita uma densificação do princípio tuitivo do trabalhador. É o que se faz quanto ao tratamento dogmático às tutelas de urgência para o empregado, e a partir daí se diz como deve ser tratado pelo julgador brasileiro, na processualística laboral, o embate entre o princípio da proteção ao empregado e o contra-princípio da livre iniciativa do empregado.

Se a jurisdição é também poder político, não se pode deixar de enfrentar o argumento da democracia. A legitimidade democrática da aplicação direta de normas constitucionais pelo Judiciário, e a convivência com a democracia que a possibilidade que a teoria dos princípios deixa ao julgador de ir além ao que está previsto em uma regra legislativa são abordados no capítulo oitavo. A visão de democracia a que se adere é o enfrentamento principal, para o que se adentrará na clivagem contemporânea entre a democracia procedimental e a substantiva, elegendo-se como representante daquela a teoria de Jürgen Habermas e desta a de Luigi Ferrajoli, os dois deliberadamente escolhidos tendo em vista a ampla repercussão de suas doutrinas no cenário jurídico nacional. A acusação de que uma atuação mais afirmativa do Poder Judiciário feriria a idéia de separação dos poderes também é analisada, tanto em termos teóricos como à luz da constituição e das contingências fáticas brasileiras.

Em cada capítulo serão lançadas considerações finais, nas quais se pretende integrar e articular as idéias sustentadas, bem assim fazer amarrações com o enfrentamento do capítulo seguinte, de forma a dar coerência e concatenação à pesquisa, e sempre com a preocupação de fazer relações com os dias atuais no mundo do trabalho.

Por fim, na conclusão, fica demonstrada a assunção, pela forma como está estruturada a pesquisa, de uma postura crítica a partir do paradigma já constituído, o que significa dizer que se cuida de uma reflexão subparadigmática. Mas isso decorre da firme convicção de que a transformação para dias menos pertubadores apenas se opera quando os envolvidos – os de dentro – da estrutura também passam a questioná-la.

Tenciona-se trabalhar com conteúdos ligados à teoria dos direitos fundamentais, à teoria dos princípios de Robert Alexy, à teoria da *difeasybility of rules* (superação da regra), à elaboração hermenêutica de Gadamer, às visões de Habermas e Ferrajoli sobre democracia, e às construções em torno da proteção material e processual do trabalhador.

Para tanto, recorre-se a uma pesquisa na doutrina tradicional e contemporânea, do que resultarão consultas bibliográficas a autores estrangeiros e nacionais, sendo de se justificar o recurso a estudos de origem diversa da brasileira porque o objeto da dissertação, não obstante diga respeito ao Poder Judiciário e ao direito positivo brasileiros, engloba a teoria dos direitos fundamentais e a teoria dos princípios, assuntos que, como é curial, transcendem a literatura de qualquer país. Além de abarcar teorias de origem inglesa, italiana e germânica, na parte referente aos mecanismos judiciais de superação de défcits na legislação, na questão das pré-compreensões e na abordagem da legitimidade democrática da jurisdição, tudo a autorizar a investigação junto a obras estrangeiras. Não se poupa ainda a consulta a escritos outros, tais como artigos na *internet,* em revistas especializadas, jornais, conferências e meios correlatos.

Para efeito de demonstrar a necessidade de uma tutela jurisdicional como forma de suprir deficiências legislativas na proteção do trabalhador, serão ainda utilizadas como fontes pesquisas realizadas por entidades como a AMB, a ANAMATRA, o Banco Central do Brasil, o IBGE e outras.

Deixa-se consignado que o Poder Judiciário será analisado em termos essencialmente globais, sem a preocupação de analisar as condutas concretas dele advindas. Um fragmento de observação da realidade virá ao final de alguns capítulos, especialmente naquele que lidar com algum dado jurisprudencial, pela experiência prática do autor na magistratura federal trabalhista, sem que entretanto seja atestada por métodos sociológicos.

A jurisprudência será consultada apenas incidentalmente, como modo de ilustrar certas realidades, como nos capítulos pertinentes aos impactos do princípio da proteção ao trabalhador no direito material e processual do trabalho. Tudo porque se entende que convém a um exame multidisciplinar elastecer ao máximo os enfoques da temática e dar-lhe um viés empírico.

E a jurisprudência de que se fará uso tem origem no Tribunal Superior do Trabalho e no Supremo Tribunal Federal, que foram priorizados por representarem a unificação do entendimento sobre a legislação federal trabalhista infraconstitucional e constitucional, dentro do sistema judiciário brasileiro.

Dentro de uma abordagem multidisciplinar, sempre problematizada com a realidade dos dias atuais, num intercruzamento entre o direito material e processual do trabalho, a teoria dos direitos fundamentais, a Filosofia do Direito, e a Teoria da Constituição, pois o debate sobre o papel da jurisdição no Estado Democrático de Direito deslocou-se para a confluência de diversas áreas de conhecimento.[8]

---

[8] Cf. BARROSO, Luís Roberto. *O controle de constitucionalidade no Direito brasileiro: exposição sistemática da doutrina e análise crítica da jurisprudência,* 2. ed. São Paulo: Saraiva, 2006, p. 55.

CAPÍTULO I

O novo desenho do capitalismo no Brasil: o avanço do modo de produção toyotista, suas repercussões no mundo do trabalho e o papel do Poder Judiciário frente a esse contexto

1. Considerações iniciais

Duas ondas de metamorfoses alcançaram o mundo do trabalho no Brasil dos anos 90.

De um lado, o movimento de *desregulamentações* em vários campos do cenário trabalhista, com receitas e práticas neoliberais, que, se não logrou atingir a coluna vertebral do regime celetista – o conjunto de direitos previstos na Consolidação das Leis Trabalhistas –, pelo menos fragilizou a estrutura orgânica e muscular da proteção do trabalhador, para ficar na metáfora do funcionamento corporal.[9]

De outro lado, sucedeu uma profunda transformação no plano da organização sociotécnica da produção. Da abundância de emprego do fordismo/taylorismo à drástica redução da oferta de trabalho do toyotismo. A reestruturação produtiva e o redesenho da divisão internacional do trabalho e do capital foram os móveis desse segundo movimento de mudanças.

Toda essa contextualidade alterou significativamente o perfil do capitalismo brasileiro. Não pairam dúvidas que vigora um novo desenho do regime capitalista no Brasil. No entanto, dentro da dialética hegeliana, o novo ainda convive com elementos do velho, não se podendo dizer que já estaria totalmente e para todos os efeitos instalada uma nova face do capitalismo, tanto mais que se está tratando de um país de dimensões continentais, com uma das piores taxas de desigualdade socioeconômica do mundo. É correta assim a advertência de Ricardo Antunes,[10]

---

[9] São exemplos dessa corrente desregulamentadora a lei que instituiu as comissões de conciliação prévia, as quais não raro são uma porta aberta para acordos-renúncias contra os trabalhadores; a lei que estabeleceu o banco de horas, que, em última análise, desobriga o empregador do pagamento de horas extras, facilitando o prolongamento das jornadas de trabalho; o contrato a tempo parcial e as cooperativas, igualmente objeto de legislação, são outros atalhos contra os direitos celetistas. Cf. BARROSO, Fábio Túlio. Discussão sobre a evolução do Direito do Trabalho e panorama para uma reforma trabalhista e sindical. In: *Elementos Doutrinários do Novo Direito do Trabalho* – estudos em homenagem ao Prof. Francisco Solano de Godoy Magalhães, coord. Fábio Túlio Barroso. Recife: Nossa Livraria, 2004, p. 34.

[10] ANTUNES, Ricardo. *Os Sentidos do Trabalho* – Ensaio sobre a afirmação e a negação do trabalho, 2. ed. São Paulo: Boitempo, 2000, p. 235-249.

que, enfrentando o tema, pondera que coexistem tanto elementos de continuidade como de descontinuidade na conformação do capitalismo atualmente no Brasil.

Aqui se pretende traçar o panorama dessas transformações, desde a década de 50 até os dias atuais, e especialmente no que reverberam no mundo do trabalho, para arrostar o papel do Poder Judiciário nesse novo cenário. Trata-se de uma modesta contribuição ao debate que se impõe sobre os rumos do trabalho no Brasil e no mundo.

Daí porque o início da pesquisa repousará no retrato do capitalismo brasileiro na década 50 até 80, período que se delineia como de apogeu do modo fordista de produção no Brasil. Serão lançados os principais contornos do fordismo brasileiro, com as suas repercussões no mundo laboral.

Em seguida, será analisada a década de 80, para expor as primeiras transformações no modo de produção fordista. Quais e em que medida se deram essas metamorfoses é assunto desse tópico.

Num terceiro item, ocupar-se-á do diagnóstico do modo de produção toyotista no Brasil. O cenário será o Brasil dos anos 90, multiproblematizado com uma pletora de mudanças organizacionais e de reestruturação no modo de produção, as quais acabam por imprimir ao capitalismo brasileiro um perfil bem distante daquele predominante nos anos 50.

Com vistas a uma melhor e mais ampla compreensão do tema, adiante serão enfrentadas as razões que motivaram tantas transformações no mundo do trabalho. A crise do fordismo e o colapso do *welfare state,* aliados ao impacto do fenômeno da globalização, farão parte dessa análise causal.

O fim do emprego é do que se dedicará a investigação logo após. Dados e perspectivas sobre a realidade atual do mercado de trabalho serão pesquisados aqui, e assim o autor pretende municiar-se para o enfrentamento de questões cruciais em torno do assunto: se o fim do trabalho se trata de um mito diante do novo capitalismo, ou se encerra uma verdade inafastável, ou ainda se existe alguma alternativa para além disso.

Finalmente será arrostado o problema do papel do Poder Judiciário diante do novel cenário, particularmente da fatia desse poder que lida com o Direito e do Processo do Trabalho. Não o que está reservado ao Judiciário, mas o que lhe cabe fazer diante de todas essas mutações é o que se defenderá.

2. O regime de produção brasileiro da década de 50 até início dos anos 80: a época da exploração da mão-de-obra

No que se refere à sua dinâmica externa, e especialmente pelo seu padrão de acumulação industrial, o capitalismo brasileiro de meados da década de 50 a 70 caracterizou-se pela produção de bens de consumo duráveis, com o objetivo claro de atender ao mercado interno restrito e seletivo que se desenvolvia no país. Era a chamada época das substituições das importações. No plano de exportação, o foco ainda era os produtos primários, com uma carga de produtos industrializados para exportar bastante tímida.

No que se refere à sua dinâmica interna, o que marcava aqueles anos era a *superexploração da força de trabalho*. Os trabalhadores eram mal remunerados, com baixos salários, submetendo-se a jornadas prolongadas e num ritmo intenso e extenuante de labor.

O fordismo/taylorismo é o modo de produção dominante neste período no mundo, e o Brasil não destoa dessa tônica, antes o segue à risca. Tem por base uma *produção em massa* de mercadorias, de forma *homogênea* e marcantemente *verticalizada*.

A produção em massa e homogeneizada estrutura-se no trabalho parcelar e fragmentado, o que fazia da ação operária um bloco repetitivo de atividades cuja somatória resultava no trabalho coletivo produtor. Ocorre a conversão do trabalho operário em apêndice da máquina-ferramenta à disposição do capital.

No fordismo, tal era a ligação do homem com a máquina que havia mesmo uma identificação do homem pela máquina que manuseava. É emblemático desse quadro uma passagem no filme brasileiro "Garotas do ABC", em que uma das personagens, operária de uma fábrica têxtil, chega a dizer que "a máquina 24 foi feita para a Lucélia [...]", numa personificação da máquina típica da imbricação homem/máquina da era fordista.

E é exatamente por essa razão de identificação do homem com a máquina, que Luiz Werneck Vianna chamou a atenção para o que seria a grande dificuldade do fordismo. Vale a pena transcrever a seguinte passagem:

> Atualizar e modernizar a produção não passa de um termo isolado na problemática do fordismo. A verdadeira dificuldade está na articulação de um sistema complexo que internalize no trabalhador sua submissão ao capital e à maquinaria. Em oposição à vida urbana, em que a socialização se opera desde a infância, a assimilação do trabalhador pela fábrica moderna requereria um processo de adaptação psicofísica para determinadas condições de trabalho, de nutrição, de habitação, de costumes, etc.[11]

No Brasil, o fordismo não encontrou resistências para se implementar. Como também explica Vianna, "a intensa movimentação operária, apesar do jargão anarco-sindicalista, que politizava agudamente seu discurso, não ultrapassou a luta por reivindicações econômicas e sociais, não se apresentando como um adversário político. Faltava-lhe organização partidária, estratégia para ação e um sistema de alianças que criasse as bases para sua influência política e social".[12]

Havia ainda uma rígida cadeia de produção, na qual a esteira mecânica fazia a ligação entre as diversas escalas do processo industrial, imprimindo assim o ritmo

---

[11] VIANNA, Luiz Werneck. *Liberalismo e Sindicato no Brasil*, 3. ed. Rio de Janeiro: Paz e Terra, 1989, p. 70.
[12] Idem, p. 73.

e o tempo cabível para a realização das tarefas, o que dava notas de taylorismo ao regime fordista.[13]

Essa dinâmica interna exigia e recomendava grandes empresas, com enormes contingentes de trabalhadores. Não seria exagero dizer-se que era tempo de "pleno emprego".

Todo esse arcabouço econômico teve grande êxito desde os anos 30 até 70, chegando-se a se expandir enormemente, tanto que data daí a circunstância de o Brasil ter alcançado um lugar entre as oito grandes potências industriais.[14]

3. Os anos 80 e as primeiras transformações na estrutura organizacional-produtiva

Foi no final da ditadura militar e no período Sarney, nos anos 80, que o Brasil começou a sentir as primeiras transformações no modo de produção. Muito embora o país tenha um capitalismo hipertardio, naquela época migraram para cá novas formas de organização da produção, já em curso em países centrais.

O modelo fordista começa a perder espaço, com algumas empresas adotando, em que pese de modo incipiente, novos padrões organizacionais e tecnológicos, implicando igualmente novas formas de organização social do trabalho.

Nos primeiros anos da década de 80, a reestruturação produtiva caracterizou-se pela redução de custos através da redução da força de trabalho. Dada a necessidade de incremento na produtividade, a reorganização passou pela diminuição do contingente de trabalhadores, intensificação da jornada de trabalho dos empregados, surgimento dos CCQs (Círculos de Controle de Qualidade) e dos sistemas de produção *just-in-time* e *kanban*. A rigor, o que se percebe é que a tônica nesse princípio de década foi, através de programas voltados para a cooptação dos operários, extrair mais e mais dos trabalhadores, reduzindo-lhes, com isso, o número. Mais produtividade com menos trabalhadores, seria basicamente o lema da gestão patronal nesse interregno.

Já na segunda metade da década de 80, houve uma ampliação das inovações tecnológicas. Teve início a utilização de automação industrial de base microeletrônica, especialmente nos setores automobilístico, metal-mecânico, petroquímico e siderúrgico. O avanço tecnológico, em síntese, foi o móvel das metamorfoses da segunda metade da década. Fábio Túlio Barroso, referindo-se à mudança racional produtiva para otimização de lucros, observa no mesmo sentido que, para complementar entraram em cena "fatores de evolução tecnológica, a implementação do

---

[13] O taylorismo é modo de produção que se caracteriza justamente pela organização científica e cronometrada. Cf. ANTUNES, Ricardo. *Os Sentidos do Trabalho* – Ensaio sobre a afirmação e a negação do trabalho. 2. ed. São Paulo: Boitempo, 2000, p. 37.

[14] O fato de ter se alinhado entre as oito maiores economias do mundo não é de pouca monta. Para se ter idéia da magnitude dessa conquista, basta verificar que atualmente o Brasil figura como a 11ª maior economia do mundo, isto depois de uma recuperação nos anos de 2004 e 2005, uma vez que estava ainda mais atrás, na 15. posição. Cf. *Folha de S. Paulo*, p. A 8, 01-04-2006.

capital morto em detrimento da produção assalariada, com os efeitos secundários do investimento e perspectiva de retorno sem encargos e sem custos acrescentados, o que é próprio do capital vivo".[15]

Esses dois vetores de transformação marcaram, por assim dizer, a década de 80. De um lado, e num primeiro momento, uma reordenação da gestão dos trabalhadores, induzidos a laborar mais e de modo mais intenso pelos métodos participativos, nos quais o laborista era convocado a envolver-se na melhora da produtividade da empresa, num sistema, a rigor, de adesão da classe operária em prol da maximização dos lucros patronais. De outro lado, e já num segundo momento, a implementação de novas e sofisticadas tecnologias na produção, notadamente a automação de base microeletrônica, o que aliás gerou um ambiente heterogêneo nas indústrias, figurando num campo as novíssimas formas tecnológicas de produção e noutro campo, mas no mesmo parque industrial, as antigas linhas de montagem.

Embora já houvesse nesses anos uma atmosfera nova nas unidades fabris, outras e mais acentuadas mudanças estavam por vir na década seguinte.

4. Os anos 90 e o alvorecer do século XXI: o adensamento do processo de transformação no modo de produção e a exclusão do trabalhador

Os anos 90 trazem consigo profundas modificações no mundo do trabalho.

Nas décadas anteriores teve lugar o pleno emprego, com um processo de industrialização que necessitava de abundante mão-de-obra, uma vez que a máquina ainda não tinha estabelecido sua hegemonia total sobre o homem, dele dependendo praticamente em cada etapa de produção. Daí a razão, reafirme-se, de esse sistema organizacional ter sido um terreno fértil para a geração de grandes fábricas, com ciclópicas plantas industriais, que demandavam, por mero corolário, também enormes contingentes de trabalhadores. Como visto, era época do taylorismo/fordismo.

É certo que não se pode dizer que já se está vivendo neste país uma fase pós-industrial, na medida em que ainda vigora um contexto não apenas industrial mas, mesmo, pré-industrial em muitos rincões de um estado continental, e notadamente marcado por desigualdades sociais. Por isso a abalizada advertência de Ricardo Antunes sobre a presença, no atual momento capitalista brasileiro, de elementos de *continuidade* e *descontinuidade*.[16]

Não menos exato, contudo, é que existe uma tendência do capitalismo brasileiro, na esteira de uma conjuntura mundial, de seguir os passos de um novo modo

---

[15] BARROSO, Fábio Túlio. *Novo Contrato de Trabalho por prazo determinado.* Curitiba: Juruá, 2004, p. 44.
[16] ANTUNES, Ricardo. Os caminhos da Liofilização Organizacional: as formas diferenciadas da reestruturação produtiva no Brasil. In: *Idéias*, Campinas, 9 (2)/10(1), 2002-2003, p. 14.

de estruturação produtiva do capital. O cenário alterou-se substancialmente no começo dos anos 80 para uma situação bem diversa da época fordista.

Intensificam-se as novas tecnologias produtivas, mais ampla e eficazmente implementadas, as quais prescindem de um conjunto de seres humanos. A indústria contemporânea cada dia mais oferece menos trabalho. Tudo ou quase tudo é automatizado. O protagonismo está na informatização, em que o computador, embora criado pelo homem, ironicamente o exclui da cadeia de produção.

Também muda, e drasticamente, o modo de organização do trabalho. Passa-se a viver na era do toyotismo.[17] Como o próprio termo sugere, cuida-se de uma forma de organização do trabalho cujo nascedouro foi a fábrica de automóveis Toyota, no Japão pós-45.

Tem contornos bem distintos do fordismo,[18] ainda que se radique no mesmo princípio da exploração da força de trabalho.

Diferentemente do fordismo, o toyotismo não busca a produção em série e de massa, antes prima por atender às demandas mais individualizadas do mercado, sendo por isto mesmo mais variada e heterogênea para discrepar da homogeneidade fordista. Daí por que também funciona o sistema *kanban*, em que são utilizadas placas e senhas para reposição de peças, reduzindo em muito o estoque, quando comparado com o montante do fordismo.

O modo de organização é baseado no trabalho em equipe, com várias funções para cada empregado, obliterando aquela identificação homem/máquina típica do fordismo. O ritmo da produção passa a ser ainda mais acelerado. Mecanismos como o *just in time* e os CCQs (Círculos de Controle de Qualidade) instigam o trabalhador a discutir seu desempenho e a aumentar a sua produtividade.

É implantado de uma vez por todas o sistema de liofilização[19] organizacional. Sucede um enxugamento das empresas: as formas de subcontratação e terceirização da força de trabalho passam a fazer parte da reestruturação do modo de produção. Abandona-se o modelo das grandes fábricas, com um contingente enorme de empregados, para um modo de organização de reduzidíssimo quadro de pessoal da empresa tomadora ou principal, transferindo a maior parte dos serviços para funcionários terceirizados, de outras firmas. A empresa principal seca, fica enxuta.

À conta da liofilização, também ocorre uma horizontalização e disseminação dos métodos de produção. As empresas subcontratadas e terceirizadas tam-

---

[17] Tamanha a inserção do toyotismo no mundo ocidental que conseguiu alcançar um poder ideológico, passando a representar o "momento predominante" do complexo de reestruturação produtiva na era da mundialização do capital. Cf. ALVES, Giovanni. *O novo (e precário) mundo do trabalho*. São Paulo: Boitempo, 2000, p. 29.

[18] O desenvolvimento desta parte da investigação tem por base a análise precisa do toyotismo em comparação com o fordismo, empreendida por Antunes. ANTUNES, Ricardo. *Os Sentidos do Trabalho – Ensaio sobre a afirmação e a negação do trabalho*. 2. ed. São Paulo: Boitempo, 2000, p. 47-59.

[19] A expressão foi cunhada por Ricardo Antunes e Juan José Castilho. Cf. ANTUNES, Ricardo. Os caminhos da Liofilização Organizacional: as formas diferenciadas da reestruturação produtiva no Brasil. In: *Idéias*, Campinas, 9 (2)/10(1), 2002-2003, p. 13-24.

bém passam a fazer uso dos mesmíssimos controles sobre os empregados para efeito de produtividade e gestão.

O que importa reter, dentro dos propósitos desta investigação, são os efeitos deletérios dessa nova realidade sobre a proteção do trabalhador. Com a liofilização organizacional e do trabalho na fábrica toyotizada, sucede uma inaudita precarização da mão-de-obra. O mundo do trabalho é afetado de modo muito negativo para o trabalhador.

Ricardo Antunes elenca algumas das repercussões do novo sistema toyotista na seara trabalhista: "desregulamentação enorme dos direitos do trabalho, que são eliminados cotidianamente em quase todas as partes do mundo onde há produção industrial e de serviços; aumento da fragmentação no interior da classe trabalhadora; precarização e terceirização da força humana que trabalha; destruição do sindicalismo de classe e sua conversão num sindicalismo dócil, de parceria (*partnership*), ou mesmo em um 'sindicalismo de empresa'".[20]

O cotejo entre o salário e a carga horária de um operário terceirizado com a remuneração e a jornada de trabalho de um emprego direto desnuda a conseqüência terrível das novas práticas para o mundo do trabalho. A título de ilustração, os trabalhadores da Toyota trabalham em torno de 2.300 horas por ano, ao passo que os trabalhadores das empresas subcontratadas chegam a trabalhar 2.800 horas.[21]

Por todas essas razões, está claro que o toyotismo segue o modelo fordista de exploração da mão-de-obra, sendo que de modo ainda mais pronunciado. Ocorre uma *intensificação da exploração do trabalho*.[22]

E o que levou o modelo japonês – que antes era praticado tão-somente na fábrica da Toyota no Japão – a ser seguido em quase todo o mundo ocidental, é do que se tratará no tópico a seguir.

5. As razões da mudança do fordismo/taylorismo ao toyotismo: o êxito do capital e a globalização

Aqui se vai demonstrar as causas mais relevantes da mudança do modo de produção fordista para o toyotismo, sendo que o que se pretende mesmo assinalar é que as metamorfoses ocorridas não decorreram de injunções setorizadas, mas sim emanaram de um embate entre capital e trabalho, no qual o capitalista sagrou-se até aqui vencedor.

---

[20] A expressão foi cunhada por Ricardo Antunes e Juan José Castilho. Cf. ANTUNES, Ricardo. Os caminhos da Liofilização Organizacional: as formas diferenciadas da reestruturação produtiva no Brasil. In: *Idéias,* Campinas, 9 (2)/10(1), 2002-2003, p. 13-24.
[21] ANTUNES, Ricardo. *Os Sentidos do Trabalho* – Ensaio sobre a afirmação e a negação do trabalho. 2. ed. São Paulo: Boitempo, 2000, p. 57.
[22] Idem, p. 54.

5.1. A crise do fordismo e do "welfare state": a crise estrutural do capitalismo nos anos 70

Tanto o fordismo quanto o *welfare state* entraram em crise no início dos anos 70. A rigor, não se tratava simplesmente de uma crise do modo de produção fordista ou do Estado de bem-estar. Estava-se diante de uma *crise estrutural do capitalismo*, sendo aquelas crises apenas e apenas manifestações fenomênicas desta.

A radiografia estrutural da crise do capitalismo é bem sintetizada por Ricardo Antunes, valendo a pena transcrever a precisão de suas palavras quanto ao quadro crítico do capital naqueles idos:

> 1) queda da taxa de lucro, dada, entre outros elementos causais, pelo aumento do preço da força de trabalho, conquistado durante o período pós-45 e pela intensificação das lutas sociais dos anos 60, que objetivavam o *controle social da produção*. A conjugação desses elementos levou a uma redução dos níveis de produtividade do capital, acentuando a tendência decrescente da taxa de lucro;
>
> 2) o esgotamento do padrão de acumulação taylorista/fordista de produção [...], dado pela incapacidade de responder à retração do consumo que se acentuava. Na verdade, tratava-se de uma retração em resposta ao desemprego estrutural que então se iniciava;
>
> 3) hipertrofia da *esfera financeira*, que ganhava *relativa autonomia* frente aos capitais produtivos, o que também já era expressão da própria crise estrutural do capital e seus sistemas de produção, colocando-se o capital financeiro como um campo prioritário para a especulação, na nova fase do processo de internacionalização;
>
> 4) a maior concentração de capitais graças às fusões entre as empresas monopolistas e oligopolistas;
>
> 5) a crise do *welfare state* [...];
>
> 6) incremento acentuado das privatizações, tendência generalizada às desregulamentações e à flexibilização do processo produtivo, dos mercados e da força de trabalho, entre tantos outros elementos *contingentes* que exprimiam esse novo quadro crítico [...]".[23]

A crise do *welfare state*, como está expresso acima, foi um dos fatores desembocadores da crise estrutural, e aqui se defende como um dos principais e dos mais determinantes.

No Estado-Providência, o excesso de liberalismo, manifestado pela preeminência do dogma da vontade sobre tudo cedeu às exigências de ordem pública, econômica e social, passando o Estado "a intervir para eliminar conflitos na sociedade e para suprir necessidades coletivas até o limite da socialização". É o Estado prestador de serviços. No Brasil, na década de 30 começa a desenhar-se a intervenção do Estado com a curva ascendente de empresas estatais no domínio econômico e social. Caio Tácito faz observar que "até 1930 os órgãos paraestatais não iam além de 17, elevando-se a 70 nos anos 50 e para atingir a cifra de 582 no início da década de 80, como símbolo da participação estatal visando ao desen-

---

[23] ANTUNES, Ricardo. *Os Sentidos do Trabalho* – Ensaio sobre a afirmação e a negação do trabalho, 2. ed. São Paulo: Boitempo, 2000, p. 29-30.

volvimento econômico e à ocupação de setores em que se revelava ineficaz, ou ausente, a iniciativa privada".[24]

Mas não tardou e o Estado Social entrou em grave crise, considerado por demais oneroso e burocrático. Observe-se o retrato então traçado por Pierre Rosanvallon:

> Durante quase um século, a construção do Estado-providência constituiu o horizonte natural do progresso social nos países industrializados. Esse Estado-providência está hoje doente. Primeiro, tornou-se muito oneroso. Se continuassem a crescer ao ritmo atual, as despesas de saúde absorveriam, em trinta anos, a quase totalidade dos recursos das famílias! Para fazer face à elevação das despesas sociais, os descontos obrigatórios tiveram que crescer acentuadamente, ameaçando, ao mesmo tempo, a competitividade das empresas e o dinamismo da economia. O Estado-providência tornou-se então uma maquinaria cada vez mais opaca e burocrática. Os princípios de solidariedade e redistribuição que o comandam já não aparecem com clareza. Mais que econômica, a crise do Estado-providência é cultural e moral.[25]

Tarso Genro cuida de precisar o diagnóstico da crise do Estado de Bem-Estar:

> A crise do modelo social-democrata, a partir da metade da década de 70, tornou-se evidente. A falência fiscal do Estado, pelo seu crescente endividamento, pela crise da dominação imperialista que perturbava a transferência dos excedentes coloniais (fatores estes seguidos da 3ª revolução científico-tecnológica que impunha novas formas de produção e de exploração do trabalho) e também pela financeirização e artificialização do capital, em escala mundial, implodem o Estado de Bem-Estar.[26]

Sucumbindo o estado de bem-estar, e se for feita uma análise em termos de perfil de Estado, tem-se o retorno em muitos países do liberalismo, especialmente acentuado com a queda do Muro de Berlim.[27]

Aliada, portanto, a outros fatores, como a curva descendente de lucros, a crise do *welfare state* faz parte de uma conjuntura desfavorável ao capital no início dos anos 70. O capitalismo, para superar a crise, precisava mudar.

Importa bastante a lúcida observação de Holloway, no sentido de que a crise do capitalismo revelou, na verdade, a crise do método de dominação então vigente. Nas suas lúcidas palavras:

---

[24] TÁCITO, Caio. Transformações no Direito Administrativo. In: *Boletim de Direito Administrativo*. São Paulo: NDJ, fevereiro/1999, p. 84.

[25] Cf. ROSANVALLON, Pierre. *A Crise do Estado-Providência*. Trad. de Joel Pimentel de Ulhôa. Goiânia: Editora da UFG, 1997, p. 13-38.

[26] Cf. GENRO, Tarso. Um Futuro por Armar – estudo preliminar. In: *Direito do Trabalho: Modelo para Armar*. São Paulo: LTr, 1999, p. 15.

[27] Em consonância com o texto, Andrade assinala, dentro de uma construção teórica em que divide o capitalismo em seis fases, que a quarta etapa teria sido a do Estado do Bem-Estar, seguida justamente pelo Liberalismo até alcançar o período do capitalismo global e financeiros em seu estágio pós-moderno ou pós-industrial. ANDRADE, Everaldo Gaspar Lopes. *Direito do Trabalho e Pós-Modernidade* – Fundamentos para uma Teoria Geral. São Paulo: LTr, 2005, p. 55-77.

a crise capitalista não é outra coisa senão a ruptura de um padrão de dominação de classe relativamente estável. Aparece como crise econômica, que se expressa na queda da taxa de lucro. Seu núcleo, entretanto, é marcado pelo fracasso de um padrão de dominação estabelecido [...] Para o capital, a crise somente pode encontrar seu resolução através da luta, mediante o estabelecimento da autoridade e através de uma difícil busca de novos padrões de dominação.[28]

Essa doutrina da dominação tem raiz filosófica em Marx, que, ao perceber a divisão do trabalho entre os intelectuais e os manuais, sem embargo de ter constatado uma opção funcional, uma vez que se constituía num método eficaz de controle técnico de produção – divisou uma forma de dominação do capital, numa função de "obliterar o antagonismo existente entre os sujeitos do processo produtivo". Acuado, o capitalista não tardou a se utilizar de novo estratagema.

Escusado, portanto, dizer que o toyotismo e a liofilização organizacional, com o enxugamento das empresas, a flexibilização e a precarização dos direitos trabalhistas são respostas do capital à crise em que se encontrava. E respostas até aqui bem sucedidas para o poder econômico.

E assim têm sido os trabalhadores derrotados nas últimas décadas na arena aberta com o capital. Derrocada que muito se deve à atuação limitada dos trabalhadores, que reinvidicaram apenas aumento de remuneração e melhores condições de trabalho em âmbitos restritos, em geral dentro das próprias empresas, faltando-lhe, assim, um instrumento político maior e uma ação igualmente política mais abrangente.

Antunes faz consignar que, apesar das práticas organizativas dos trabalhadores terem se limitado ao microcósmico plano da empresa ou dos locais de trabalho, a ação dos laboristas "perturbou seriamente o funcionalismo do capitalismo, constituindo-se num dos elementos causais da eclosão da crise dos anos 70".[29]

A globalização foi outro potente instrumento do capital para sedimentação de seu êxito sobre o trabalho.

Vitorioso e com as facilidades comunicacionais[30] da sociedade informacional, o capitalista cuidou de disseminar as práticas de exploração e de precarização da força de trabalho. É o fenômeno da internacionalização do capital, que merece um tópico à parte.

---

[28] HOLLOWAY, John. The Red Rose of Nissan. In: *Capital and Class*. Londres, 1987, p. 132.

[29] ANTUNES, Ricardo. *Os Sentidos do Capital*, 2. ed. São Paulo: Boitempo, 1999, p. 44.

[30] Sobre a facilidade de comunicação e de troca de informações no mundo, Nicholas Negroponte faz instigante comparação entre a época anterior à globalização, em que a troca de informações se dava basicamente através da troca de *átomos*, os quais eram submetidos como todo produto à alfândega, na forma de livros, revistas, jornais. Nestes dias de mundialização, a mesma troca se faz através de *bits*, que, como é óbvio, não precisam de alfândegas e de meios de transportes tradicionais – navio, avião, etc –, bastando-lhe um simples teclar de computador. Dos átomos aos bits, é o que aponta com acuidade Negroponte sobre a realidade dos dias atuais. NEGROPONTE, Nicholas. *A Vida Digital*. Trad. Sérgio Tellaroli. São Paulo: Companhia das Letras, 1995, p. 9-11.

5.2. A globalização

É certo que o sistema capitalista sempre teve como característica a *tendência à sua própria generalização,* sendo coerente dizer-se que o globalismo[31] não seria mais do que um *aprofundamento* de uma tradicional tendência primitiva do sistema em qualquer de suas fases.

Quanto ao fato de a globalização não ser um fenômeno novo, observa José Eduardo Faria que esse processo já estava presente nos antigos impérios, "[...] provocando surtos de modernização econômica, cultural e jurídica".[32] Mas Faria acentua, na mesma perspectiva do que se apontou no parágrafo anterior, o *adensamento deste fenômeno* nos dias atuais, devido "[...] à avassaladora dimensão alcançada pelos movimentos transnacionais de capital, especialmente o financeiro; e à formação de uma hierarquia dinâmica de acesso e trocas desiguais entre os fatores de produção, com amplitude mundial".[33]

Como se percebe, os fatores que levaram ao aguçamento do processo de generalização do capitalismo são eminentemente econômicos. Foi a já referida vitória do capital na arena aberta com o trabalho, na crise estrutural do capitalismo desde os anos 70, aumentando em termos geométricos os lucros e gerando um volume arrebatador de recursos financeiros.

É certo que a globalização traz inúmeros benefícios para o homem, sendo de se citar a facilidade com que se consegue um medicamento europeu ou aparelho eletrônico japonês por um simples teclar pela *internet*; não menos exato, contudo, é que a mundialização tem suas graves contradições, e isso é especialmente sentido no mundo do trabalho.

Das contradições da globalização, aquela que mais de perto interessa aos propósitos desta pesquisa repousa justamente na parte do mercado de trabalho. Um modelo que antes era restrito à unidade fabril da Toyota no Japão disseminouse pelo mundo ocidental, e hoje já alcança mesmo países como a China e a Índia. A liofilização organizacional, com as terceirizações e *offshoring*[34] (descentralização referida por Antunes em artigo), é um dado da realidade em inúmeros países, e o Brasil decerto se alinha a um deles.

Está em curso, em escala mundial, o processo de desregulamentação das leis trabalhistas, em que se pretende que o pactuado se sobreponha ao legislado, sob o argumento de que isso resulta em redução de custos e, conseqüentemente, num incremento na oferta de postos de trabalho. A prática, contudo, rechaça o receituário liberalóide. No que de fato resulta a mundialização é

---

[31] A qualificação desse fenômeno tem variado ao sabor de cada doutrinador, sendo que os mais utilizados são globalização, globalismo, mundialização, mundialismo e internacionalização.

[32] FARIA, José Eduardo. *O Direito na Economia Globalizada.* São Paulo: Malheiros, 1999, p. 60.

[33] Ibidem, p. 60.

[34] O termo *offshoring* diz respeito a uma espécie de terceirização internacional, além-fronteira. Já é comum nos Estados Unidos as grandes empresas valerem-se de *call centers* indianos, estando aí um bom exemplo desse mecanismo de descentralização da produção. Cf. *Carta Capital,* 08 de março de 2006, n. 383, p. 26-31.

apenas num declínio do custo do trabalho e no aumento do grau de informalidade do mercado de trabalho, num processo denominado de "flexibilização espúria", agravado nos países em desenvolvimento pelo descompasso entre a qualificação dos trabalhadores e as novas exigências tecnológicas, produzindo marginalidade.[35]

Sobre as profundas modificações no meio do trabalho, dentro da perspectiva espaço/tempo, e considerando os contornos atuais do que chama de "pós-modernidade", parece irretocável o retrato de Everaldo Gaspar Lopes de Andrade:

a) o espaço limitado à proteção das relações individuais, em termos de dogmática tradicional, ficou reduzido, a partir da diminuição da população ativa protegida e da desertificação dos postos tradicionais de trabalho;

b) o aparecimento de uma multiplicidade de contratos atípicos aliado ao crescimento desmedido e irreversível dos subcontratados pertencentes ao setor informal impõe uma releitura da dogmática tradicional em termos de espaço, no campo das relações individuais de trabalho.[36]

O paradigma produtivo hoje, nas precisas palavras de Viviane Forrestier, não é mais o de inclusão (e exploração) da fase industrial; o modelo, com efeito, tem a forte marca da exclusão do trabalhador.

É de se atentar que a pauta do conhecimento científico da época industrial basicamente se resumia a três pontos: a) a divisão do trabalho e suas conseqüências sociais, (2) a desumanização decorrente do trabalho industrial e (3) a constituição de classes como projeção das formas de organização social da indústria.[37]

Nestes dias de globalismo, as questões que permeiam o debate político, jurídico e filosófico no que diz respeito ao mundo do trabalho, são totalmente diversas. Pode-se afirmar que o grande desafio e a preocupação central deslocaram-se para um único ponto: dizer qual a resposta das ciências sociais e humanas ao trabalhador que não mais encontra emprego.

6. As novas tecnologias e a intensificação da exploração do capital sobre o trabalho

Qualquer diagnóstico que enxergue com otimismo o quadro atual quanto ao bem-estar do empregado parece amplamente equivocado. Não há uma astenia do

---

[35] OLSSON, Giovanni. *Relações Internacionais e seus atores na era da globalização*. Curitiba: Juruá, 2003, p. 128.

[36] Deve-se referir que Andrade trata de abranger outras modificações no mundo do trabalho, além daquelas atinentes às relações individuais de trabalho, tais como as repercussões do processo globalizante na esfera sindical e nas relações internacionais. O texto acima, contudo, ficou limitado gnoseologicamente aos propósitos deste trabalho.

[37] MELHADO, Reginaldo. *Poder e Sujeição*: os fundamentos da relação de poder entre capital e trabalho e o conceito de subordinação. São Paulo: LTr, 2003, p. 144.

capital, para usar uma expressão cara a Melhado.[38] Em vez disso, assiste-se a um robustecimento das formas de exploração.

Já não é preciso que o empregador acompanhe a atitude do empregado e lhe dê ordens, ou mesmo já não é necessário até que a empresa tenha prepostos que façam as vezes do patrão e fiscalizem a produção. Basta hoje o monitoramento *on line* para que cada gesto e até os segundos do empregado sejam controlados.

A distância, pois, deixou de ser um espaço de possibilidades para o empregado e que por isso mesmo exigia tanto quanto possível a vigilância física do empregador ou de quem o representasse. Igualmente o tempo não oferece mais uma margem de tolerância ao empregado, e por meio de um acesso eletrônico terá a empresa o controle preciso desde a jornada de trabalho, quando, por exemplo, foi acessado o sistema e quando foi desativado, sendo o que ocorre, por exemplo, com os funcionários da rede bancária.

Nestes tempos de cada vez mais modernas tecnologias a empresa não altera a lógica do capitalismo e a capacidade de trabalho é tratada desde sempre como mercadoria no intercâmbio globalizado. Melhado é contundente quando averba que:

> a empresa da era tecnológica é um centro de convergência de técnicas múltiplas e interdependentes em cujo contexto o trabalho não é senão um valor fungível. O capital é o elemento catalisador de uma pluralidade de técnicos e figura como demiurgo capaz de fundir a diversidade. Não depende do cientista, do especialista, mas estes dependem dele. O trabalho singular somente se realiza e faz sentido no processo de interação com outros trabalhos singulares.[39]

O recrudescimento, portanto, do controle patronal e da conseqüente submissão do trabalho é palpável, circunstância que se soma ao quadro de enxugamento dos postos de serviços e assim torna mais aguda a difícil situação por que atravessa a classe trabalhadora nos dias atuais.

Pensar de resto em capitalismo sem que exista um "comando sobre o trabalho" seria incorrer em contradição. Faz parte da própria existência do capital que o trabalho seja submisso a ele; o que muda em termos históricos são as formas de exploração, e é isso o que se enxerga nos dias de hoje.

Mészáros é preciso neste ponto:

> A condição crucial para a existência e o funcionamento do capital é que ele seja capaz de exercer *comando sobre o trabaho*. Naturalmente, as modalidades pelas quais este comando pode e deve ser exercido estão sujeitas às mudanças históricas capazes de assumir as formas mais desconcertantes. Mas a *condição absoluta* do comando objetivado e alienado sobre o trabalho – exercido de modo indivisível pelo capital e por mais ninguém, sob quais-

---

[38] MELHADO, Reginaldo. *Metamorfoses do capital e do trabalho*: relações de poder, reforma do Judiciário e competência da Justiça Laboral. São Paulo: LTr, 2006, p. 112.

[39] Idem, p. 114.

quer que sejam suas formas realmente existentes e possíveis – deve permanecer sempre. Sem ela, o capital deixaria de ser capital e desapareceria da cena histórica.[40]

7. O fim do emprego: um caminho sem volta?

Com o diagnóstico de que o desemprego aumenta a cada ano, parte da doutrina vaticina o fim do trabalho.

A premissa de que o emprego está escasso sem dúvida é verdadeira, mas a conclusão de que o emprego está fatalmente condenado à extinção não decorre logicamente. Não está claro que o problema do desemprego é estrutural, ou se, ao contrário, se cuida de algo conjuntural e portanto superável. É preciso observar que o andar da história não funciona como um silogismo lógico, em que basta apresentar a premissa maior e a premissa menor para, por mero desenrolar de lógica, extrair-se a conclusão. Definitivamente, a história se constrói de fatos, e os fatos não são números frios e invariáveis.

Encontrar um emprego é tarefa muitas vezes árdua nestes dias de capitalismo globalizado, não há como fugir dessa estatística. Ocorre que há outra realidade que na maioria das abordagens passa desapercebida nos prognósticos lançados: ainda é bastante significativa a quantidade de empregados entre os trabalhadores. Vale a pena transcrever a lúcida ponderação de Maurício Godinho Delgado:

> Ora, trata-se de um equívoco, inclusive do ponto de vista estatístico: não há, nas economias capitalistas, número tão grande de efetivos *profissionais autônomos*, uma vez que jamais deixou de ser nelas maciça a prevalência do universo de *empregados*, mesmo na realidade mais recente. Pelos dados europeus de fins dos anos 80 e meados da década de 1990, tomando-se como parâmetro Alemanha e França, verifica-se não existir sequer 15% de trabalhadores que não sejam reais empregados ou servidores públicos, consideradas as populações ocupadas.[41]

Wolfgang Däubler, na mesma trilha, observa que na Alemanha

> nas estatísticas, os autônomos aparecem como exceção relativamente insignificante. Apenas 8,53% de todas as pessoas economicamente ativas exercem em maio de 1987 uma atividade autônoma. 1,78% eram colaboradores familiares que podem ser encontrados sobretudo na agricultura, no varejo e em atividades artesanais. 80,62% de todos os ativos eram operários e empregados. 9,07% eram funcionários públicos e militares. Assim, praticamente nove entre dez pessoas economicamente ativas são assalariadas, pois de lá para cá não houve mudanças maiores nesta relação.[42]

---

[40] MÉSZÁROS, István. *Para além do Capital*. Trad. CASTANHEIRA, Paulo Cezar; LESSA, Sérgio. São Paulo: Boitempo, 2006, p. 170.

[41] DELGADO, Maurício Godinho. As Duas Faces da Nova Competência da Justiça do Trabalho. In: COUTINHO, Grijalbo F.; FAVA, Marcos N. (coord.). *Nova Competência da Justiça do Trabalho*. São Paulo: LTr, 2005, p. 297.

[42] DÄUBLER, Wolfgang. *Direito do Trabalho e Sociedade na Alemanha*. São Paulo: LTr/Fundação Friedrich Ebert, 1997, p. 41-42.

No Brasil, o quadro é semelhante, sendo que mais gravoso, tendo em vista a fase de capitalismo tardio em que se encontra. Também se constata que a taxa de desemprego está em ritmo crescente, sobretudo na área industrial. Até o ano de 1997, a queda no emprego industrial foi compensada pelo aumento do emprego nos serviços e no comércio; no entanto, a partir daquele ano o desempenho do mercado de trabalho começou a demonstrar sinais de decréscimo real dos trabalhadores ocupados, com carteira assinada.[43] Houve, é certo, uma melhora recente dos índices de emprego, *pari passu* a um crescimento econômico ainda tímido, o que é uma notícia alvissareira, mas nada confirma uma tendência forte de superação do difícil *status quo* e do conseqüente déficit de postos de trabalho regulado.[44]

Por outro lado, o contexto brasileiro demonstra o predomínio do mercado informal sobre o formal, contrastando com os dados de países centrais, como Alemanha e França. Assim é que o relatório anual do Banco Central aponta que em 2004 o número de trabalhadores com carteira assinada chegou a 39,3%, aumentando para 40,3% em 2005;[45] e o IBGE, com dados mais recentes, aponta no boletim mensal de emprego, que, no mês de setembro de 2007, 47,7% da população ativa tinha trabalho com carteira assinada.[46] Evidentemente que isso retrata um *continuum* histórico, sendo de se destacar que no Brasil o regime de emprego sempre ostentou uma condição de isolamento e somente recentemente, mais detidamente a partir do final da década 80 com o advento da Constituição de 1988, é que houve uma política de Estado em termos de generalização para o conjunto da economia e da sociedade.[47]

Não obstante isso, cumpre reconhecer que existe uma parcela significativa da população brasileira economicamente ativa contemplada pelos direitos trabalhistas formalmente assegurados.

O cenário atual, como se percebe, expressa um dado concreto de que o desemprego estrutural se constitui em uma ameaça real, e que isso também está configurado como um fenômeno planetário, mas não autoriza a conclusão necessária de que o futuro será de erosão cada vez maior dos postos de trabalho. Essa visão de fim do emprego diz menos da realidade e mais de um discurso ideologizado com o capital, que enxerga nos direitos trabalhistas meros estorvos no processo de comercialização.

---

[43] Essa a conclusão do Departamento de Economia da Pontifícia Universidade Católica do Rio de Janeiro. CAMARGO, José Márcio et al. *Emprego e produtividade no Brasil na década de noventa.* Rio de Janeiro: PUC, 1999, p. 1-52.

[44] Cf. BIAVASCHI, Magda Barros. *O Direito do Trabalho no Brasil – 1930-1942*: a construção do sujeito de direitos trabalhistas. São Paulo: LTr/ Jutra-Associação Luso-Brasileira de Juristas do Trabalho, 2007, p. 291.

[45] Os dados foram extraídos do endereço eletrônico www.bacen.gov.br/, às 23h, do dia 30 de março de 2006.

[46] Informações tiradas do endereço eletrônico www.ibge.gov.br, às 11h15min., do dia 30 de outubro de 2007.

[47] Sobre esse isolamento se versará mais detidamente no capítulo quinto, no momento em que será tratado o fenômeno das pré-compreensões no processo hermenêutico judicial trabalhista.

Nessa direção é a advertência de Godinho, cuja precisão autoriza a citação mais alongada:

> A conjuntura do sistema econômico, social e político capitalista, ao longo do último quartel do século XX, propiciou a realização de importantes acontecimentos e tendências de notável impacto no mundo do trabalho. A concentração de tais tendências e acontecimentos em curto período histórico fez brotar diagnóstico relativamente generalizado a respeito da presença de irremediável crise estrutural no tocante ao trabalho e ao emprego na atualidade do capitalismo. Esse diagnóstico e o caráter sombrio de suas previsões, embora tendo, evidentemente, pontos de contato com a dinâmica atual do sistema socioeconômico prevalecente, não se mostram rigorosamente corretos [...]. Na verdade, acabam por traduzir, em boa medida, decisivo instrumento cultural no processo de combate ao primado do trabalho e do emprego no sistema capitalista contemporâneo.[48]

É possível e factível outra leitura, e essa nova visão tem por supedâneo o despertar de um contingente maciço dos trabalhadores[49] que ainda ostenta os elementos típicos de uma relação de emprego, aliada a uma atuação firme e compromissória do Estado em favor da dignidade da pessoa-que-trabalha. A antevista desertificação do mercado de trabalho conta com a inércia e a passividade dessa massa e com a submissão das estruturas estatais para com os rumos ora traçados pelo capitalismo mundial.

8. O entrincheiramento e a importância atual do direito do trabalho: o papel do Poder Judiciário

Como se demonstrou, no atual estágio do capitalismo mundial – e mais particularmente do capitalismo no Brasil – percebe-se uma clara tendência de desertificação dos postos de trabalho. O toyotismo e a liofilização organizacional, com terceirizações e recentemente *offshoring,* são um conjunto de fatores que estão a cada dia entrincheirando o direito do trabalho.

Os mais recentes levantamentos de dados de resto só comprovam a onda de desemprego que assola o mundo e o Brasil.[50] Ano a ano aumenta a curva dos não empregados, com ligeiras melhoras sazonais e por isso pouco consistentes em termos de reação mais generalizada.

No entanto, e para bem compreender toda a conjuntura, é necessário reter outra característica do atual momento: a imensa gama de trabalhadores que ainda

---

[48] GODINHO, Mauricio Delgado. *Capitalismo, Trabalho e Emprego* – entre o paradigma da Destruição e os Caminhos de Reconstrução. São Paulo: LTr, 2005, p. 67.

[49] Mesmo que pontualmente as estatísticas revelem que a maioria dos empregados e servidores públicos, aí incluídos os militares, esteja comprometida diante do aumento dos trabalhadores autônomos, de todo modo a parcela daqueles laboristas será significativa o bastante para dela se esperar um movimento reativo.

[50] Estatísticas colhidas pela OIT (Organização Internacional do Trabalho) comprovam um aumento do desemprego no mundo, tanto que em 1995 o índice de desempregados estava em torno de 6,0%, já em 2005 esse percentual aumentou para 6,3%, o que significa um incremento de milhões de novos trabalhadores fora do mercado de trabalho. Cf. SIQUEIRA, André. O Futuro do Emprego. In: *Carta Capital*, ano XII, n. 383, 8 de março de 2006, p. 28.

estão incluídos entre os empregados tipicamente celetistas no Brasil, que chega a uma ordem de aproximadamente quarenta por cento (um pouco menos, um pouco mais, a depender do período da pesquisa, mas sempre em torno disso) do montante de trabalhadores economicamente ativos.

Em síntese: o momento atual é de crescente desemprego, mas o emprego ainda contempla senão a maioria pelo menos uma parcela bem significativa dos trabalhadores no mercado de trabalho.

Essa contextualidade, como se percebe, é ambivalente. Se, por um lado, revela-se desalentadora porque a perspectiva é de erosão do emprego, por outro oferece um caminho de alvíssaras para quem pretende uma mudança de rumo. É que, sendo substancial o número dos trabalhadores ainda empregados, parece intuitivo concluir que essa massa ainda pode se organizar e reagir para modificar os próximos passos, e ditar um horizonte menos perturbador para o mundo do trabalho.

Há algum tempo a França deu um exemplo eloqüente e pungente de reação popular contra a flexibilização do direito do trabalho. Milhões de pessoas foram às ruas de Paris protestar contra um projeto de lei – lei do primeiro contrato – que dispensa o empregador do pagamento de verbas rescisórias para trabalhadores até 26 anos, nos dois primeiros anos do pacto.[51]

A reação francesa discrepa, no entanto, com a passividade dos trabalhadores brasileiros.

O papel do Judiciário brasileiro nesse contexto, enquanto a massa de laboristas se mantém inerte e não desperta, parece ser de assumir o proscênio e lutar pela efetivação dos direitos trabalhistas. Aqui se defende que judiciário pode e deve protagonizar um movimento de resistência, em sintonia, como se verá, com o ordenamento jurídico nacional.

Aqui modestamente se diverge dos que não mais enxergam no trabalho dependente ou subordinado a centralidade do Direito do Trabalho.[52] Este ramo ainda deve, sim, ter por objeto central o labor por conta alheia, uma vez que ainda atinge parcela significativa da população e mas sobretudo porque se trata, dentro do regime capitalismo, da maior conquista em termos de justiça social.

E Pochmann chama a atenção para o fato de que, apesar da crise de desemprego, "o emprego assalariado formal representa o que de melhor o capitalismo brasileiro tem constituído para a sua classe trabalhadora, pois vem acompanhado de um conjunto de normas de proteção social e trabalhista".[53]

---

[51] *Folha de S. Paulo*, 1º de abril de 2006, p. A-27.

[52] Pela solidez de sua tese, não se pode deixar de mencionar a posição de Andrade, para quem, numa sociedade pós-moderna, "o labor dependente, subordinado ou por conta alheia não pode ser mais elevado à condição de objeto central do Direito do Trabalho". ANDRADE, Everaldo Gaspar Lopes. *Direito do Trabalho e Pós-Modernidade* – Fundamentos para uma Teoria Geral. São Paulo: LTr, 2005, p. 77.

[53] POCHMANN, Márcio. *O Emprego na Globalização* – a nova divisão internacional do trabalho e os caminhos que o Brasil escolheu, São Paulo: Boitempo, 2002, p. 98.

Na mesma linha mas reconhecendo os tais indícios de mudança de paradigma, Reginaldo Melhado não deixa de admitir que "o contrato de emprego continua sendo a expressão jurídica hegemônica das relações de intercâmbio da capacidade de trabalho no modo de produção capitalista, também no contexto da chamada globalização".[54]

Essa também é a colocação de Delgado, para quem o Direito do Trabalho é "a mais significativa conquista das grandes massas populacionais na economia e sociedades capitalistas ocidentais, a mais eficiente e generalizada política de distribuição de renda e poder na história do capitalismo".[55]

Vale a pena transcrever o registro histórico de Vianna sobre o significado de os trabalhadores terem conquistado o Direito do Trabalho:

> Foi a emergência de novos detentores de direitos, especialmente o movimento operário em meados do século passado, que deu fim à rigorosa separação entre o Estado e a sociedade civil, nos termos da tópica liberal da liberdade negativa. O Direito do Trabalho, nascido dos êxitos daquele movimento, conferiu um caráter público a relações da esfera privada, como o contrato de compra e venda da força de trabalho, consistindo em um coroamento de décadas de luta do sindicalismo, apoiado por amplos setores da sociedade civil de fins do século XIX e começo do XX. O *welfare,* portanto, antes de ser *de* Estado – quando atualizou o diagnóstico weberiano sobre a tendência à racionalização e à burocratização no mundo moderno –, foi a expressão de um movimento a que não faltou o carisma da utopia, originário da sociedade civil e com uma legítima pretensão universalista, dada a centralidade do tema do trabalho na organização da sociedade industrial. Ao lado disso, o Direito do Trabalho infiltrou no campo do direito um argumento de justiça, presença bizarra na concepção ortodoxa do contratualismo liberal, que procurava compensar, por meio da regulação jurídica, a parte "economicamente desfavorecida" nas relações contratadas entre empregadores e empregados.[56]

Fica claro que não se adere ao discurso de que já não existem condições históricas de sustentar o modelo de emprego, e que o caso é de pensar em uma proteção que envolva todo o conjunto de trabalhadores, inclusive os sem vínculo formal.[57] Entende-se que esse caminho, sob color de levar amparo legislativo para todos, acabaria estiolando a malha protetora atual, já que, certamente, precisaria haver uma redução dos direitos dos trabalhadores empregados para também contemplar os não-empregados, tudo supostamente em benefício de todos. A igualda-

---

[54] MELHADO, Reginaldo. *Metamorfoses do Capital e do Trabalho*: Relações de Poder, Reforma do Judiciário e Competência da Justiça Laboral. São Paulo: LTr, 2006, p. 119.

[55] GODINHO, Mauricio Delgado. *Capitalismo, Trabalho e Emprego* – entre o paradigma da Destruição e os Caminhos de Reconstrução. São Paulo: LTr, 2005, p. 136.

[56] VIANNA, Luiz Werneck *et al*. *A Judicialização da política e das relações sociais no Brasil*. Rio de Janeiro: Revan, 1999, p. 15.

[57] Essa é a visão, por exemplo, de Andrade, para quem "as relações individuais de trabalho não podem espelhar-se no passado e tentar reconstituir o discurso e a prática do trabalho duradouro, envolvido nas organizações empresariais. Ao contrário, há de preocupar-se com os seres humanos, em sua totalidade, com todos os que pretendem viver de um trabalho ou de uma renda dignos, pouco importando tratar-se de um labor dependente ou por conta própria [...]".ANDRADE, Everaldo Gaspar Lopes de. *Direito do Trabalho e Pós-modernidade*: fundamentos para uma teoria geral. São Paulo: LTr, 2005, p. 307.

de não viria por cima, mas seria nivelada por baixo, o que seria de um retrocesso histórico inominável.[58]

Não se podem, por isso mesmo, menosprezar as críticas à Emenda n. 45, que alargou a competência da Justiça do Trabalho para também abarcar os trabalhadores não empregados. A idéia é a de que, com essa extensão, haveria o risco de perda de foco e isso poderia justamente debilitar a estrutura existente em prol dos empregados.[59] Entende-se que isso realmente pode suceder, mas não se pode perder de vista que essa alteração na competência foi uma reação orquestrada pela própria magistratura trabalhista quando estava em discussão a possibilidade real de extinção da Justiça do Trabalho. Em outros termos: o risco atual de debilitação é real, mas o risco anterior de extinção era maior e com prejuízos ainda mais nefastos à classe operária. Entretanto, é de todo coerente uma vigília de todos para que o quadro existente, menos focado e sem a especificidade de outrora, não venha a facilitar uma precarização ainda maior dos direitos trabalhistas já assegurados.

9. Considerações finais ao capítulo

O Brasil vive atualmente a fase de um capitalismo tardio e globalizado, em que a força de trabalho sofre de uma pronunciada exploração e em que a tragédia da exclusão do trabalhador, com uma sempre acentuada curva de desemprego, povoa o cotidiano de uma parcela significativa de pessoas.

A vulgata maxista que vaticinava uma derrota do capital pela classe trabalhadora, se se levar em consideração os últimos acontecimentos do final do século passado e do início deste, parece que não estava com a razão. As novas tecnologias e novos arranjos produtivos deram nova e pungente força ao capital e debilitaram como nunca a organização trabalhista.

O quadro é gravíssimo e por isto mesmo requer o despudor cívico de todos.

Ainda não há caminho alternativo concreto para o modelo de emprego, sendo de se destacar que este figura no atual momento histórico como a maior e a mais relevante conquista para a classe trabalhadora.

---

[58] Vale a pena chamar a atenção para a advertência de Luiz G. Belluzo, para quem, das relações mercantis típicas do capitalismo, o direito que nasce não quer reconhecer outra igualdade a não ser a igualdade entre os produtores de mercadorias. Cf. BIAVASCHI, Magda Barros. *O Direito do Trabalho no Brasil – 1930-1942*: a construção do sujeito de direitos trabalhistas. São Paulo: LTr: Jutra-Associação Luso-Brasileira de Juristas do Trabalho, 2007, p. 33.

[59] É o que, entre outros, observa Biavaschi quando escreve que "outra alteração significativa que a Emenda n. 45 trouxe para a Justiça do Trabalho é a da ampliação de sua competência. Passou a ser-lhe atribuída competência estranha aos conflitos tradicionais decorrentes da relação capital e trabalho, rompendo, assim, com os lindes de sua *lógica fundacional,* na medida em que passa a dirimir questões envolvendo relações e, portanto, contratos de natureza civil e, mesmo, comercial, o que, dependendo da interpretação que se solidificar, poderá importar deslocamento dos olhos do julgador do foco dos princípios que fisionomizam o Direito do Trabalho, fazendo com que outros princípios, de natureza civilista, passa a ocupar a pauta dos julgamentos. Dessa forma, corre-se o risco de um esvaziamento da especificidade que justificou a sua criação. [...]". BIAVASCHI, Magda Barros. *O Direito do Trabalho no Brasil – 1930-1942*: a construção do sujeito de direitos trabalhistas. São Paulo: LTr: Jutra-Associação Luso-Brasileira de Juristas do Trabalho, 2007, p. 296.

É preciso considerar que, mesmo no quadro atual, um contingente enorme de trabalhadores é detentor de direitos histórica e arduamente conquistados e não se pode de modo algum negligenciar quanto à importância dessas garantias.

Revela-se problemático deslocar o olhar do Judiciário trabalhista para os laboristas não empregados. A perda do foco pode, efetivamente, provocar um esvaziamento da especificidade que justificou a sua criação e com isso debilitar a proteção do empregado em nome de uma pretensa igualdade e de um "mínimo de direitos" para todos os trabalhadores.

Por essas razões entende-se que o papel que cabe ao Judiciário é de zelar pela preservação e pelo aperfeiçoamento do regime atual.

Cumpre verificar nesta investigação se já existe uma dogmática nacional e um instrumental metodológico que habilitem o Estado/juiz a fazer frente às novas realidades, como forma de aumentar o grau de proteção do agente de trabalho sob regime de emprego, trazendo para o manto protetor situações ainda não previstas pelo legislador ou se, por outra, as que, mesmo tendo sido disciplinadas, não o foram de modo suficientemente digno para o trabalhador.

O capítulo seguinte se debruçará sobre o plano dogmático.

CAPÍTULO *II*

A proteção ao trabalhador na Constituição brasileira de 1988: qualificação normativa e modos eficaciais

1. Considerações iniciais

Neste capítulo, pretende-se caracterizar a proteção normativa dispensada ao trabalhador no texto da Carta Política de 1988, dizendo ainda da sua qualidade, se se cuida ou não de direito fundamental, e em conseqüência de que maneira está disposta a sua eficácia. Nem é preciso afirmar que são dados dogmáticos determinantes para os propósitos deste livro, mais especificamente para dizer de onde deve partir o julgador no seu desiderato de incrementar a proteção do empregado, o que diz da importância deste estudo inicial.

Para tanto, é imprescindível elaborar um conceito de direitos fundamentais estruturalmente voltado para o cotidiano do julgador que tem como horizontes as lides resultantes do embate capital e trabalho. Depois se firmará uma premissa de teoria e filosofia do direito – a diferença entre texto e norma – sem a qual não se entende coerente o exame de um texto jurídico, sobre a Lei Fundamental de um país. Como complemento e desdobramento necessários, será analisado o tratamento que a Constituição brasileira dispensa aos Direitos Fundamentais.

Será apurada, para efeito de ampliação da visibilidade do conceito, a clivagem contemporânea entre as dimensões objetiva e subjetiva dos direitos fundamentais.

Dando seqüência ao *iter* conceitual, reservar-se-á um tópico para abordar as funções contemporâneas dos direitos fundamentais no bojo do Estado Democrático (e Social) de Direito.

Ao depois, ingressar-se-á na problemática da eficácia dos direitos fundamentais, nos aspectos vertical e horizontal, que diz com os destinatários daquelas garantias. E também se adentrará no campo da possibilidade dos efeitos incidirem direta ou indiretamente, com a mediação da lei. Com isso se dirá da eficácia da proteção do trabalhador, nas suas diversas manifestações, tendo como pano de fundo a constituição brasileira.

Ainda no plano constitucional, será visto o escudo normativo que foi estabelecido para os direitos fundamentais do trabalhador, e o alcance que se lhes pode atribuir em termos de direitos laborais, mais propriamente em que medida podem ser modificados.

E arrostando a questão da efetividade dos direitos fundamentais do trabalhador, será feita uma análise sobre as mutações informais do direito do trabalho, com ênfase na dinâmica da hermenêutica judicial e suas reverberações na pragmática da proteção juslaboral.

2. O conceito estrutural de direitos fundamentais

Dado que este trabalho se orienta essencialmente para aumentar a proteção do trabalhador diante das insuficiências da legislação material e processual do trabalho, tomando os direitos fundamentais enquanto parâmetro valorativo, interessa aqui o estabelecimento de um conceito estruturalmente adequado à compreensão do problema. É dizer, independentemente do que deva entender-se por direito fundamental em sentido material, o objetivo vai ser, nesta sede, o de apurar a natureza estrutural do objeto com o qual será comparada a legislação trabalhista.

Evidentemente isso não significa que se negligencie quanto à importância de uma investigação material dos direitos fundamentais. Todavia, enveredar por tal campo seria fugir dos propósitos aqui estabelecidos. Daí por que não é de interesse do projeto perquirir se este ou aquele direito deveria ser tido como fundamental, mas sim considerar se os direitos que a constituição brasileira tem como fundamentais estão sendo contemplados devidamente pelo legislador trabalhista, e em que medida o Judiciário pode intervir nessa relação.

Mas é preciso consignar que os direitos fundamentais são o resultado de lutas e batalhas travadas no tempo, em prol da afirmação da dignidade humana. Os direitos fundamentais não constituem, assim, entidades etéreas, metafísicas que sobrevivem ao mundo real. Pelo contrário, são realidades históricas e consistem num construir incessante.

A fase de constitucionalização dos direitos humanos é historicamente recente. Pode-se afirmar que as Revoluções Liberais do século XVIII, sobretudo a americana e a francesa, e suas conseqüentes Declarações, deram início à constitucionalização dos direitos humanos. Na esteira de George Marmelstein,

> é a partir desse momento que se vem preferindo o uso do termo *direitos fundamentais* para se fazer alusão àqueles direitos positivados numa constituição de determinado Estado, ao passo que a expressão *direitos humanos* ficaria reservada para ser adotada em documentos internacionais, e o termo *direitos do homem*, enquanto pautas ético-políticas, seriam valores inerentes ao ser humano destituídos de positividade, ou seja, seriam os direitos naturais, para os que aceitam sua existência.[60]

A idéia, contudo, do que sejam os direitos fundamentais tem se esgarçado e isso pode gerar, de fato, problemas. É o caso da inclusão de conceitos que jamais foram pensados como jusfundamentais, o que acaba por acarretar uma sobrecarga

---

[60] LIMA, George Marmelstein. *Efetivação do Direito Fundamental à Saúde pelo Poder Judicário,* monografia de Curso de Especialização em Direito Sanitário para Membros do Ministério Público e da Magistratura Federal, UNB, 2003, p. 5.

semântica nessa locução, em prejuízo da sua força de convencimento e mesmo de vinculação.

Já se percebe o quão necessário é bem delimitar o que se entende por direitos fundamentais e assim isolar o conceito que servirá de estrutura para o objetivo central desta pesquisa. Fique, então, assentado que se vai tratar sob a alcunha de direitos fundamentais aqueles assim tratados pela Constituição Federal de 1988.[61]

Não se argúa, entretanto, que essa concepção é exclusivamente positivista, uma vez que tem por supedâneo um texto do direito positivo – o documento da Carta da República brasileira.

Fugir do fato de que os direitos fundamentais são direitos positivos não parece coerente a este autor, sob pena de se voltar para os contornos do direito natural. Mas não é menos exato que todo direito fundamental encerra um conteúdo de justiça e, portanto, de direito natural.

Como também não se pode desconsiderar a realidade de que os direitos fundamentais concretizam-se não no texto constitucional apenas, mas num processo complexo que envolve necessariamente o que o Poder Judiciário diz sobre eles, sendo isso uma nota típica do realismo jurídico.

O que se percebe é que a compreensão dos direitos fundamentais requer um arranjo mais amplo e complexo do que pode uma única teoria sustentar. Assim uma visão tributária do positivismo, do naturalismo, ou do realismo jurídicos, se isoladamente consideradas, não conseguem explicar o fenômeno como um todo. O mais apropriado é entender-se que os direitos fundamentais bebem de diversas fontes teóricas.

Nesse particular, segue-se a doutrina de Alfonso García Figueroa, que, enfrentando a questão, elaborou esta síntese preciosa:

> À primeira vista, parece surpreendente que os direitos fundamentais sirvam para confirmar três teorias contraditórias entre si como o positivismo, o jusnaturalismo e o realismo, mas, na realidade, isto somente significa duas coisas: primeiro, que nenhuma dessas teorias é suficiente para poder explicar as diversas dimensões dos direitos fundamentais, e, segundo, que todas elas são necessárias em alguma medida para poder *compreender* os direitos fundamentais adequadamente.[62]

A opção que se assume nesta investigação, quanto ao conceito estrutural de direitos fundamentais a partir do que está estabelecido na Lei Fundamental

---

[61] Segue-se, no particular, o escólio de Robert Alexy: "os direitos fundamentais são substancialmente direitos do homem transformados em direito positivo. Tais direitos exigem a sua institucionalização. Se existem direitos do homem, não há somente um direito à vida, mas também um direito do homem a um Estado que realize este direito. E a institucionalização inclui necessariamente a sua acionabilidade". ALEXY, Robert. Colisão e balanceamento como problema da base da dogmática dos direitos fundamentais. In: *La ragionevolezza nel diritto*. Torino: G. Giappichelli Editore, 2002, p. 27-43.

[62] FIGUEROA, Alfonso García. Princípios e Direitos Fundamentais. In: *A Constitucionalização do Direito – Fundamentos Teóricos e Aplicações Específicas*, coord. SARMENTO, Daniel; NETO SOUZA, Cláudio Pereira. Rio de Janeiro: Lumen Juris, 2007, p. 05.

brasileira, não pode assim ser creditada a uma corrente isolada do pensamento jusfilosófico tradicional.[63]

Outra crítica que de logo se levanta contra esse conceito vem no argumento de que, em assim sendo, qualquer direito poderia ser tido como fundamental, desde que tivesse sido alçado a esse posto pela Constituição. É preciso reconhecer que procede essa argumentação.

Bem, pretender que o constituinte tenha feito as escolhas certas sobre os direitos fundamentais, se se considerar como tal a linha demarcatória de determinado conteúdo axiológico, seria colocar a qualificação de fundamental exclusivamente no terreno movediço da interpretação, sem qualquer base dogmática.

O que aqui se sustenta é que a base do texto constitucional tem que ser levada em consideração sempre que se for perquirir pela fundamentalidade de um direito. E a escolha do constituinte será decisiva nessa empresa.

Evidentemente, e isso já se consignou, que a compreensão do que seja um direito fundamental não pára por aí. Haverá a tarefa da hermenêutica, que deverá, sim, levar igualmente em conta pré-compreensões legítimas no momento da interpretação e aplicação do direito.[64]

Para efeito, portanto, da visão aqui defendida o que constituinte apontou como direito fundamental deve ser levado a sério, e com essa posição se pretende partir para dizer da fundamentalidade ou não da proteção ao trabalhador no texto constitucional, sem prejuízo de outros incontornáveis influxos no curso do processo hermenêutico.

3. A proteção ao trabalhador na Carta da República brasileira: norma geral com *status* de direito fundamental

Situar a previsão constitucional da proteção do trabalhador é tarefa que tem início logo no pórtico da Carta Política de 1988.

Parece claro que o fundamento dogmático primeiro da proteção do trabalhador repousa no princípio da dignidade da pessoa humana, insculpido no artigo 1º, inciso III, que tem qualidade de direito fundamental por ostentar inclusive o valor de princípio fundamental da República Federativa do Brasil.

Tudo está no fato de que a proteção é da pessoa-que-trabalha.[65]

---

[63] Por aproximação, pode-se dizer que o conceito de direitos fundamentais aqui trabalhado em sintonia com a teoria dos princípios está mais inclinado para um novo pensamento em filosofia do direito, algo ainda em formação, mas que já contém notas próprias que autorizam a distinção de tudo o que até aqui foi elaborado – o pós-positivismo. Sobre esse novel arranjo teórico se versará com mais detalhes nos capítulos terceiro e quatro.

[64] Sobre as pré-compreensões está dedicado o capítulo quinto desta pesquisa.

[65] A expressão "pessoa-que-trabalha" não está dicionarizada e é, desse modo, uma elaboração inovatória deste estudo com o objetivo de enfatizar, por meio de um substantivo propositadamente composto, a impossibilidade de se fragmentar a pessoa que trabalha do trabalho, e com isso evitar a abstração e a reificação (coisificação) do trabalho, como está justificado e defendido no texto.

Não é factível entender-se o trabalho desassociado do trabalhador. Não há como desprender o labor da pessoa humana que desenvolve o serviço, sob pena de se considerar o sujeito-que-trabalha uma mercadoria qualquer.[66]

A essa circunstância denomina Wandelli de "ambivalência do direito do trabalho, em que a prestação entregue pelo trabalhador, a *força do trabalho*, leva consigo, inseparável, a pessoa do prestador, o *trabalho vivo*".[67]

Labora em equívoco, inclusive, parte da doutrina quando sustenta que o princípio da proteção é menor do que o princípio da dignidade da pessoa humana.[68] Porque a proteção da dignidade da pessoa-que-trabalha em verdade não se diferencia da proteção à dignidade da pessoa-que-vota, da pessoa-que-tem-filho, da pessoa-que-quer-moradia e assim por diante. São manifestações de um mesmo estuário. E não há relação de superioridade ou de inferioridade entre valores que se equivalem.

É preferível, por essas razões, tratar da proteção do trabalhador como sendo a proteção da pessoa-que-trabalha, e é o que se passará a adotar doravante nesta investigação. A carga significante mais detalhada dessa última expressão como que imprime um obstáculo a mais para quem, voluntariamente ou não, acaba por apartar o trabalho da pessoa do trabalhador e distorcer o significado pretendido.

Mas também é defensável e coerente a leitura de que a proteção do empregado (da pessoa-que-trabalha) é decorrência também de todo o catálogo de direitos fundamentais do trabalhador, especialmente os previstos nos artigos 7º a 11 da Constituição, que se dirigem mais frontalmente aos laboristas sob regime de emprego, até porque esses direitos, em última análise, são projeções inequívocas da dignidade da pessoa humana,[69] que, pela sua relevância e pela sua especificidade, mereceram do constituinte um tratamento em destaque.

Não se pode ainda olvidar que essa norma geral também é extraída da gama de dispositivos constitucionais que dão primado ao trabalho e por isso contempla com elevada carga protetiva também o trabalhador. É preciso considerar que os "valores sociais do trabalho" é um dos fundamentos da República Federativa do Brasil (artigo 1º, inciso IV). E o trabalho foi alçado ainda como princípio da "Ordem Econômica", voltada a "assegurar a todos existência digna, conforme os

---

[66] MÉSZÁROS, István. *Para além do Capital,* trad. CASTANHEIRA, Paulo Cezar; LESSA, Sérgio. São Paulo: Editora Boitempo, 2006, p. 622.

[67] WANDELLI, Leonardo Vieira. *Despedida Abusiva. O direito (do trabalho) em busca de uma nova racionalidade.* São Paulo: LTr, 2004, p. 335.

[68] Essa é a afirmação, por exemplo, de Alice Monteiro de Barros, no sentido de que "a dignidade humana não se confunde com o princípio da proteção (do trabalhador), pois é superior a ele". BARROS, Alice Monteiro de. *Curso de Direito do Trabalho,* 3. ed. São Paulo: LTr, 2007, p. 187.

[69] Nesse mesma direção, observa Ana Paula de Barcellos que "a opção da Constituição de 1988 pela dignidade da pessoa humana é robustecida ainda pelo exame sistemático da própria Carta [...]. É o que o constituinte, além de fixar a dignidade como princípio central do Estado, juridicizando o valor humanista, disciplinou a matéria ao longo do texto através de um conjunto de outros princípios, subprincípios e regras, que procuram concretizá-lo e explicitar os efeitos que dele devem ser extraídos". BARCELLOS, Ana Paula de. *A Eficácia Jurídica dos Princípios Constitucionais*: o Princípio da Dignidade da Pessoa Humana. Rio de Janeiro: Renovar, 2002, p. 28.

ditames da justiça social [...]" (artigo 170 da Constituição Federal) e a "busca do pleno emprego" (inciso VIII). Isso sem contar que o primado do trabalho é colocado como "base" de toda a ordem social, conforme artigo 193: "A ordem social tem como base o primado do trabalho, e como objetivo o bem-estar e a justiça sociais".

O essencial é anotar que existe uma norma[70] geral de proteção ao empregado que emana de normas constitucionais que veiculam desde direitos fundamentais do trabalhador, passando por normas que atribuem primado ao trabalho ou ainda seja apenas em decorrência primeira da proteção fundamental à dignidade da pessoa humana.

Logo, seja decorrente apenas do princípio fundamental da dignidade da pessoa humana, seja despontada de todo o conjunto de direitos fundamentais do trabalhador, de que é particularmente pródiga e extensa a Carta Política brasileira, seja finalmente pelas normas que conferem ao primado ao trabalho, exsurge uma norma ampla e geral de proteção ao trabalhador.

Tendo em vista que amalgama todos os direitos fundamentais de amparo ao trabalhador, os quais são em verdade expressões da norma geral de proteção à pessoa-que-trabalha, ostenta essa norma ampla também o *status* de direito fundamental e tem a maior importância dentre as garantias conferidas ao labor regulado.

Em sintonia, portanto, com o conceito estrutural de direitos fundamentais tem-se que existe uma norma geral de proteção ao trabalhador na Constituição Federal de 1988 a qual tem fórum de direito fundamental. Em razão disso, passa-se a verificar o tratamento que o constituinte deu aos direitos fundamentais e as características destes, para então também dizer mais sobre a proteção à pessoa-que-trabalha.

4. Tratamento da Constituição brasileira aos direitos fundamentais

A Constituição Federal de 1988 deu um destaque inaudito na história brasileira no tema dos direitos fundamentais. Além de incorporar ao seu texto um elenco amplo e generoso de direitos individuais, políticos, sociais, difusos e coletivos, a Constituição elevou-os à condição de cláusula pétrea expressa, imunizando-os da ação corrosiva do constituinte derivado.[71]

---

[70] É intuitivo inferir que se adota nesta pesquisa, na esteira do pensamento pós-positivista de teoria e filosofia do direito, a diferença entre texto e norma. A norma é um sentido que advém de um texto legal ou constitucional, ou mesmo se cuida de uma construção com base em mais de um ou um conjunto de dispositivos de lei. Ávila, com propriedade, averba que *"normas não são textos nem o conjunto deles, mas os sentidos construídos a partir da interpretação sistemática de textos normativos. Daí se afirmar que os dispositivos se constituem no objeto da interpretação; e as normas, no seu resultado"*. ÁVILA, Humberto. *Teoria dos Princípios* – da definição à aplicação dos princípios jurídicos, 7. ed. São Paulo: Malheiros, 2007, p. 30-31.

[71] É inequívoco que quando se fala em "cláusulas pétreas" não se faz alusão à garantia de imutabilidade dos direitos fundamentais em face do legislador ordinário, pela simples razão de que ttodos os direitos constitucionalizados ostentam tal característica, e não seria coerente entender-se que todos os direitos ali previstos são

Mais: a própria estruturação interna do documento constitucional, diversamente do que ocorria na ordem constitucional pretérita, pôs os direitos fundamentais na parte inicial do texto magno, antes das normas sobre a organização do Estado. A eles foi dada, portanto, uma posição topográfica privilegiada, revelando bem a importância sem precedentes conferida a tais direitos, que passam a desfrutar de indisputável primazia axiológica no novo regime.

A eles foi dada ainda uma abertura (artigo 5º, § 2º), de modo que é possível extrair direitos fundamentais mesmo fora do vasto elenco do artigo 5º.

E ainda lhes foi atribuída eficácia plena, direta e imediata, que, como se verá no decorrer deste capítulo, é um instrumental indispensável para o intérprete do direito. A perspectiva da eficácia, de resto, será mais aprofundada nesta investigação, sendo certo que o percurso analítico deve passar, necessariamente, pela abordagem das dimensões dos direitos fundamentais, tanto no viés objetivo quanto subjetivo.

5. Da dimensão objetiva dos Direitos Fundamentais

O reconhecimento da dimensão objetiva dos Direitos Fundamentais foi resultado do abandono ou da superação de teorias de concepção liberal, as quais, associadas ao contorno negativo e de defesa dos Direitos Fundamentais, estavam bem mais atreladas à dimensão puramente subjetiva.

Nesta concepção de des-subjetivização considera-se que da titularidade de direitos fundamentais num Estado democrático e social de Direito decorre, para o Estado, tanto um dever de prestar assistência nas situações de necessidade e de garantir aos particulares a participação nas correspondentes prestações e instituições estatais, como também a obrigação de criar os pressupostos materiais de um exercício efetivo de liberdade, o que se reflete primariamente na progressiva consagração constitucional dos chamados direitos sociais, mas também numa reinterpretação social dos tradicionais direitos de liberdade.

Essa desvinculação dos direitos fundamentais da sua pura titularidade individual, num processo de objetivação, faz com que se passe a considerá-los en-

---

fundamentais. A essa conclusão também chega João dos Passos Martins Neto, averbando que "todas as normas constitucionais são indisponíveis ao legislador ordinário em função da sua posição hierárquica, e qualquer direito porventura reconhecido na Constituição goza, por isso, de igual vantagem. [...] a imunidade em face do legislador ordinário, assentando apenas sobre a relação de preferência de um poder normativo superior em face de um poder normativo inferior, não traduz a diferença entre um direito fundamental e outro não-fundamental e, desse modo, nada diz, de definitivo, sobre o significado do adjetivo fundamental [...]" MARTINS NETO, João dos Passos. *Direitos Fundamentais* – conceito, função e tipos. São Paulo: Editora Revista dos Tribunais, 2003, p. 81-83. O critério, assim, que levou o constituinte a extremar os direitos fundamentais dos não-fundamentais, em termos formais, não repousa na imunidade em face do legislador ordinário. Entretanto diz com imunidade, uma outra e mais potente. É que na constituição foi conferido tratamento diferenciado para certos direitos, que, a mais de prevalecerem frente à legislação ordinária, também não podem ser modificados mesmo através de emenda constitucional (CF/88, art. 60, § 4º, IV). É a isso, sim, que se faz referência quando se invoca a locução "cláusulas pétreas".

quanto fundamentos da ordem jurídica da comunidade que impregnam todo o ordenamento jurídico.

A dimensão objetiva, na esteira de Vieira de Andrade, deve "fazer ver que os direitos fundamentais não podem ser pensados apenas do ponto de vista dos indivíduos, enquanto faculdades ou poderes de que estes são titulares, antes valem juridicamente também do ponto de vista da comunidade, como valores ou fins que esta se propõe a prosseguir".[72]

Daí resulta, concretamente, a proibição de qualquer disposição de qualquer ramo do Direito – e não apenas o Direito do Trabalho – contrariar, sob pena de inconstitcionalidade, aquele sistema de valores. Mais ainda, toda a norma jurídica deveria ser interpretada em conformidade aos direitos fundamentais. Finalmente, a produção dos efeitos irradiantes dos direitos fundamentais verificar-se-ia não apenas nos domínios da aplicação e interpretação do Direito existente, mas também no domínio do preenchimento de lacunas e na criação do Direito novo, seja da parte do poder judicial ou do legislador.

Pode-se assim considerar a possibilidade de uma norma de direito fundamental impor ao Estado um determinado dever sem que daí resulte a correspondente pretensão para um qualquer indivíduo ou, pelo menos, sem que essa pretensão preencha os requisitos exigidos para a sua qualificação como direito subjetivo. Então, o conteúdo da norma de direitos fundamentais ou se esgotaria, nesse caso, numa dimensão exclusivamente objetiva ou nele assumiria predominância decisiva a dimensão do dever, de obrigação estatal. Legitimação e dever do Estado para todos são, portanto, aspectos da dimensão objetiva dos direitos fundamentais.

Para os propósitos aqui defendidos, tratar-se-á sobretudo de examinar os efeitos jurídicos práticos deste lado objetivo dos direitos fundamentais, de forma a poder projetar posteriormente essa relevância jurídica no domínio da superação das deficiências legislativas trabalhistas pelo Poder Judiciário.

Será examinado, assim, se o Estado está obrigado, nomeadamente por intermédio da medição do legislador ordinário, mas também, no caso de omissão ou de insuficiência deste, por meio da atuação autônoma do poder judicial, a uma atuação normativa, judicial, tendente a garantir os bens e as atividades protegidas de direitos fundamentais também contra agressões não estatais, ou seja, contra intervenções de terceiros (particulares e entidades públicas estrangeiras, logo, terceiros na relação primária de direito fundamental que se estabelece entre cidadão e Estado).

6. Da dimensão subjetiva dos Direitos Fundamentais

Esta é a dimensão clássica dos direitos fundamentais e se centra na idéia de titularização desses direitos, sempre vinculando-os a uma pessoa.

---

[72] ANDRADE, José Vieira. *Os direitos fundamentais na Constituição portuguesa de 1976*. Coimbra: Almedina, 1998, p. 144.

É certo que os indivíduos acabam por se beneficiarem ou por serem atingidos, mesmo na dimensão objetiva dos direitos fundamentais. A objetivação, assim, não significa uma despersonificação absoluta mas, apenas e apenas, a circunstância de que se trata de uma dimensão não ligada a este ou àquele indivíduo, e sim sobretudo a um dever do Estado.

Ocorre que é na dimensão subjetiva que se desenham, de modo mais nítido, as posições individuais juridicamente protegidas. E é nessa possibilidade de o particular se autodeterminar numa área juridicamente tutelada que se subjetivam os direitos fundamentais.

Deve-se consignar que não deixa de ser problemática a diferenciação entre as duas dimensões – objetiva e subjetiva –, sendo por vezes tênue a linha demarcatória conceitual. Tanto isso é exato que há quem defenda que, na dúvida, deve-se prestigiar a dimensão subjetiva, que é onde a orientação e os critérios de atuação dos direitos fundamentais têm a sua fonte, sendo esse o caso de Robert Alexy.[73]

É inegável, não obstante tanto, a utilidade da objetivação dos direitos fundamentais, na medida em que se retira do afunilamento pessoal e subjetivo o modo de efetivação dessas garantias constitucionais.

7. Das funções dos direitos fundamentais no estado liberal: dos direitos de defesa ou proibições de intervenção

A função dos direitos fundamentais está indissociavelmente ligada ao perfil de Estado, por isso mesmo recorrer-se-á aos modelos estatais mais difundidos na ciência política: o liberal e o social. É que cada Estado tem uma construção histórica em que são destacados determinados tipos de direitos fundamentais, daí decorrendo que a alteração tipológica dos direitos fundamentais, com a superação de um modelo de estado por outro, conseqüentemente acarretará uma mudança nas funções desses mesmos direitos.

O modelo de constituição dos liberais é reflexo do caráter inalienável que atribuem às liberdades fundamentais – ditas liberdades negativas na medida em que traduzem o direito de fazer ou de não fazer o que se deseja –, que encontram fundamento na concepção de cidadãos enquanto pessoas livres e iguais. Para os liberais, todo cidadão tem o direito de realizar o seu projeto de vida, em igualdade de oportunidades para tal desiderato. Daí por que os direitos e liberdades fundamentais – como enfaticamente defende John Rawls, caudatário que é do liberalismo político – não apenas são essenciais como estão em condição de prioridade.

Rawls de resto é taxativo quando defende uma constituição que garanta as liberdades fundamentais e as coloque em posição de supremacia, mesmo em confronto com a soberania popular: "a Constituição especifica um procedimento político justo de acordo com o qual essa soberania é exercida dentro de certos limites

---

[73] ALEXY, Robert. *Teoria de los derechos fundamentales.* trad. Ernesto Galzón Valdés. Madri: Centro de Estudios Constitucionales, 1993, p. 508.

que garantem a integridade das liberdades fundamentais de cada cidadão".[74] Para Rawls, porque são livres e iguais, os cidadãos têm o direito de buscar a realização de sua concepção razoável de bem, sem que interferências externas impeçam este movimento.

Justamente por se fundarem em uma visão individualista acerca da vida digna, protegendo a liberdade de cada um contra ingerências seja do Estado seja da parte majoritária da sociedade, é que as constituições liberais costumam ser consideradas como "códigos individualistas" exaltantes dos direitos fundamentais do homem.[75]

Dentro, portanto, de uma concepção liberal, é do traço inalienável dos direitos e liberdades básicas de cada indivíduo que a Constituição assume o papel de *garantia*, a assegurar intransigentemente tais direitos e liberdades, como que imunizando-os a conjecturas políticas, mesmo decorrentes da vontade de uma maioria expressiva dos integrantes da sociedade.

Isso, como acaba de ser dito, parte de uma premissa liberal no sentido de que cada um tem o direito de realizar sua concepção individual de vida digna, sendo papel da constituição não apenas atuar como móvel garantidor de uma tal liberdade mas como procedimento que conforma a prioridade dessa liberdade sobre outros valores.

É emblemática a assertiva de Dworkin que, na esteira do pensamento liberal, ao pugnar pela indisponibilidade das liberdades negativas frente à soberania popular, chega a tachar a autodeterminação como "a mais potente e perigosa idéia política do nosso tempo".[76]

Deve-se rememorar, com Nelson Saldanha, que o liberalismo está na própria raiz do constitucionalismo, visto aquele "como movimento crente em leis naturais e em liberdades, postulador de leis escritas e sobre o poder [...] o liberalismo como limitador da ação do Estado e vindicador de liberdades inatas".[77]

A constituição-garantia trata-se, pois, de um modelo que deita raízes no liberalismo político, na proteção intransigente das liberdades fundamentais, as quais se colocam em situação de primazia, tal qual defende Rawls, perante e inclusive a soberania popular.

Uma tal constituição conforma[78] o modelo de Estado Liberal que intervém apenas para garantir a liberdade fundamental de cada indivíduo, limitando-se às

---

[74] RAWLS, John. *O Liberalismo Político*. Trad. Dinah de Abreu Azevedo, 2. ed. São Paulo: Ática, 2000, p. 424.

[75] CANOTILHO, J.J. *Direito Constitucional e Teoria da Constituição*, 2. ed. Coimbra: Almedina, 1998, p. 104.

[76] DWORKIN, Ronald. *Freedoms Law. The Moral Reading of the American Constitucion*. Cambridge: Havard University Press, 1996, p. 21-22.

[77] Observa Saldanha que o liberalismo, junto com o iluminismo, são as bases diretas da formação do constitucionalismo. Cf. SALDANHA, Nelson. *Formação da Teoria Constitucional,* 2 ed. Rio de Janeiro: Renovar, 2000, p. 21-21.

[78] Segue-se aqui a lição de Canotilho segundo a qual "a constituição pretende 'dar forma', 'constituir', 'conformar' um dado esquema de organização política (...) A constituição, informada pelos princípios materiais do constitucionalismo – vinculação do Estado ao direito, reconhecimento e garantia de direitos fundamentais, não confusão de poderes e democracia – é uma *estrutura política conformadora do Estado.*" CANOTILHO, J.J. Gomes. *Direito Constitucional e teoria da Constituição*, 7. ed, Coimbra: Almedina, 2003, p. 87.

prestações ditas negativas. Reale, para citar um liberal brasileiro de amplo espectro na seara jurídica, sustenta que "o Estado deve ser o *guia*, o mentor da sociedade, sem se tornar, entretanto, o seu tutor e muito menos o seu *proprietário*". E complementa que nisso reside "a distância intransponível entre as soluções do mundo livre e do remanescente mundo comunista, no qual aniquila-se o homem para se pôr em lugar dele o Estado; naquelas dignifica-se o homem livre na sociedade e no Estado".[79]

Ao referir-se ao pensamento liberal, muito embora sem a ele filiar-se, Bonavides observa que a sua doutrina constitucional constrói um Estado "expectante, inerte, passivo, neutral, absenteísta, mínimo e formalista, que patrocinava e garantia, no campo social e político, a liberdade e o direito arrimado à filosofia de Kant".[80]

Tem lugar de destaque na *constituição-garantia* os direitos subjetivos já que, por sua natureza, estão presos ao indivíduo, que alcança, ao titularizá-los, o *status* de autonomia moral perante qualquer outra concepção de bem na sociedade.

Com essas premissas fica fácil de concluir que a função dos direitos fundamentais no bojo de uma constituição de um Estado Liberal, nas palavras de Canárias, de "proibições de intervenções por parte do Estado nos bens jurídicos do seus cidadãos; são designados, sob esse aspecto, como *proibição de intervenção e direitos de defesa em relação ao Estado* [...]".[81]

8. Das funções dos direitos fundamentais no estado social: dos deveres de proteção

Logo o modelo de Estado Liberal entrou em crise. Foi o que aconteceu quando o modelo administrativo do Estado Liberal não mais se adequou às exigências da sociedade moderna, com "a superação do individualismo jurídico para valorizar a garantia de direitos coletivos e de direitos difusos". A contemplação destes novos direitos era incompatível com o Estado Liberal Clássico, "em que os serviços administrativos são, em grande parte, negativos, e o dever de autoridade é, sobretudo, o de abstenção no sentido de não prejudicar a liberdade individual".[82]

Logo passou a prevalecer a idéia de mudança de paradigma da administração, com inclinação para o modelo do Estado Social – o *welfare state.*

No Estado-providência, o excesso de liberalismo, manifestado pela preeminência do dogma da vontade sobre tudo, cedeu às exigências de ordem públi-

---

[79] Cf. REALE, Miguel. *Pluralismo e Liberdade.* 2 ed. Rio de Janeiro: Expressão e Cultura, 1998, p. 184-185.

[80] BONAVIDES, Paulo. *Do País Constitucional ao País Neocolonial* – a derrubada da Constituição e a recolonização pelo golpe de Estado institucional. São Paulo: Malheiros, 1999, p. 69.

[81] CANARIS, Claus Wihelm. A influência dos direitos fundamentais sobre o direito privado na Alemanha. In: SARLET, Ingo Wolfgang (Org). *Constituição, direitos fundamentais e direito privado.* Porto Alegre: Livraria do Advogado, 2003, p. 237.

[82] TÁCITO, Caio. Transformações no Direito Administrativo. *Boletim de Direito Administrativo.* São Paulo: NDJ, fev/1999, p. 84.

ca, econômica e social, passando o Estado "a intervir para eliminar conflitos na sociedade e para suprir necessidades coletivas até o limite da socialização". É o Estado prestador de serviços. No Brasil, na década de 30, começa a se desenhar a intervenção do Estado com a curva ascendente de empresas estatais no domínio econômico e social. Caio Tácito faz observar que "até 1930 os órgãos paraestatais não iam além de 17, elevando-se a 70 nos anos 50 e para atingir a cifra de 582 no início da década de 80, como símbolo da participação estatal visando ao desenvolvimento econômico e à ocupação de setores em que se revelava ineficaz, ou ausente, a iniciativa privada".[83]

Aqui os direitos fundamentais entram em outra dimensão. Passam a ter um papel não mais de abstenção apenas e se colocam num propósito ativo, de gerar prestações à pessoa humana.

Da função de *proibição de intervenção e direitos de defesa em relação ao Estado* passam assim os direitos fundamentais, adicionalmente, ao desiderato de "obrigar o Estado à proteção dos seus cidadãos; fala-se, nesse tocante, dos direitos fundamentais enquanto *mandamentos de tutela ou deveres de proteção*".[84]

Não há, todavia, um antagonismo entre as duas principais e modelares funções acima descritas. O Estado Democrático e Social de Direito, nos moldes da Constituição brasileira de 1988, acaba por acumular as funções de proibição de intervenção, de traço marcantemente liberal, com a função de deveres de proteção, de contorno social. Há um acúmulo de funções, e não uma superação.

É, entretanto, pelos deveres de proteção, por esta face funcional dos direitos fundamentais, que a tese guarda mais estreita ligação. Justamente porque é do reconhecimento dos deveres de proteção que é possível "extrair direitos subjetivos individuais à proteção, oponíveis em face do Estado, que terá a obrigação de, por meio de providências normativas, administrativas e materiais, salvaguardar os indivíduos de danos e lesões que podem sofrer em razão da atuação de terceiros".

Deve-se dizer que a aplicação dessa teoria no Brasil, não obstante tenha sido formulada sobretudo na Alemanha, é de toda cabível e recomendável. Já se viu que o perfil da Constituição brasileira contempla direitos fundamentais das mais variadas dimensões, não se lhes podendo negar o caráter ativo de proteção e não apenas de abstenção. Vale a pena transcrever a posição abalizada de Daniel Sarmento, que, convergindo com o entendimento expendido no parágrafo anterior, defende que "na moldura axiológica delineada pela Constituição de 1988, afigura-se indiscutível que os direitos fundamentais, mesmo os de matriz liberal, não podem ser concebidos apenas como direitos de defesa em face do Estado,

---

[83] TÁCITO, Caio. Transformações... op. cit. p. 84.
[84] CANARIS, Claus Wihelm. A influência dos direitos fundamentais sobre o direito privado na Alemanha. In: SARLET, Ingo Wolfgang (org). *Constituição, direitos fundamentais e direito privado*. Porto Alegre: Livraria do Advogado, 2003, p. 237.

exigindo-se deste uma postura ativa, no afã de proteger o indivíduo de ofensas e ameaças perpetradas também por terceiros".[85]

No caso do direito fundamental à proteção do trabalhador, não pode haver dúvida de que deve ser tido como dever de proteção do Estado. Este tem o compromisso constitucional de cuidar da dignidade da pessoa-que-trabalha, e de zelar pela eficácia de cada um dos direitos trabalhistas contemplados na Lei Maior, inclusive em termos de política pública, tanto que está também entre os objetivos da República brasileira a "busca do pleno emprego" (CF/88, art. 170, inciso VIII). Na sua vertente de Estado-juiz, sobra igualmente o dever de dar efetividade à proteção ao empregado, dentro do que couber na atuação jurisdicional, o que será visto com mais detalhes quando do exame do impacto da proteção constitucional ao trabalhador no direito material e no direito processual do trabalho, um pouco mais adiante.

9. Da eficácia dos Direitos fundamentais

9.1. Da distinção terminológica e conceitual entre eficácia e efetividade

Muito embora se faça na prática uma confusão entre os termos, há um certo consenso doutrinário sobre a diferença de significado entre a eficácia e a efetividade.

A eficácia tem a ver com a possibilidade de uma norma gerar efeitos. Barroso pontua que "eficaz é o ato idôneo para atingir a finalidade para a qual foi gerado. Tratando-se de uma norma, a eficácia jurídica designa a qualidade de produzir, em maior ou menor grau, seu efeito *típico*, que é o de regular as situações nela indicadas. [...]".[86]

A efetividade, de outra perspectiva, caminha na direção da concreta vinculação social da norma. É dizer, a indagação no sentido de que a regra editada pelo legislador está sendo ou não cumprida de fato reside no domínio da efetividade.[87] Donde uma norma pode ser eficaz sem ser efetiva, e é esse de resto o maior desafio dos dias de hoje.

Na presente pesquisa, serão utilizados os termos eficácia e efetividade na esteira do que majoritariamente se lhe atribui significado. Como dito, a eficácia como a qualidade da norma de gerar efeitos e a efetividade no contexto da real repercussão no mundo dos fatos da prescrição normativa.

---

[85] SARMENTO, Daniel. A dimensão objetiva dos direitos fundamentais: fragmentos de uma teoria. In: SAMPAIO, José Adércio Leite. *Jurisdição Constitucional e direitos fundamentais*. Belo Horizonte: Del Rey, 2003, p. 301.

[86] BARROSO, Luís Roberto. *O Controle de Constitucionalidade no Direito Brasileiro,* 2. ed. São Paulo: Saraiva, 2006, p. 14.

[87] Há quem preferira outras denominações, como é o caso de José Afonso da Silva, que trata por "eficácia social" o que no texto se aponta como efetividade. Cf. SILVA, José Afonso da. *Aplicabilidade das normas constitucionais* 2. ed. São Paulo: Revista dos Tribunais, 1982, p. 42.

9.2. Do grau de eficácia das normas definidoras de direitos fundamentais.

Logo que a Constituição Federal de 1988 foi promulgada no Brasil, não foram poucos os intérpretes que enxergaram nas normas de direitos fundamentais meras intenções do constituinte, sem força vinculativa qualquer.

Foi o caso de José Cretella Júnior, para quem "na regra jurídica constitucional que dispõe que 'todos têm direitos e o Estado tem dever' – de educação, saúde – na realidade, 'todos não têm direito', porque a relação jurídica entre o cidadão-credor e o Estado-devedor não se fundamenta em *vinculum iuris* gerados de obrigações, pelo que falta ao cidadão o direito subjetivo público, oponível ao Estado, de exigir, em juízo, as prestações prometidas, a educacional e a da saúde, a que o Estado se obrigara, por proposição eficaz dos constituintes, representantes do povo. O Estado *deve,* mas o *debet* tem conteúdo ético, apenas, conteúdo que o *bonus administrador* procurará proporcionar a todos, embora a tanto não seja obrigado".[88]

A própria inserção dos direitos fundamentais no texto constitucional foi negligenciada pelo bloco dos constituintes mais conservadores, à época conhecido como Centrão. Enxergavam aqueles como meras "filosofias", com uma função exclusivamente retórica, tanto que sequer foram objeto de emendas substitutivas no processo de constitucionalização de 1988.[89]

Mas não tardou para que a comunidade jurídica despertasse e seguisse trilha diametralmente oposta: hoje existe consenso quanto à eficácia plena das normas constitucionais.

E isso decorreu sobretudo de uma leitura mais atenta da Carta Política, a qual seguiu, aliás, uma tendência internacional de dimensionamento vinculativo dos direitos fundamentais.

O grau de eficácia das normas definidoras dos direitos fundamentais na constituição brasileira é, portanto, máximo e os efeitos são imediatos, o que servirá de pilar para a construção elaborada ao longo desta argumentação. As repercussões práticas dessa potencialidade eficacial é o substrato jurídico da pesquisa.

E cabe aqui a advertência de que a eficácia irradiante dos direitos fundamentais não se exaure na técnica do controle de constitucionalidade. Em verdade, "a eficácia irradiante transcende este plano, pois deve operacionalizar-se no dia-a-dia do direito, nas suas aplicações mais banais e corriqueiras, e não apenas nos momentos de crise do ordenamento. De fato, assentando-se na premissa de que os direitos fundamentais configuram o epicentro axiológico da ordem jurídica, a eficácia irradiante impõe uma nova leitura de todo o direito positivo. Por intermédio dela, os direitos fundamentais deixam de ser concebidos como meros limites para

---
[88] CRETELLA JÚNIOR, José. *Comentário à Constituição de 1988,* v. II, Rio de Janeiro: Forense, 1988, p. 884.
[89] Cf. CITTADINO, Gisele. *Pluralismo, Direito e Justiça Distributiva: elementos da Filosofia Constitucional Contemporânea.* Rio de Janeiro: Lumen Juris, 1999, p. 46.

o ordenamento e se convertem no norte do direito positivo, no seu verdadeira eixo gravitacional".[90]

9.3. Da tipologia eficacial: da eficácia vertical e da eficácia horizontal.

Já não sendo objeto de maiores controvérsias a possibilidade de os direitos fundamentais terem eficácia imediata, entendendo-se que atualmente, mesmo as normas ditas programáticas, desde que presentes na Constituição, têm eficácia direta por expressa disposição do constituinte brasileiro, restam outros aspectos ainda cobertos com a marca da cizânia.

Por isso a investigação não se concentrará no exame da possibilidade de eficácia imediata ou não dos direitos fundamentais, tendo já por assentada a posição no sentido afirmativo da resposta.

A indagação vai percorrer outro caminho: da eficácia dos direitos fundamentais quanto aos destinatários. E se elege a tipologia eficácia vertical e eficácia horizontal, na esteira de Ingo Wolfgan Sarlet.

É certo que a terminologia aqui varia ao sabor de cada doutrinador,[91] o que não tem tanta relevância, desde que se trate de explicitar a escolha terminológica ora adotada. O que importa bastante é precisar a que se refere este autor quando menciona cada uma das expressões.

Em se tratando de eficácia vertical, quer-se dizer que os direitos fundamentais destinam-se sobretudo a entidades estatais (públicas), no que também se incluem a vinculação do legislador e a vinculação do juiz. Nas palavras de Sarlet,

> poder-se-á falar de uma eficácia de natureza "vertical" dos direitos fundamentais no âmbito do Direito Privado [...] sempre que estivermos falando da vinculação do legislador privado, mas também dos órgãos do Poder Judiciário, no exercício da atividade jurisdicional no que diz com a aplicação das normas do Direito Privado e a solução dos conflitos entre particulares.[92]

---

[90] SARMENTO, Daniel. A dimensão objetiva dos direitos fundamentais: fragmentos de uma teoria. In: SAMPAIO, José Adércio Leite. *Jurisdição Constitucional e Direitos Fundamentais*. Belo Horizonte: Del Rey, 2003, p. 280.

[91] Assim é que a eficácia em relação aos particulares tem as mais diversas denominações, desde "eficácia privada", "eficácia em relação a terceiros", "eficácia externa" e "eficácia horizontal" dos direitos fundamentais. O texto vai se servir da tipologia eficácia horizontal e como contraponto eficácia vertical das normas garantidoras dos direitos fundamentais. Deve-se atentar, contudo, que essa classificação não está imune a críticas, tanto que parcela da doutrina aderiu à idéia de que a relação entre um particular e um ente privado forte – poder social – se equipararia à relação Estado/indivíduo, pelo que tratam nesse caso espefício de considerar também vertical a eficácia, o que não se seguirá nesta investigação (Cf. SARLET, Ingo Wolfgang. Direitos Fundamentais e Direito Privado: algumas considerações em torno da vinculação dos particulares aos direitos fundamentais. In: SARLET, Ingo Wolfgang (Org.). *A Constituição Concretizada: construindo pontes com o público e o privado*. Porto Alegre: Livraria do Advogado, 2000, p. 114).

[92] SARLET, Ingo Wolfgang. Direitos Fundamentais e Direito Privado: algumas considerações em torno da vinculação dos particulares aos direitos fundamentais. In: SARLET, Ingo Wolfgang (Org.). *A Constituição Concretizada: construindo pontes com o público e o privado*. Porto Alegre: Livraria do Advogado, 2000, p. 109.

Por eficácia horizontal ou eficácia em relação a terceiros compreende-se a vinculação dos particulares aos direitos fundamentais.

Sobre a vinculação ao Estado – a eficácia vertical – já existe consenso doutrinário no sentido de que os direitos fundamentais são dirigidos ao Estado, nas suas mais variadas formas de manifestação. Mesmo num estado de perfil designadamente liberal já não se discute o cabimento dessa verticalidade. A questão passa a adquirir ares problemáticos quando se indaga da possibilidade de serem gerados efeitos a particulares – a eficácia horizontal.

Faz-se uma argumentação em torno de duas espécies de normas definidoras de direitos fundamentais. Para as que expressamente têm por destinatário ao menos também entidades privadas e particulares, como é o do direito à indenização por dano moral ou material no caso de abuso do direito de livre manifestação do pensamento (artigo 5º, incisos IV e V), não haveria dúvidas quanto à positividade da eficácia. Já as normas definidoras de direitos fundamentais que não expressamente vinculassem os particulares, aí a eficácia seria problemática. Todavia, mesmo essas últimas normas "não deixam, em certa medida, de ter uma eficácia no âmbito das relações privadas, já que [...] vinculam diretamente o legislador privado, da mesma forma como vinculam os Juízes e os Tribunais ao aplicarem o Direito Privado à luz da Constituição e dos direitos fundamentais".

Já se objetou que os direitos fundamentais não seriam aplicáveis aos particulares, mas apenas ao Estado. Essa é a visão do Estado liberal. E aqui cabe rememorar as funções dos direitos fundamentais.

Foi visto que os direitos fundamentais não podem hoje serem vistos apenas como proibições de intervenção do Estado, sendo antes e também deveres de proteção que se podem exigir da entidade estatal. Por isso é que, no atual estágio do constitucionalismo, praticamente também não pairam maiores controvérsias sobre o "se" da vinculação dos particulares aos Direitos Fundamentais.

Com a acuidade que caracteriza a sua fala, Lenio Luiz Streck aponta que a eficácia dos direitos fundamentais em relação aos particulares tem que ser respondida afirmativamente, por uma razão óbvia: "o Estado não é único inimigo! Registre-se, nesse sentido, a doutrina da eficácia horizontal dos direitos fundamentais ou de sua eficácia perante terceiros, produto de uma constatação básica e evidente: a de que os direitos fundamentais também são violados por particulares, e não apenas pelo Estado".[93]

A controvérsia maior decorre do "como" dessa vinculação, para o que o autor convoca as duas principais teorias quanto a esse aspecto.

---

[93] STRECK, Lenio Luiz. *A Dupla Face do Princípio da Proporcionalidade e o cabimento de mandado de segurança em matéria criminal*: superando o ideário liberal-individualista-clássico. Disponível em www.ihj.org.br. Acesso em 10.02.2005.

9.4. Da eficácia direta e da eficácia indireta: a opção do constituinte brasileiro

A questão que se coloca aqui é o alcance da vinculação ou da eficácia dos direitos fundamentais. Se é certo que a eficácia está consolidada na doutrina e jurisprudência nacionais, não menos exato é que o espectro dessa vinculação ainda está por definir-se.

É nesse cenário que assoma indispensável esgrimir as principais teorias sobre a matéria, quais sejam as teorias da eficácia direta (imediata) e da eficácia indireta (mediada).

Como se apreende do tópico anterior, em que pese os direitos fundamentais terem surgido, historicamente, como direitos de defesa, oponíveis ao Estado, verificou-se uma transformação no âmbito do significado e das funções dos direitos fundamentais, seja em função das ameaças oriundas dos poderes sociais, seja ainda em função do princípio da máxima eficácia das normas de direitos fundamentais.

Por corolário dessa concepção mais ampla, a teoria da eficácia direta tem por supedâneo a idéia de que os direitos fundamentais prescindem de qualquer transformação para serem aplicados no âmbito das relações jurídico-privadas, "assumindo diretamente o significado de vedações de ingerência no tráfico jurídico-privado".

Defende-se assim, nessa teoria direta, uma vinculação direta dos particulares às normas de direitos fundamentais. Primeiro, porque os direitos fundamentais são normas aplicáveis para toda a ordem jurídica (dimensão objetiva dos direitos fundamentais); segundo, em razão do postulado da força normativa da constituição, não se poderia aceitar que o direito ordinário venha a formar uma espécie de gueto à margem da constituição.

Outro é o caminho teórico da corrente de pensamento da chamada teoria indireta ou mediata da eficácia dos direitos fundamentais.

Advogam os formuladores dessa teoria que os direitos fundamentais não operam diretamente nas relações jurídicas. E advertem que "o reconhecimento de uma eficácia direta no âmbito das relações entre particulares acabaria por gerar uma estatização do Direito Privado e um virtual esvaziamento da autonomia privada".

O ponto-chave é a defesa de que os direitos fundamentais não se constituem em direitos subjetivos nas relações privadas, sempre dependendo da intermediação do legislador. Como escreve Sarmento, "para os adeptos da teoria da eficácia indireta, cabe antes de tudo ao legislador privado a tarefa de mediar a aplicação dos direitos fundamentais sobre os particulares, estabelecendo uma disciplina das relações privadas que se revele compatível com os valores constitucionais". A regra seria sobrar para o Judiciário apenas "o papel de preencher as cláusulas indeterminadas criadas pelo legislador, levando em consideração os direitos fundamentais, bem como o de rejeitar, por inconstitucionalidade, a aplicação de normas privadas incompatíveis com tais direitos [...]".[94]

É preciso todavia atentar que, mesmo na teoria da eficácia indireta, tem havido avanços em prol da efetividade dos direitos fundamentais. Atualmente, por exemplo, parcela significativa da doutrina já não restringe mais às cláusulas gerais e aos conceitos jurídicos indeterminados as portas de entrada dos direitos fundamentais, e estende estes para todas as normas do Direito Privado.[95]

Deve-se afirmar, contudo e desde logo, que tanto a teoria da eficácia direta quanto a teoria da eficácia indireta têm em comum a superação da concepção liberal-burguesa de que os direitos fundamentais são oponíveis apenas e sempre contra o Estado. Mesmo a teoria indireta alcança o particular, sendo que por meio da lei. Ambas ainda se valem da concepção objetiva dos direitos fundamentais, enquanto ordem de valores que legitimam todo o ordenamento jurídico. E ambas reconhecem também a aplicação dos direitos fundamentais a entidades privadas com "poder social", no que aplicam, por analogia, a relação indivíduo/Estado, como é o caso de um empregador de monta com o empregado, ou do consumidor com o fornecedor.[96]

O que vem principalmente a diferenciá-las é que no modelo de efeitos diretos não há necessariamente mediação legislativa para que os direitos fundamentais incidam diretamente nas relações entre particulares. E completa Afonso da Silva que "essa é uma diferença fundamental, já que, mesmo sem o material normativo de direito privado ou, mais ainda, a despeito desse material, os direitos fundamentais conferem, diretamente, direitos subjetivos aos particulares em suas relações".[97]

Assume-se aqui, de todo modo, a opção pela teoria da eficácia direta dos direitos fundamentais. A razão é clara: existem inúmeras situações em que não há disciplinamento legal ou nas quais a disposição legislativa está aquém do grau de proteção constitucional exigido para o caso,[98] e negar nessas hipóteses eficácia direta aos direitos fundamentais é negar-lhes a existência, o que seria de um retrocesso histórico inaceitável.

De se observar que mesmo os que negam a possibilidade de incidência direta dos direitos fundamentais, para não deixar certas situações sem a proteção destes,

---

[94] SARMENTO, Daniel. *Direitos Fundamentais e Relações Privadas*. Rio de Janeiro: Lumen Juris, 2004, p. 241.

[95] Idem, p. 297.

[96] Cf. SARLET, Ingo Wolfgang. Direitos Fundamentais e Direito Privado: algumas considerações em torno da vinculação dos particulares aos direitos fundamentais. In: SARLET, Ingo Wolfgang (Org.). *A Constituição Concretizada: construindo pontes com o público e o privado*. Porto Alegre: Livraria do Advogado, 2000, p. 140.

[97] Cf. SILVA, Virgílio Afonso da. *A Constitucionalização do Direito*. São Paulo: Malheiros, 2005, p. 89.

[98] Nesse mesmo sentido, observa Virgílio Afonso da Silva que "há, no entanto, diversas situações para as quais somente uma aplicação direta dos direitos fundamentais pode fornecer uma solução adequada. Essas situações são aquelas para as quais não há mediação legislativa ou que a atividade legislativa se tenha mostrado insuficiente". SILVA, Virgílio Afonso da. *A Constitucionalização do Direito*. São Paulo: Malheiros, 2005, p. 148.

acabam por fazer verdadeiras "artimanhas interpretativas",[99] sendo certo que isso só reforça a tese da vinculação direta e, portanto, sobre a desnecessidade de qualquer subterfúgio para a aplicação frontal daqueles direitos.

É de proveito referir que a possibilidade de os direitos fundamentais produzirem efeitos diretos evidentemente convive com a eficácia também indireta desses direitos, equivalendo a afirmar que a adesão à teoria direta não exclui a dimensão interpretativa que toma os direitos fundamentais como parâmetro na aplicação das normas infraconstitucionais. Pode haver assim um feixe de efeitos diretos e indiretos dos direitos fundamentais, a depender do que exija a situação concreta.

E no que diz com a Constituição brasileira, parece fora de dúvida a eficácia direta dos direitos fundamentais, que não ficariam limitados ao terreno da interpretação apenas nos moldes da teoria indireta. O fato de a Carta Política ser marcantemente intervencionista, com ampla previsão de direitos sociais e econômicos e alçar como primeiro objetivo fundamental da República "construir uma sociedade livre, justa e solidária" (CF, art. 3º., I), afasta qualquer pecha de liberal do Estado e apenas nesse modelo estatal não se cogita de uma eficácia direta dos direitos fundamentais. Num Estado social não é possível conviver com a idéia de que os direitos fundamentais não podem incidir diretamente. Acresça-se ainda a circunstância de encontrar-se o país, como se sustentou no capítulo primeiro, na fase do capitalismo tardio e na periferia do sistema, o que só recomenda um reforço à eficácia dos direitos no campo privado.[100]

Em suma, a posição assumida neste trabalho de que os direitos fundamentais podem produzir efeitos diretos e indiretos está em estrita conformidade com o texto constitucional brasileiro.

9.5. Da eficácia da proteção ao trabalhador

Pela própria natureza de direito fundamental, a proteção ao trabalhador pode se dar diretamente ou indiretamente.

No primeiro caso, haverá a aplicação direta da Constituição na situação concreta, sem mediação legislativa. No segundo, terá sempre uma lei entre o texto constitucional e o caso analisado, o que significará que a incidência será indireta da proteção e se manifestará sobretudo no campo da interpretação.

Quanto às eficácias vertical e horizontal, foi visto que a vertical diz com o fato de que o Estado, nas suas diversas manifestações, está vinculado aos comandos dos direitos fundamentais do trabalhador. Não pode haver dúvida nesse aspecto. Evidentemente que, tanto o administrador público, que entre outras tarefas deve executar políticas públicas de proteção ao trabalhador, como o legislador,

---

[99] Cf. SILVA, Virgílio Afonso da. *A Constitucionalização do Direito*. São Paulo: Malheiros, 2005, p. 89.
[100] Cf. SARMENTO, Daniel. *Direitos Fundamentais e Relações Privadas*. Rio de Janeiro: Lumen Juris, 2004, p. 279-281.

que deve zelar no mesmo sentido, e ainda o Estado-juiz, estão atrelados com os deveres de proteção do trabalhador.

Já a eficácia horizontal, se a proteção ao trabalhador decorre da dignidade da pessoa humana e de todo o catálogo de direitos fundamentais sociais do trabalhador, não há dúvidas de que os destinatários são os empregados e os empregadores.

Nesse ponto, aliás, o *caput* do artigo 7º, bem assim os dispositivos seguintes, do 8º ao 11, são explícitos quanto ao alcance das normas que veiculam para atingir os trabalhadores empregados. Foi o emprego, portanto, quem recebeu do constituinte uma atenção e cuidado especiais.

Bem a propósito, tendo em vista o texto constitucional brasileiro, a doutrina não trata a questão da eficácia dos direitos fundamentais do trabalhador sobre os particulares como sequer algo problemático. Sarmento observa que "há direitos previstos na Constituição brasileira que foram evidentemente concebidos para ser exercidos em face de particulares, como os direitos trabalhistas previstos no art. 7º da Lei Maior [...]".[101] Na mesma direção, Afonso da Silva pontua que "no Brasil, especialmente no âmbito social-trabalhista, a extensão dos direitos fundamentais às relações entre particulares seja pouco problemática, em vista, sobretudo, do artigo 7º. Da Constituição".[102]

Um argumento extremo poderia supostamente derruir a tese aqui exposta. É quando se afirma que os direitos sociais que envolvem prestações materiais não vinculariam diretamente os particulares. Wilson Steinmetz vai nesse sentido e advoga que tal vinculação não encontra guarida, na medida em que o particular não está obrigado a construir escolas, no caso do direito à educação, tampouco a construir hospitais, em se tratando do direito à saúde.[103]

Muito embora Steinmetz ressalve que os direitos dos trabalhadores encontrem suporte constitucional, e por assim dizer são exceção no campo dos direitos sociais, quanto à vinculação direita dos particulares, haja vista existir expressa previsão no texto da Constituição pela resposta afirmativa, poder-se-ia transplantar o mesmo argumento para a seara trabalhista, sempre que se tratar de caso que exija proteção não concretizada legislativamente ou mesmo constitucionalmente. Seria o caso de se dizer que o empregador não teria obrigação de conceder ao empregado rural, encarregado do corte de cana, banheiros químicos para atender às suas exigências de saúde, já que não há previsão legal desse direito e resultaria num aumento de custos que atingiria a livre iniciativa de empreender e gerar lucros.

Mas a evidência que supostamente decorre de exemplos extremos encerra, em verdade e na maioria das vezes, um sofisma – e é justamente o caso.

---

[101] SARMENTO, Daniel. *Direitos Fundamentais e Relações Privadas*. Rio de Janeiro: Lumen Juris, 2004, p. 8.

[102] SILVA, Virgílio Afonso da. *A Constitucionalização do Direito*. São Paulo: Malheiros, 2005, p. 25.

[103] STEINMETZ, Wilson Antônio. *A vinculação dos particulares a direitos fundamentais*. São Paulo: Malheiros, 2004, p. 279.

Mesmo nos direitos sociais que não os trabalhistas, a vinculação direta se impõe sempre que pelo menos o núcleo da dignidade da pessoa humana estiver em causa. Nessa direção, como defensor da tese da vinculação direta dos direitos fundamentais sociais para os particulares, Ingo Sarlet rebate expressamente o argumento extremo de Steinmetz, nos seguintes termos:

> o fato de se reconhecer – com Daniel Sarmento – a necessidade de elevada dose de prudência e, portanto, de bom senso, no reconhecimento de direitos subjetivos a prestações tendo por destinatário particulares, não poderá, por sua vez, levar à negação de tais direitos. Ademais, a eficácia – inclusive direta – das normas de direitos fundamentais sociais na esfera das relações entre particulares não se resume (e nem poderia) ao reconhecimento de posições jurídico-subjetivas de cunho prestacional, como, de resto, igualmente demonstrou Daniel Sarmento, referindo-se, entre outras possibilidades, a efeitos negativos como ocorre com a aplicação do princípio da proibição de retrocesso, aqui citada apenas para ilustrar a assertiva.[104]

Se entre os direitos sociais prestacionais, como o direito fundamental à saúde e à educação, com as cautelas necessárias e imprescindíveis, não se pode dizer da não vinculação direta aos particulares, sob pena de se incorrer na negação desses direitos e o malferimento da dignidade da pessoa humana em muitas hipóteses. Com muito mais razão e firme suporte dogmático-constitucional deve-se defender, e é o que aqui se cuida de repisar, também a vinculação direta e horizontal do princípio da proteção dos trabalhadores aos particulares, pelo critério da proteção à dignidade da pessoa-que-trabalha e pelo conjunto de direitos fundamentais do trabalhador contemplados na Lei Maior.

10. Considerações finais ao capítulo

Em se tratando de direitos fundamentais, firmou-se o entendimento de que serão assim considerados nesta pesquisa aqueles também assim tratados pelo constituinte brasileiro, sem prejuízo dos influxos e notadamente das pré-compreensões legítimas havidas no curso do processo hermenêutico. O fato é que o texto constitucional deve ser levado a sério para que não sejam extraídas ilações fora de suas lindes.

Entende-se que existe uma norma geral de proteção à pessoa-que-trabalha que emana de normas constitucionais que veiculam desde direitos fundamentais do trabalhador, passando por normas que atribuem primado ao trabalho ou ainda seja apenas em decorrência primeira da proteção fundamental à dignidade da pessoa humana.

Pontua-se mais que essa norma ostenta *status* de direito fundamental.

---

[104] SARLET, Ingo Wolfgang. Mínimo Existencial e Direito Privado: Apontamentos sobre Algumas Dimensões da Possível Eficácia dos Direitos Fundamentais Sociais no Âmbito das Relações Jurídico-Privadas. In: *A Constitucionalização do Direito* – Fundamentos Teóricos e Aplicações Específicas. Coord. SARMENTO, Daniel; SOUZA NETO, Cláudio Pereira de. Rio de Janeiro: Lumen Juris, 2007, p. 350.

Assume-se que os direitos fundamentais na constituição de 1988 expressam-se nas dimensões subjetiva e objetiva, e cumprem funções tanto como "proibições de intervenção e direitos de defesa em relação ao Estado" como de "mandamentos de tutela ou deveres de proteção". Em estrita consonância com o texto brasileiro, os direitos fundamentais qualificam-se ainda como de eficácia imediata, podendo produzir efeitos direta ou indiretamente, e no plano vertical e horizontal.

Nessa linha, a norma geral e fundamental de proteção à pessoa-que-trabalha caracteriza-se também pela vinculação imediata, direta e indireta, nos campos vertical e horizontal. Logo a sua potencialidade é plena em termos eficaciais.

Com essas características, e como se trata de norma que amalgama todos os direitos fundamentais do trabalhador e os comandos de primado do trabalho, essa norma geral de proteção à pessoa-que-trabalha é o *lócus* de onde deve partir o julgador brasileiro para os propósitos da tese de aumentar o grau de tutela legislativa do trabalhador.

Capítulo III

A norma geral de proteção ao trabalhador desde a perspectiva da teoria dos princípios

1. Considerações iniciais

Dizer qual é o arranjo jurídico-metodológico da norma geral de proteção ao empregado na Carta constitucional brasileira é do que se ocupa o presente capítulo. Dito de modo mais específico, como se manifesta, em termos teórico e dogmático, esse amparo constitucional do trabalhador, quando se tenciona uma forma de melhor assegurá-lo no cotidiano cheio de complexidades dos dias atuais.

Esta parte da pesquisa tem acentuada relevância, visto que dará contornos e cores ao método que será defendido como o mais adequado para a tarefa de incrementar o grau de proteção do empregado pelo Poder Judiciário. Não é desvalioso referir sobre a singular importância na escolha do método; de resto, se os fins são o norte para aonde deve guiar-se o direito, os meios são as veredas que lhes dão acesso, sendo que nem todo caminho leva ao destino pretendido. Quando menos, cada estrada tem o seu ritmo próprio e pode não se ajustar aos passos do caminhante.

O ponto de partida é a nova construção dogmática da teoria dos princípios: se existem diferenças entre princípios e regras, e qual seria essa divergência, se lógica ou de conteúdo, se qualitativa ou quantitativa. Aqui serão expostas as divisões da doutrina atual sobre o tema.

Em seqüência, ingressar-se-á nos estudos seminais de Ronald Dworkin e mais detidamente no desenvolvimento de Robert Alexy, ainda no que diz com a teoria dos princípios e regras, demarcando com isso alguns referenciais teóricos que serão trabalhados ao longo da pesquisa.

A importância da distinção entre regras e princípios, e o que ela tem a ver com o papel do Judiciário diante da proteção do trabalhador, são pontos que aqui serão cuidados. Ainda o problema da hierarquia entre tais normas, sendo que a abordagem de cada assunto será feita em itens específicos, já sob as luzes anteriormente fixadas nesta seção.

O conceito de postulado e a repercussão dessa visão teórica na tipologia regras e princípios tomam conta do trabalho investigativo logo a seguir. E aí se dirá da filiação ou não deste autor a essa mais recente contribuição doutrinária, que tem como formulador Humberto Bergman Ávila.

A exigência de um procedimento próprio para aplicação dos princípios, e qual seria esse método na esteira da teoria dos princípios, bem assim como se daria essa operacionalização são ainda objeto do capítulo. O lugar dos métodos tradicionais de interpretação igualmente será situado, se de superação, antagonismo ou complementariedade.

À manifestação teórica-dogmática dos direitos fundamentais dedica-se tópico próprio. E aí virá à tona o problema da natureza principial e/ou regratória dos direitos fundamentais, e especialmente dos direitos fundamentais do trabalhador na Constituição brasileira.

Com esses passos, toma-se posição quanto ao enquadramento teórico dogmático do direito fundamental à proteção da pessoa-que-trabalha, se se apresenta como regra ou princípio, sempre tendo em vista o texto da carta constitucional do Brasil.

A crítica que o modelo de regras e princípios dirige contra o positivismo jurídico, bem assim a relação do intérprete e aplicador do direito diante desse método, merecerão análise em separado.

2. Regras e princípios: da negativa à defesa da demarcação forte na era da dimensão normativa de ambos

É recorrente na moderna dogmática jurídica e na teoria do direito a construção teórica das regras e dos princípios, especialmente dentro do campo das colisões entre direitos fundamentais.

Se as regras diferem dos princípios ou se a eles se assemelham tanto a ponto de não se distinguirem é algo a cujo consenso a doutrina não chegou. De um modo geral, e com segurança, pode-se pelo menos afirmar que prevalece a idéia de que ambos são manifestações normativas. Que as regras e os princípios, portanto, têm força cogente, é algo por assim dizer fora de controvérsia nos dias atuais.[105]

É desvalioso dizer que nem sempre foi assim. Os princípios eram vistos como meras intenções metajurídicas, que não vinculavam e nem poderiam fazê-lo pelo seu alto grau de generalidade. A parte de um corpo constitucional ou legislativo que contivesse apenas princípios era tida como uma espécie de carta de intenções, ao lado das regras que efetivamente valiam.

Nos dias que correm, no entanto, já está assentada a idéia de que os princípios, tanto quanto as regras, vinculam.[106]

---

[105] PEIXINHO, Manoel Messias. *A Interpretação da Constituição e os Princípios Fundamentais*: elementos para uma Hermenêutica Constitucional Renovada, 3. ed. Rio de Janeiro: Lumen Juris, 2003, p. 135.

[106] Alexy cuida de explicar que "tanto las reglas como los princípios son normas porque ambos dicen lo que debe ser. Ambos pueden ser formulados con la ayuda de las expressiones deónticas básicas del mandato, la permisión y la prohibición. Los princípios, al igual que las reglas, son razones para juicios concretos de deber ser, aun cuando sean razones de un tipo muy diferente. La distinción entre reglas y princípios es pues una distinción entre dos tipos de normas". ALEXY, Robert. *Teoria de los Derechos Fundamentales*. Trad. Ernesto Garzón Valdés. Madri: Centro de Estudios Constitucionales, 1993, p. 83.

O que parcela da doutrina costuma apontar, já na esteira moderna do caráter normativo dessas disposições, é que não haveria razão para a distinção porque, em verdade, são tantas as semelhanças entre ambos que sentido algum restaria para uma demarcação.

É o caso de Klaus Günther, para quem a diferença que se procura apontar entre regras e princípios está restrita e forjada no plano da aplicação, não sendo de cunho conceitual, e por isto não se justificaria:

> a distinção entre princípios e regras não é uma distinção do conceito de norma, mas das condições da ação, sob as quais as normas são aplicadas. Este fato, porém, não exclui que cada norma, *per se,* possa ser aplicada de tal modo que todos os sinais característicos efetivos e normativos de uma situação sejam examinados. Provavelmente, esse será um desenvolvimento inevitável em sociedades complexas, justamente no caso daquelas normas que, no âmbito do possível, aparentemente constituem "declarações" definitivas.[107]

Um outro segmento de estudiosos enxerga uma demarcação entre os princípios e as regras, menos pronunciada para uns e mais para outros.

Seria uma fronteira débil para Esser, Bobbio, Larenz e Canaris.[108] Essa vertente divisa uma diferença não de qualidade, mas de grau ou quantidade entre as regras e princípios, e ainda assim sem contornos bem definidos, sendo o que ocorre, por exemplo, quando se afirma que os princípios são mais gerais que as regras, nada impedindo, contudo, encontrarem-se regras gerais.

E finalmente haveria, para outros, uma forte demarcação conceitual entre as regras e princípios. Aqui são destaques Ronald Dworkin e Robert Alexy, e mais recentemente Manuel Atienza e Juan Ruiz Manero.

Como já se assinalou, em termos ontológicos não há fronteira entre as regras e os princípios. Ambos se tratam de disposições normativas, do que decorre um co-atavismo conceitual. O fato, porém, de emanarem da mesma matriz conceitual – a norma – não equivale a afirmar que não haveria diferenças entre regras e princípios, e que ambos teriam uma única identidade no direito.

Mais do que isso, a circunstância de ostentarem uma similitude ontológica pode não estiolar a relevância de que, em termos práticos de aplicação do direito, seja feita uma diferenciação.

Aqui não cabe ingressar no debate em torno do tema, até porque extrapolaria aos propósitos desta investigação. Contudo, em termos metodológicos, é preciso tomar uma posição quanto a esse aspecto. Para tanto, o que se pretende é debruçar-se com mais vagar na teoria dos princípios, dentro dos vieses de Dworkin e de Alexy.

---

[107] GÜNTHER, Klaus. *Teoria da Argumentação no Direito e na Moral*: justificação e aplicação. Trad. Cláudio Molz. São Paulo: Landy, 2004, p. 319.

[108] Cf. ÁVILA, Humberto. *Teoria dos Princípios*: da definição à aplicação dos princípios jurídicos, 4. ed. São Paulo: Malheiros, 2004, p. 30.

As presenças de Dworkin e de Alexy não são aleatórias. No Brasil, é fato incontestável que a construção anglo-saxônica de Dworkin, ao depois pormenorizada por Robert Alexy, tem tido uma recepção maior do que a de outros teóricos, tanto na academia quanto por parte dos operadores do direito.[109] Depois, porque o traço que as une – uma crítica ao positivismo jurídico, com uma maior participação do Poder Judiciário – é o que tem motivado o julgador brasileiro que não raras vezes se depara com um acervo legislativo desconectado ou defasado com a realidade atual.

3. Regras e princípios por Dworkin e Alexy: a escolha justificada de Alexy como marco teórico da parte metodológica da pesquisa

Para a teoria dos direitos fundamentais, tem importância singular a decalagem conceitual entre regras e princípios, que se constitui, como chama a atenção Robert Alexy, num instrumental de grande utilidade para resolução de casos do dia-a-dia forense.

Muito embora, e como já se deixou consignado, seja seguido o modelo teórico de Alexy, não há como deixar de citar a contribuição seminal de Dworkin sobre o tema.

Deve-se a Ronald Dworkin, em seu livro "Levando os Direitos a sério", cuja primeira publicação data de 1977, especialmente os capítulos dois e três, o passo inicial e determinante para a formulação da teoria dos princípios,[110] valendo-se de uma distinção lógica dentre os princípios e as regras:

> a diferença entre princípios jurídicos e regras jurídicas é de natureza lógica. Os dois conjuntos de padrões apontam para decisões particulares acerca da obrigação jurídica em circunstâncias específicas, mas distinguem-se quanto à natureza da orientação que oferecem.[111]

Segundo Dworkin, o que os diferencia, a par da maior abertura normativa dos princípios em relação às regras, é que os conflitos entre as regras resolvem-se no plano da validade. As regras são *standards* (padrões) que valem ou não; é tudo ou nada.[112] Já os princípios são *standards* que, quando em choque, devem ser objeto de ponderação, uma vez que estão no plano do valor, do peso. Os princípios

---

[109] Nesse mesmo sentido, observa Jane Reis Gonçalves Pereira que "a partir da década de noventa, na esteira da sofisticação da produção acadêmica nacional deflagrada pela Constituição de 1988, foram incorporadas as propostas que vinham assumindo maior destaque na dogmática estrangeira, ganhando espaço, entre nós, o modelo qualitativo de Robert Alexy e Ronaldo Dworkin". PEREIRA, Jane Reis Gonçalves. *Interpretação Constitucional e Direitos Fundamentais*: uma contribuição ao estudo das restrições aos direitos fundamentais na perspectiva da teoria dos princípios. Rio de Janeiro: Renovar, 2006, p. 99.

[110] Cf. SILVA, Virgílio Afonso da. Princípio e regras: mitos e equívocos acerca de uma distinção. *Revista Latino-americana de Estudos Constitucionais*. Belo Horizonte: Del Rey, jan/jun. 2003, p. 609.

[111] DWORKIN, Ronald. *Levando os Direitos a sério*, trad. Nelson Boeira. São Paulo: Martins Fontes, 2002, p. 39.

[112] DWORKIN, Ronald. *Los derechos en serio*. Barcelona: Editorial Planeta-De Agostini, 1993, p. 61-145.

teriam assim a dimensão do peso ou da importância, o que não sucede com as regras. Estas não têm tal dimensão, e assim "se duas regras entram em conflito, uma delas não pode ser válida".[113] Os princípios jurídicos são tidos previamente por válidos, sendo tarefa do intérprete o contemperamento entre os pesos principiológicos, para só depois dizer qual o mais adequado para o caso vertente. É dizer, ao contrário de uma regra válida, um princípio, mesmo sem qualquer mácula, pode não ser aplicado para o caso, na hipótese de o julgador, na tarefa de sopesamento, entender pela melhor adequação à espécie de outro princípio igualmente válido.

Não tendo a dimensão do peso, aponta Dworkin para o fato de que as regras são aplicadas de modo disjuntivo, o que significa dizer que, ocorrendo a hipótese de incidência e sendo a regra válida, a conseqüência jurídica necessariamente ocorrerá. Ao passo que os princípios, como visto, comportam inúmeras exceções não previstas no seu próprio texto,[114] e mesmo válidos podem não ser aplicados ao caso concreto.

Na síntese precisa de Dworkin:

> Seja como for, somente as regras ditam resultados. Quando se obtém um resultado contrário, a regra é abandonada ou mudada. Os princípios não funcionam dessa maneira; eles inclinam a decisão em uma direção, embora de maneira não conclusiva. E sobrevivem intactos quando não prevalecem.[115]

Mas é preciso reter que Dworkin divisava nos princípios autênticas prescrições morais, que o intérprete vai buscar fora do sistema jurídico. O autor rejeitava o que chamava de "teste do pedigree", segundo a qual um princípio deveria ser tido como jurídico desde que criado por alguma instituição competente, como o Poder Legislativo. Para Dworkin, não era infreqüente suceder que os juízes decidissem a despeito do que estabecia a legislação ou o direito instituído, citando como exemplo os princípios utilizados nos casos *Riggs e Henningen,* em que "a origem desses princípios enquanto princípios jurídicos não se encontra na decisão particular de um Poder Legislativo ou tribunal, mas na compreensão do que é apropriado, desenvolvida pelos membros da profissão e pelo público ao longo do tempo".[116]

A concepção de Dworkin deriva de uma visão liberal e, portanto, apequenada do direito.[117] O seu liberalismo não permitia enxergar no sistema jurídico a fonte normativa dos princípios, daí porque estes vinham de instâncias morais apartadas do mundo institucional do direito. A visão de princípios de Alexy, em que pese inegavelmente inspirada em Dworkin, tem uma distinção de fundo incontornável.

---

[113] DWORKIN, Ronald. *Levando os Direitos a sério,* trad. Nelson Boeira. São Paulo: Martins Fontes, 2002, p. 43.
[114] Idem, p. 75.
[115] Idem, p. 57.
[116] Idem, p. 64.
[117] Cf. Idem, p. 371-398.

Também para Alexy ocorre sobretudo uma diferença qualitativa entre os princípios e as regras, que repousa no caráter modular da aplicação daqueles em relação a estas, como se colhe desta passagem:

> el punto decisivo para la distinción entre regras y princípios es que los princípios son normas que ordenan que se realice algo em la mayor medida posible, em relación com las possibilidades jurídicas y fácticas. Los princípios son, por consiguiente, *mandatos de optimización* que se caracterizam porque pueden ser cumplidos em diversos grados y porque la medida ordenada de su cumplimento no solo depende de las possibilidades fácticas, sino también de las possibilidades jurídicas. [...].[118]

É certo ainda que Alexy vai buscar em Dworkin a idéia de sopesamento de princípios. Defende o jurista alemão que os direitos fundamentais têm um suporte fático muito amplo e, por isso mesmo, situações podem se enquadrar em mais de um direito fundamental, até antagônicos e antitéticos, cabendo ao intérprete do direito valer-se do procedimento do sopesamento para superar essa colisão.

Muito embora haja essas aproximações conceituais, não são corretas as ilações sobre uma pretensa identidade de postura jurídica desses dois autores. Alguns pontos de partida efetivamente são compartilhados por Dworkin e Alexy, a exemplo do modo de diferenciar as regras dos princípios e o método do sopesamento para a solução dos conflitos entre os princípios. No entanto, vários pontos de chegada e por assim dizer diversas e significativas teses de Alexy são díspares em relação às do filósofo anglo-saxão.

Não se pode pinçar uma parte da construção de Dworkin, descontextualizada do conjunto de sua obra, e dizê-la similar a conclusões de Alexy. Bem assim não é lícito inferir que o fato de Alexy compartilhar de algumas premissas conceituais de Dworkin faça-o segui-lo em todas as suas teses. Bem ao oposto, e porque intimamente ligada à visão do próprio direito de cada um, há uma clara distinção prática e teórica sobre a diferenciação de regras e princípios entre Dwordin e Alexy, em que pese este tenha se inspirado naquele, como se frisou desde o início.

É que Alexy tem uma visão do direito influente, com notas claras e inquestionáveis de intervenção de um Estado Social. Por isso os princípios, segundo Alexy, são mandados de otimização positivados. Dentro do sistema e conseqüentemente sujeitos a uma racionalidade dogmática.

Ressaltando os caminhos divergentes entre Dworkin e Alexy, Daniel Sarmento chama a atenção para o fato de que Alexy, por tratar-se de jurista do Estado Social, não adotou a tese de Dworkin sobre a impossibilidade de ponderação entre princípios e diretrizes políticas.[119]

---

[118] ALEXY, Robert. Sistema jurídico, princípios jurídicos y razón prática. *Doxa – Publicaciones periódicas*, n. 5, 1988, p. 143.

[119] Cf. SARMENTO, Daniel. *Direitos Fundamentais e Relações Privadas*. Rio de Janeiro: Lumen Juris, 2004, p. 85.

Além disso, Alexy tratou de maneira radicalmente diversa a questão da busca da melhor resposta para o caso concreto por meio dos princípios, como bem explica Sarmento nos seguintes temos:

> Alexy deu enfoque completamente diverso de Dworkin à questão da busca da melhor resposta para o caso concreto por meio dos princípios. Dworkin recorrera à figura contrafactual do juiz Hércules, onisciente e dotado de qualidades ideais, que iria buscar sozinho a resposta correta para cada caso, realizando uma reconstrução do direito vigente com base nos princípios morais, os quais, pela sua abertura, permitiriam uma atualização permanente da Constituição. Para Alexy, a posição do seu colega americano é incorreta, sendo necessário estabelecer procedimentos racionais intersubjetivos para a procura da melhor resposta judicial nas questões constitucionais difíceis, permitindo assim um controle social sobre a argumentação jurídica desenvolvida pelos magistrados. [...].[120]

Nesse particular, aliás, cabe citar a advertência do próprio Alexy, no sentido de que não se pode pensar que o fato de ele aderir à idéia de que a diferença essencial entre regras e princípios é de estrutura lógica, nos termos da teoria de Dworkin, levaria à ilação de que também faria adesão à tese do mesmo pensador americano de existir uma única resposta correta para cada questão.[121] Não é assim, Alexy não compartilha com essa última defesa de Dworkin, demonstrando, pois, mais um ponto de dessemelhança entre os dois teóricos.

A escolha, assim, de Alexy como marco teórico, além do fato de ser a sua teoria dos princípios de toda pertinente para os propósitos da investigação, está assentada, também, na visão do direito daquele jurista alemão, da qual este autor igualmente compartilha: a de um direito interveniente, em que a constituição interfere positivamente nas relações sociais, políticas e econômicas.

4. Tomada de posição: pela importância da diferenciação entre regras e princípios na tarefa de otimização dos direitos fundamentais pelo Poder Judiciário

Segue-se aqui a idéia de que existe uma diferença entre regras e princípios, dentro do marco teórico de Alexy. Pelo menos cinco razões levam este autor a seguir essa demarcação forte.

A impossibilidade de se legislar sobre tudo numa sociedade altamente complexa e pluralista como a de hoje é a primeira justificativa. Esgotar as mais diversas hipóteses em que é necessário uma normatização, se desde sempre foi uma tarefa insuperável, neste momento em que as complexidades intersubjetivas se multiplicam a cada fração de tempo passou a ser algo ainda mais distante de se vislumbrar. O hiato se alongou. Nesse sentido, a estrutura ampla da norma princí-

---

[120] SARMENTO, Daniel. *Direitos Fundamentais e Relações Privadas*. Rio de Janeiro: Editora Lumen Juris, 2004, p. 86.

[121] ALEXY, Robert. Sistema jurídico, princípios jurídicos y razón prática. *Doxa – Publicaciones periódicas*, n. 5, 1988, p. 143.

pio permite ao aplicador do direito contemplar casos que não foram disciplinados pelo legislador.

Atrelada a essa, outra questão justifica a incorporação do sistema de regras e princípios: a igual impossibilidade de as respostas legislativas serem dadas em tempo hábil. O argumento anterior estava ligado ao aspecto de alcance das proposições legislativas – e da incapacidade de tudo ser positivado –, aqui o enlaçamento diz com o tempo de resposta do Estado para as mais diversas e crescentemente novas demandas sociais, políticas e econômicas. O arcabouço do processo de edição de uma regra legislativa é moroso e situações existem que não podem esperar por tal demora, antes requerem uma pronta proteção do Estado.[122] Daí que a incorporação de um sistema misto, tanto quanto se afirmou no parágrafo anterior, trará a abertura maior das normas-princípio como forma de suprir deficiências legislativas, no caso em relação ao tempo de resposta estatal. Em suma: é preciso dizer com todas as letras que a diferenciação entre regras e princípios, no momento em que coloca o Poder Judiciário como protagonista na construção do direito, vem a atender a uma demanda crescente e atual – a incapacidade do legislativo de prontamente ou em tempo razoável responder às sucessivas e urgentes questões do mundo globalizado.

Depois, porque a diferença parece despontar efetivamente como nítida e manifesta. Não é algo inventado despropositadamente. Está-se de fato diante de duas espécies de estruturas lógicas-normativas, como já se fez reter em tópico acima, quando da exposição da doutrina alexyana. Negar essa diferença é nessa medida não abrir os olhos para uma realidade, e quando se cuida de um método extremamente útil para um sem número de casos nos quais inexiste disciplina legislativa ou esta padece de deficiências se afigura como um contra-senso.

Mais, e aqui se trata de posição filosófica deste autor, porque representa a construção regras e princípios um rompimento com a tradição positivista, corrente que encastelava o direito em si mesmo e não atendia ao caráter de mediador de bens que justifica a sua criação, algo que se entende defasado para com as circunstâncias do momento em que se vive, como será exposto abaixo.

Finalmente, outra forte razão para a defesa dessa distinção está no dimensionamento do papel dos Juízes e Tribunais, que diz com o objetivo principal deste trabalho. Não se pode bem dimensionar o papel do Poder Judiciário, e assim também o papel do julgador trabalhista, sem que se proceda à diferença entre regras e princípios. É um instrumental que tem função decisiva na atividade jurisdicional, especialmente quando se lida com direitos fundamentais. O próprio Alexy chama a atenção para isso, quando afirma que sem a diferença entre regras e princípios

---

[122] No capítulo destinado ao estudo dos impactos da proteção constitucional do trabalhador no campo processual serão vistos exemplos mais evidentes de tutelas de urgências, em que a atuação do órgão judicial cumprirá papel determinante.

não pode existir "una teoria suficiente acerca del papel que juegam los derechos fundamentales en sistema jurídico".[123]

5. A construção regras e princípios: uma crítica ao positivismo jurídico

A construção da moderna teoria dos princípios tem como referencial a obra de Dworkin, e esse autor deixa claro que o objetivo da distinção entre regras e princípios foi uma crítica ao positivismo jurídico.[124] É dizer: buscou Dworkin moldar um método de não mais vincular o ato de julgar ao estrito enquadramento na letra da lei, nos moldes da corrente positivista.[125]

A introdução do conceito de norma-princípio, com a estrutura de ponderação, fez derruir o exclusivismo das regras no sistema jurídico.

Willis Santiago Guerra Filho, corroborando essa visão, aponta que a marca distintiva do pensamento jurídico contemporâneo, que se faz notar em autores como Dworkin e Alexy, "repousa precisamente na ênfase dada ao emprego de princípios jurídicos positivados no ordenamento jurídico, quer explicitamente – em geral, na constituição – quer por normas em que se manifestam de forma implícita – como é aquela do princípio protetor, quando do tratamento dos problemas jurídicos. Com isso, *dá-se por superado o legalismo do positivismo normativista*, para o qual as normas do direito positivo se reduziriam ao que hoje se chama "regras" (*rules, Regeln*) na teoria jurídica anglo-saxônica e germânica, isto é, normas que permitem realizar uma subsunção dos fatos por elas regulados (*Sachverhalte*), atribuindo a sanção cabível".[126]

Se o propósito era combater o positivismo, o dogma positivista de que ao Judiciário cabia apenas aplicar a lei, como que não participando do processo de construção da norma, deveria ser logo atacado, e de fato foi. Com essa diferenciação entre regras e princípios já é factível ao Juiz argumentar abertamente e assim tomar parte do sentido resultante do procedimento hermenêutico.

Com isso não se ocultam mais elementos que sempre interferiram na interpretação do direito, mas que, por uma postura abstracionista típica do positivista, não eram considerados pela hermenêutica de então. É assunção de que existem as pré-compreensões inerentes a cada ser humano, que antecedem, portanto, ao

---

[123] ALEXY, Robert. *Teoria de los Derechos Fundamentales*. Trad. Ernesto Garzón Valdés. Madri: Centro de Estudios Constitucionales, 1993, p. 81.

[124] DWORKIN, Ronald. *Levando os Direitos a sério*. Trad. Nelson Boeira. São Paulo: Martins Fontes, 2002, p. 35.

[125] No capítulo quarto, após fazer-se um breve mapeamento das grandes correntes filosóficas do direito, se reforçara a idéia acima exposta de superação do pensamento positivista e se dirá da filiação da teoria dos princípios ao pensamento pós-positivista.

[126] GUERRA FILHO, Willis Santiago. Direito das Obrigações e Direitos Fundamentais. *Revista Latino-Americana de Estudos Constitucionais*, Fund. Paulo Bonavides. Belo Horizonte: Del Rey, n. I, jan./jun. 2003, p. 536.

próprio momento interpretativo e nele se incluem, porque, como é óbvio, não é possível apartar a pessoa-que-interpreta do intérprete-aplicador do direito.

O fenômeno hermenêutico, enfim, fica enriquecido, contemplando partes que eram sofismaticamente olvidadas. Sobre a racionalidade dessa norma forma de interpretar e aplicar o direito se tratará mais adiante, no capítulo seguinte.

6. O problema da hierarquia entre regras e princípios

É necessário ainda perquirir se há uma hierarquia normativa entre princípios e regras. Em termos teóricos, entende-se que não, e se segue aqui, como marco teórico, a doutrina de Alexy. A diferença é apenas e apenas estrutural. Os princípios são aplicados na idéia da "medida do mais possível" de acordo com as circunstâncias fáticas do caso concreto. Já as regras são aplicadas por completo. Logo, não existe uma fundamentalidade intrínseca ao conceito de princípio. Os princípios, por isso mesmo, podem ou não ser fundamentais. Tanto quanto as regras, que podem ou não gozar de fundamentalidade material.

Se não há uma demarcação ontológica ou material *a priori* entre princípios e regras, como se deixou claro na tese aqui defendida da diferenciação apenas estrutural, decorre logicamente a ilação de que não sucede hierarquização teórica alguma entre regras e princípios. Em termos teóricos, os princípios não valem mais do que as regras ou vice-versa.

A hierarquização normativa pode despontar apenas no plano prático, não no teórico. Assim é que um princípio de matriz constitucional se sobrepõe, em se focando a questão da antinomia hierárquica, sobre uma regra de natureza apenas ordinária. De igual modo, uma regra alçada ao plano constitucional prevalecerá sobre um princípio infraconstitucional que discipline a mesma matéria, num hipotético caso de colisão normativa.

Quando a regra e o princípio ostentam o mesmo nível hierárquico, também não é caso de se dizer que o princípio deva prevalecer, ou a regra deva prevalecer, sem se recorrer a outro critério que não seja a distinção morfológica entre regras e princípios. Tudo dependerá das condições do caso concreto, e a solução partirá dos já conhecidos critérios de superação de antinomias entre espécies normativas de igual grau de hierarquia. Humberto Ávila, em recente estudo,[127] segue na mesma direção e não enxerga hierarquia alguma entre normas só pelo fato de uma se tratar de princípio e a outra não.

Deve-se de resto acrescentar que o Supremo Tribunal Federal, em precedente sobre a matéria,[128] veio a decidir pela inexistência de hierarquia *a priori* entre regras e princípios, também no caso julgado inclusive pela ascendência de uma

---

[127] Cf. ÁVILA, Humberto. *Teoria dos Princípios: da definição à aplicação dos princípios jurídicos,* 7. ed. São Paulo: Malheiros, 2007, p. 90-91.
[128] STF. Tribunal Pleno, RE 346.084, rel. Min. Ilmar Galvão, rel. para o acórdão Min. Cezar Pelluzo, j. 9.11.2005 (pendente de publicação).

regra sobre um princípio – indo de encontro, portanto, com parcela da doutrina que enxerga justamente o contrário, o princípio sobressaindo em relação à regra – o que reforça o entendimento aqui esposado.

7. O problema da hierarquia entre princípios

Enfrentando a questão, Alexy aventa duas possibilidades de respostas: a existência de uma "ordem estrita" de hierarquia entre princípios e a defesa de uma "ordem débil".

A ordem estrita é severamente rechaçada, já que imporia um tratamento matemático aos princípios, como se fossem números, chegando Alexy até a usar a expressão cálculo se se seguisse esse caminho. Mas os princípios não são exatos, e como ficou consignado, são aplicados em intensidades relativas, a depender das circunstâncias concretas fáticas e jurídicas do caso.

Nas palavras de Alexy:

> [...] no es posible una orden que conduzca en cada caso precisamente a un resultado – a tal orden habría que llamarlo "orden estricto"'. Una orden estricto solamente sería posible si el peso de los valores y de los princípios y sus intensidades de realización fueran expresables en uma escala numérica, de manera calculable. El programa de semejante orden cardinal fracasa ante los problemas de una medición del peso y de la intensidad de realización de los princípios jurídicos o de los valores jurídicos [...].[129]

Logo, não existe hierarquia *in abstrato* entre princípios. O princípio que prevalecerá em uma situação poderá ceder lugar, em outro contexto e em outra hipótese, para o mesmo princípio vencido no caso anterior. Essa é a explicação de Alexy: "[...] o que sucede é que, sob certas circunstâncias, um dos princípios precede o outro. Sob outras circunstâncias, a questão da precedência pode ser solucionada de maneira inversa. Isso é o que se quer dizer quando se afirma que nos casos concretos os princípios têm diferentes pesos e que prevalece o princípio com maior peso".[130]

Daí por que Alexy vem a se posicionar pela tese da ordem débil de hierarquia entre os princípios, que se baseia em três elementos: "1) un sistema de condiciones de prioridad, 2) un sistema de estructuras de ponderación y 3) un sistema de prioridades *prima facie*".[131]

O primeiro desses elementos já foi exposto quando do enfrentamento da diferença entre regras e princípios, e está justamente no fato de que nesse sistema misto de espécies normativas existem nas normas-princípio condições de prioridade ou precedência que, no caso concreto, serão especificadas e valoradas pelo

---

[129] ALEXY, Robert. *Sistema jurídico, princípios jurídicos y razón prática*. *Doxa – Publicaciones periódicas,* n. 5, 1988, p. 145-146.

[130] ALEXY, Robert. *Teoria de los Derechos Fundamentales*. Trad. Ernesto Garzón Valdés. Madri: Centro de Estudios Constitucionales, 1993, p. 89.

[131] ALEXY, Robert. Sistema jurídico, princípios ... *op. cit.*, p. 146.

procedimento da ponderação, do que resultará uma decisão de preferência para o caso *sub examen*. Isso tem a ver, como bem esclarece Steinmetz,[132] com a noção de princípios "como mandamentos de otimização a serem realizados em diferentes graus segundo as possibilidades fáticas e jurídicas."

Trata-se, assim, de condições de precedência próprias da idéia de princípio, porque a precedência consiste em que, tomando em conta o caso, apontam-se as condições sob as quais um princípio precede o outro. Sob condições diversas, a questão da precedência pode comportar solução inversa.

Dessa forma está configurada uma das principais vigas sobre a teoria dos princípios de Alexy: não existe uma hierarquia dura e inflexível, em termos abstratos, entre os princípios. Não é cabível, *in abstrato,* dizer-se que o princípio x precede ao princípio y.

Por isso mesmo, todas as colisões entre princípios fundamentais resolvem-se no caso concreto, pelas condições que são postas quando de sua análise específica. É a isso o que Alexy vem a chamar de "relação de precedência condicionada".[133]

Condiciona-se, portanto, a precedência de um princípio sobre outro às circunstâncias do caso concreto, as quais darão o peso de cada princípio em jogo, tudo decorrendo da tese impressa linhas atrás de que a norma princípio comporta aplicação modular, flexível, variável conforme a hipótese. Os outros dois elementos – as estruturas de ponderação e um sistema de prioridades *prima facie* – serão abordados logo a seguir.

Não tendo autonomia metodológica, uma vez que a operacionalização da aplicação dos princípios é mais ampla e complexa, a hierarquia móvel dos princípios funciona como um instrumento ancilar no método de ponderação dos princípios,[134] de que será tratado a seguir.

8. A resolução dos conflitos entre as normas-princípio: da complementação dos meios tradicionais de interpretação com o método da ponderação

O segundo elemento referido no modelo de hierarquia móvel entre os princípios está no procedimento de ponderação.

É do conceito de princípio como mandatos de otimização, que exigem uma realização a mais completa possível, em relação às possibilidades jurídicas e fáti-

---

[132] STEINMETZ, Wilson. Princípio da Proporcionalidade e atos da autonomia privada. In: *Interpretação Constituição*, (org.) SILVA. Virgílio Afonso da. São Paulo: Malheiros, 2005, p. 32.

[133] ALEXY, Robert. Derechos individuales y bienes colectivos. Disponível em www.cervantesvirtual.com/servlet/sirveobras. Acesso em 10/06/2007, às 19 h.

[134] No mesmo sentido, observa Pereira que o modelo de hierarquização flexível "não assume a condição de metodologia autônoma, funcionando apenas como um critério auxiliar ao método da ponderação de interesses". PEREIRA, Jane Reis Gonçalves. *Interpretação Constitucional e Direitos Fundamentai*: uma contribuição ao estudo das restrições aos direitos fundamentais na perspectiva da teoria dos princípios. Rio de Janeiro: Renovar, 2006, p. 252.

cas, que Alexy foi buscar a ponderação. Mais especificamente, anota que a referência a possibilidades jurídicas implica uma lei de ponderação na aplicação dos princípios. E cuida de formular o que vem a ser essa lei na seguinte proposição: "cuanto más alto sea el grado de incumplimiento o de menoscabo de un principio, tanto mayor debe ser la importancia del cumplimiento del outro".[135]

Está-se autorizado a dizer que, na doutrina, já vigora um relativo consenso de que os métodos tradicionais de interpretação do direito são insuficientes para as hipóteses em que o objeto interpretando é um preceito constitucional, ainda mais se tiver as características de um princípio. A fluidez e a pouca densidade do texto acabam por exigir mais do que os conhecidos critérios literal, histórico, teleológico e sistemático de interpretação do direito. Entretanto, a idéia é de que, não obstante isso, tais critérios não podem ser desprezados, sendo de todo úteis, mas precisam ser complementados por uma racionalidade mais adequada às exigências do texto constitucional.[136]

Então, as características morfológicas das normas-princípios estão a exigir método interpretativo próprio, sendo de se reconhecer que os critérios de interpretação comuns e tradicionalmente aplicados não atendem às suas peculiaridades.

Esse método – na esteira da teoria dos princípios – é a ponderação, que se entende como um procedimento metodológico por meio do qual são tomadas decisões de preferência entre direitos e bens constitucionalmente assegurados, contemperando cada lado da situação em conflito, tudo de acordo com as circunstâncias fáticas e jurídicas do caso.

Sobre a autonomia da ponderação sobre a interpretação, segue-se o escólio de Canotilho, para quem

> a atividade interpretativa começa por uma reconstrução e qualificação dos interesses ou bens conflitantes procurando, em seguida, atribuir um sentido aos textos normativos e aplicar. Por sua vez, a ponderação visa elaborar critérios de ordenação para, em face dos dados normativos e factuais, obter a solução justa para o conflito de bens.[137]

Por aí emerge que a ponderação requer exame *in concreto* dos bens ou direitos em confronto. O sopesamento seria algo impensável se houvesse uma ordem

---

[135] ALEXY, Robert. Sistema jurídico, princípios jurídicos y razón prática. *Doxa – Publicaciones periódicas*, n. 5, 1988, p. 147.

[136] A defesa dessa idéia é feita com maestria por Pereira, nos seguintes termos: "[...] E, normalmente, defende-se que os critérios adequados para a determinação do conteúdo da norma constitucional aplicável são os métodos tradicionais de interpretação jurídica: o *literal*, o *teleológico*, o *histórico* e o *sistemático*. Sem embargo, a necessidade de utilizar a ponderação decorre não só da insuficiência dos critérios clássicos e solução de antinomias, mas, sobretudo, do fato de que os métodos tradicionais de interpretação também não viabilizam soluções satisfatórias em grande parte das questões constitucionais controvertidas. Por isso, a ponderação deve ser entendida como um procedimento hermenêutico complementar – e, em certos casos, alternativo – aos métodos tradicionais de interpretação". PEREIRA, Jane Reis Gonçalves. *Interpretação Constitucional e Direitos Fundamentai*: uma contribuição ao estudo das restrições aos direitos fundamentais na perspectiva da teoria dos princípios. Rio de Janeiro: Renovar, 2006, p. 290.

[137] CANOTILHO, José Joaquim Gomes. *Direito Constitucional e teoria da constituição*. Coimbra: Almedina, 1998, p. 1109-1110.

hierárquica definitiva entre os valores envolvidos, simplesmente porque não haveria dúvida a ser levantada diante de um caso concreto.

Bem a propósito, cabe citar a síntese precisa de Steinmetz:

> a realização da ponderação de bens requer o atendimento de alguns pressupostos básicos: (1) a colisão de direitos fundamentais e bens constitucionalmente protegidos, na qual a realização ou otimização de um implica a afetação, a restrição ou até mesmo a não-realização do outro; (2) a inexistência de uma hierarquia abstrata, *a priori*, entre os direitos em colisão; isto é, a impossibilidade de construção de uma regra de prevalência definitiva *ex ante*, prescindindo das circunstâncias do caso concreto.[138]

Os modos como a ponderação se opera – as estruturas da ponderação enquanto processos cognitivos – são feitos a partir da aplicação do princípio da proporcionalidade, especialmente a proporcionalidade em sentido estrito. É Alexy quem chama atenção para isso, quando afirma que "la ley de ponderación no formula otra cosa que el principio de la proporcionalidad en sentido estricto".[139]

9. A operacionalização do método de ponderação – a aplicação do princípio da proporcionalidade

As formas de expressão do método da ponderação repousam nos estágios de aplicação do princípio da proporcionalidade, especialmente a proporcionalidade em sentido estrito.

Tanto quanto a ponderação, a proporcionalidade é conseqüência lógica do fato de que os direitos fundamentais podem se apresentar como princípios. Tem a ver diretamente, pois, com a estrutura lógica dos princípios, enquanto mandados de otimização.

É que se firma o entendimento de que a proporcionalidade não decorre de um dispositivo constitucional isolado, e mesmo não decorre de um conjunto de comandos normativos, muito embora haja respeitada produção doutrinária em sentido contrário,[140] mas tem o seu fundamento na lógica de realização das normas-princípio. Segue-se aqui também Alexy, para quem "el principio de proporcionalidad, con sus tres princípios parciales [...], se sigue lógicamente del carácter principal de las normas".[141]

---

[138] STEINMETZ, Wilson Antônio. *Colisão de direitos fundamentais e princípio da proporcionalidade*. Porto Alegre: Livraria do Advogado, 2001, p. 142-143.

[139] ALEXY, Robert. Sistema jurídico, princípios jurídicos y razón práctica. *Doxa – Publicaciones periódicas*, n. 5, 1988, p. 147.

[140] Defendendo que a proporcionalidade emana de previsão constitucional, especialmente da cláusula do *due process of law*, do artigo 5º, inciso LIV, da Constituição Federal de 1988, podem-se citar entre outros na produção jurídica brasileira, Mendes (MENDES, Gilmar Ferreira. *Direitos Fundamentais e controle de constitucionalidade: estudos de direito constitucional*. São Paulo: Celso Bastos, Instituto Brasileiro de Direito Constitucional, 1998, p. 83) e Barroso (BARROSO, Luís Roberto. *Interpretação Constitucional e aplicação da Constituição*: fundamentos de uma dogmática constitucional transformadora. 2 ed. São Paulo: Saraiva, 1998, p. 198-219).

[141] ALEXY, Robert. Sistema jurídico, princípios jurídicos y razón práctica. *Doxa – Publicaciones periódicas*, n. 5, 1988, p. 147.

O raciocínio é brilhantemente colocado por Virgílio nos seguintes termos:

> A exigibilidade da regra da proporcionalidade para a solução de colisões entre direitos fundamentais não decorre deste ou daquele dispositivo constitucional, *mas da própria estrutura dos direitos fundamentais*.[...] Se se admite que a grande maioria dos direitos fundamentais são princípios, no sentido defendido por Robert Alexy, [...], admite-se que eles são *mandados de otimização,* isto é, normas que obrigam que algo seja realizado na maior medida possível, de acordo com as possibilidade *fáticas e jurídicas*. E a proporcionalidade é justamente a maneira de se aplicar esse dever de otimização ao caso concreto. É por isso que se diz que a regra da proporcionalidade e o dever de otimização guardam uma relação de mútua implicação.[142]

Sobre o enquadramento morfológico da proporcionalidade, é preciso reconhecer que ela não tem como produzir efeitos em várias medidas – nota antagônica às características dos princípios –, sendo aplicada efetivamente de forma constante, logo sem variações. Isso levaria à conclusão de que a proporcionalidade seria uma regra, não um princípio, dentro dos critérios já abordados neste capítulo.

Virgílio Afonso da Silva chama a atenção para o fato de que o próprio Alexy, ao oposto do que supõem alguns, também os classifica como regras, do que decorre que a sua forma de aplicação se dá por completo, através de subsunção.[143]

Ocorre que a carga semântica da proporcionalidade já está assentada na prática forense como princípio, e aqui se curva este autor a essa realidade. Muito embora com a ressalva feita, será nominada como princípio nesta pesquisa em sintonia com a acomodação empírica do termo.[144]

Operacionalmente, o princípio da proporcionalidade é aplicado através de três subprincípios: adequação ou idoneidade, necessidade e proporcionalidade em sentido estrito. Para melhor compreensão do tema, deve-se ter presente que a proporcionalidade é a manifestação de uma relação entre meios e fins.

Relembrando que o conceito de princípio diz com uma norma que pode ser realizada de acordo com as possibilidade fáticas e jurídica encontradas no caso, Alexy põe no campo das possibilidades fáticas os exames da idoneidade e da necessidade, e no terreno das possibilidade jurídicas o exame da proporcionalidade em sentido estrito.[145]

O subprincípio da adequação ou da idoneidade diz com a circunstância de o meio utilizado ser apto senão a alcançar pelo menos a fomentar o resultado

---

[142] SILVA, Virgílio Afonso da. O Proporcional e o Razoável. In: *A Expansão do Direito*: estudos de Direito Constitucional e Filosofia do Direito em homenagem a Willis Santiago Guerra Filho, (org.) TORRENS, Haradja Leite; ALCOFORADO, Mário Sawatani Guedes. Rio de Janeiro: Lumen Juris, 2004, p. 110-111.

[143] Cf. Idem, p. 86.

[144] A advertência de da Silva merece ser transcrita: "mais importante do que a ingênua ambição de querer uniformizar a utilização do termo "princípio" é deixar claro que ele, na expressão "princípio da proporcionalidade", não tem o mesmo significado de "princípio" na distinção entre regras e princípios, na acepção da teoria de Robert Alexy". Idem, p. 87.

[145] ALEXY, Robert. Sistema jurídico, principios jurídicos y razón práctica. *Doxa – Publicaciones periódicas,* n. 5, 1988, p. 147.

pretendido. A resposta positiva dirá que o meio é idôneo para chegar-se ao fim, e o caminho contrário dirá que a medida não serve para o encontro do objetivo traçado. É esse o primeiro exame da proporcionalidade.

A necessidade se refere ao fato de que o meio empregado é o que menos restringe o direito fundamental limitado, não havendo outro que alcance ou promova o objetivo com menor restrição ainda. Se houver outro meio menos gravoso mas igualmente eficaz, então o subprincípio da necessidade não será satisfeito. É preciso que o meio seja insubstituível nesse sentido, quanto a gerar menor restrição do que quaisquer outros. Seria o que a doutrina portuguesa também costuma chamar de "proibição de excesso".

No que diz com a aplicação de direitos fundamentais sociais, a necessidade adquire uma dupla feição. Assim servirá como parâmetro para evitar o excesso, na busca por um meio que cause a menor afetação ao direito fundamental restringido, como funcionará como marco de "proibição de insuficiência", no sentido de que o direito fundamental protetor terá que ser suficientemente contemplado.[146]

E a proporcionalidade em sentido estrito repousa na idéia de sopesamento entre a intensidade da restrição entre o direito fundamental atingido e a importância da realização do direito fundamental que se está otimizando. Em outras palavras: se a relevância do direito que se está privilegiando, no caso concreto, compensa os prejuízos do direito antagônico afetado. Nem é preciso referir que a tarefa de sopesamento é árdua e de difícil conclusão, chegando mesmo Alexy a vislumbrar hipóteses de empates na ponderação, quando haveria equivalência entre as grandezas contrapostas.[147]

Essa escala triádica poderia ser desdobrada em várias outras estruturas, bastando imaginar, por exemplo, diferentes níveis de intensidade em cada um dos

---

[146] Sobre o duplo sentido que a proporcionalidade encerra, a argúcia de Streck constrói a seguinte síntese: "há que se ter claro, portanto, que a estrutura do princípio da proporcionalidade não aponta apenas para a perspectiva de um garantismo negativo (proteção contra os excessos do Estado), e, sim, também para uma espécie de garantismo positivo, momento em que a preocupação do sistema jurídico será com o fato de o Estado não proteger suficientemente determinado direito fundamental, caso em que estar-se-á em face do que, a partir da doutrina alemã, passou-se a denominar de 'proibição de proteção deficiente' [...] A proibição da proteção deficiente pode definir-se como um critério estrutural para a determinação dos direitos fundamentais, com cuja aplicação pode determinar-se se um ato estatal – por antonomásia, uma omissão – viola um direito fundamental de proteção. Trata-se de entender, assim, que a proporcionalidade possui uma dupla face: de proteção positiva e de proteção de omissões estatais". STRECK, Lenio Luiz. Bem Jurídico e Constituição: Da Proibição de Excesso (*ubermassverbot*) à Proibição de Proteção Deficiente (*untermassverbot*) ou *de como não há blindagem contra normas penas inconstitucionais*. Extraído do endereço eletrônico www.leniostreck.com.br/index.php, às 17h58min, do dia 01/10/2007. Também Sarlet entrevê o duplo caráter da proporcionalidade, e aponta que "a noção de proporcionalidade não se esgota na categoria da proibição de excesso, já que vinculada a um dever de proteção por parte do Estado, inclusive quanto a agressões contra direitos fundamentais provenientes de terceiros, de tal sorte que se está diante de dimensões que reclamam maior *densificação, notadamente no que diz com os desdobramentos da assim chamada proibição de insuficiência no campo jurídico-penal e, por conseguinte, na esfera da política criminal,* onde encontramos um elenco significativo de exemplos a serem explorados". SARLET, Ingo. Constituição e Proporcionalidade: o direito penal e os direitos fundamentais entre proibição de excesso e de insuficiência. *Revista de Estudos Criminais,* n. 12, ano 3. Sapucaia do Sul: Editora Nota Dez, 2003, p. 86-88.

[147] ALEXY, Robert. Epílogo a la teoria de los derechos fundamentales. *Revista Española de Derecho Constitucional.* Madrid: 2002, n. 66, p. 40. (13-64).

respectivos estágios do processo de ponderação. Isso foi, entretanto, rechaçado por Alexy, eis que implicaria sofisticação exagerada e poderia levar o sistema rapidamente à incompreensão, posicionamento de resto que se entende de todo acertado.[148]

Também seja dito que a proporcionalidade difere da razoabilidade, embora a linguagem laica acabe por adjetivar situações como proporcionais/desproporcionais ou razoáveis/dessarazoáveis indistintamente. É certo que, mesmo na área do direito, há quem enxergue uma similaridade entre os termos e por isso trate um pelo outro.[149]

Aqui se entende que não há essa sinonímia, como se verifica abaixo.

10. A regra da razoabilidade

A razoabilidade começa a distinguir-se da proporcionalidade pela origem: enquanto aquela tem nascedouro no direito norte-americano e fundamento no *due processo of law* em sentido substantivo, a proporcionalidade, como visto, deita raízes mais desenvolvidas na produção jurídica alemã.[150]

Com *status* constitucional no direito brasileiro (CF/88, art. 5º, LIV), a regra da razoabilidade tem sido aplicada com base na noção do que é razoável, especialmente a partir das formulações da lógica do razoável de Recaséns Siches, que a elaborou utilizando como contraponto teórico a idéia de lógica formal. Para Siches, apenas a lógica do humano ou lógica do razoável é capaz de dar conta dos problemas jurídicos, que envolvem a ação humana, e por isso não se apreende por esquemas formais de abstração.[151]

Afirma, com razão, Steinmetz que muito embora a razoabilidade tenha normatividade assegurada no Brasil, e como se disse com fórum constitucional, não há uma definição operacional clara quanto à regra da razoabilidade, o que não sucede com a proporcionalidade – sendo que ambas são por ele tratadas como princípios. "do ponto de vista do controle racional e intersubjetivo da aplicação, o princípio da proporcionalidade é superior ao princípio da razoabilidade, o que justifica ainda mais a aplicação da proporcionalidade na hipótese de colisão de

---

[148] Cf. PEREIRA, Jane Reis Gonçalves. *Interpretação Constitucional e Direitos Fundamentai*: uma contribuição ao estudo das restrições aos direitos fundamentais na perspectiva da teoria dos princípios. Rio de Janeiro: Renovar, 2006, p. 353.

[149] É o caso de Bandeira de Mello, para quem o princípio da proporcionalidade é uma faceta da razoabilidade. Cf. BANDEIRA DE MELLO, Celso Antônio. *Curso de Direito Administrativo*. 11 ed. São Paulo: Malheiros, 1999, p. 68. Também Barroso, para citar outro nome de relevo na literatura jurídica nacional, não enxerga diferença entre ambos, advogando a fungibilidade entre os dois. Cf. BARROSO, Luís Roberto. *Interpretação Constitucional e aplicação da Constituição*: fundamentos de uma dogmática constitucional transformadora. 2 ed. São Paulo: Saraiva, 1998, p. 198-219.

[150] Cf. STEINMETZ, Wilson Antônio. *Colisão de direitos fundamentais e princípio da proporcionalidade*. Porto Alegre: Livraria do Advogado, 2001, p. 146-185.

[151] Cf. RECASÉNS SICHES, Luis. *Introducción al estúdio del Derecho*. 6. ed. México: Porrúa, 1981, p. 210-262.

direitos fundamentais. Essa superioridade advém do fato de que o princípio da proporcionalidade é passível de uma definição operacional. Os princípios parciais da adequação (meio *versus* fim), da exigibilidade (meio *versus* meio) e proporcionalidade em sentido estrito (meio *versus* fim) funcionam como indicadores de "mensuração", de controle. Quais seriam os indicadores de "mensuração" do princípio da razoabilidade?[152]

O fato é que não há critérios operativos claros e minimamente consensuais para a razoabilidade, observando-se ao revés uma variação de abordagens ao sabor de cada doutrinador, uns, por exemplo, fazendo apelo à idéia do razoável de Recaséns Siches, outros recorrendo a Chaïm Perelman,[153] e assim se demonstrando a fragilidade do conceito para efeito de resolução dos conflitos entre direitos fundamentais.

Justamente por se compartilhar da idéia de que a razoabilidade ainda não dispõe de critérios de operacionalidade minimamente consensuais, seja na doutrina seja na jurisprudência forense, ao oposto do que sucede com a proporcionalidade, é que se faz a opção pelo recurso apenas ao princípio da proporcionalidade, em sua escala triádica, como procedimento operativo na aplicação do princípio da proteção ao trabalhador.

11. As precedências "prima facie"

Esse é mais um elemento – o terceiro – que Robert Alexy constrói para aderir à tese da hierarquia fraca entre os princípios.

Trata-se de uma primazia "prima facie". Como a própria expressão sugere, está-se diante de uma prioridade como ponto de partida e que poderá, após o processo de ponderação e argumentação, ser ou não confirmada como resultado do julgamento.

Não se está, portanto, diante de contornos de definitividade. Tudo se passa dentro de um espírito de condicionalidades, o que reforça a convicção sobre a recusa de Alexy à versão da hierarquia forte entre os princípios.

Através dessa precedência "prima facie" um princípio passa a ostentar, diante de outro, uma preferência que se traduz num ônus de argumentação em quem pretende valer-se do princípio contraposto.[154] No processo hermenêutico, pode-se

---

[152] STEINMETZ, Wilson Antônio. *Colisão de direitos fundamentais e princípio da proporcionalidade*. Porto Alegre: Livraria do Advogado, 2001, p. 187-188.

[153] PERELMAN, Chaïm. *Ética e Direito*. Trad. Maria Ermantina Galvão G. Pereira. São Paulo: Martins Fontes, 1996, p. 429-436.

[154] É preciso advertir-se que a "precedência *prima facie*" referida no texto se distingue dos "deveres e direitos *prima facie*" que dizem com o simples fato de uma norma ser considerada de estrutura principiológica. Trata-se a precedência *prima facie* de uma ferramenta para fazer prevalecer um princípio sobre outro dentro de uma escala hierárquica fraca e flexível, e por isso se constitui num padrão ou *standard* de preferência, construído geralmente em sede de jurisprudência, mas aqui em termos inovadores, elaborado para a resolução de conflitos entre normas princípio. Ao passo que os deveres e direitos *prima facie* são contrapostos à idéia de deveres e direitos definitivos, típicos das normas de estrutura regratória, e significa dizer que todo princípio gera um dever ou um direito

dizer em termos mais didáticos, o princípio que detém a primazia à primeira vista larga na frente, mas pode ser ultrapassado desde que o princípio que o contrapõe venha alicerçado com argumentos mais fortes.

Alexy cita julgado do Tribunal Constitucional alemão – o caso "Lebach".[155] Nele, a Corte entendeu que havia uma precedência "prima facie" do princípio da liberdade de informação sobre o princípio da proteção da personalidade na hipótese de uma informação atual sobre fatos delituosos. Entretanto, no caso *sub judice* já não se tratava de uma informação atual, mas de uma repetição de informação sobre fato delituoso, que, segundo o Tribunal, colocaria em risco o processo de ressocilização do autor da ação criminosa. Por isso julgou pela superação da precedência "prima facie" do princípio da liberdade de informação, decisão essa calcada em argumento mais forte em favor do princípio da proteção à personalidade.

O caso realmente é emblemático. Isto porque, não obstante o Tribunal alemão tenha reconhecido de forma enfática a precedência "prima facie" de um princípio sobre outro, ao término do processo hermenêutico acabou por afastar essa prioridade valendo-se de argumentos mais fortes em nome do princípio anteriormente em desvantagem.

Enfrentando o tema, Steinmetz faz precisa síntese sobre a doutrina de Alexy sobre o elemento "prima facie", que vale a pena transcrever:

> As precedências prima facie não contêm determinações definitivas em favor de um princípio (e.g.: P1) – e precisamente por isso são determinações prima facie e denominadas de "precedências prima facie" ou "prioridades prima facie"; contudo, estabelecem um ônus de argumentação para a precedência do outro princípio (e.g.: P2) no caso concreto. Assim, uma precedência prima facie constitui uma carga de argumentação em favor de um princípio – e, por consequência, uma carga de argumentação contra outro princípio. De um lado, essas

---

apenas *prima facie* que, diante das condições fáticas e jurídicas do caso concreto, pode não se traduzir em dever ou direito definitivo ou realizável. Já as regras expressam deveres definitivos ou direitos definitivos, daí por que não admitem ponderação e se aplicam na medida do "tudo ou nada", bastando, assim, que seja o caso enquadrado dentro do tipo normativo de uma regra válida. Bem diferente da aplicação modulada dos princípios, sempre na medida "das condições fáticas e jurídicas do caso concreto", e que permite pelo procedimento da ponderação que um princípio válido e aplicável ao caso ceda espaço para que outro princípio igualmente válido e aplicável prevaleça no caso concreto. Afonso da Silva dá um exemplo do que seria o fato de um princípio gerar um dever ou um direito apenas *prima facie*, nos seguintes termos: "a liberdade de expressão consiste, *prima facie,* na liberdade de exprimir o que se deseja por meio da forma que se deseja. Esse direito só pode ser um direito *prima facie,* já que não é difícil imaginar que o exercício dessa liberdade poderá colidir com outros direitos, principalmente com a honra e a privacidade. Em cada caso ou grupo de casos, aquele direito *prima facie* poderá revelar-se, então, menos amplo". Cf. SILVA, Virgílio Afonso da. Princípio e regras: mitos e equívocos acerca de uma distinção. *Revista Latino-americana de Estudos Constitucionais.* Belo Horizonte: Del Rey, jan/jun. 2003, p. 611-619. No capítulo sexto e sétimo desta investigação se darão exemplos não do fato de um princípio gerar "direitos ou deveres *prima facie*", mas de critérios para resolução de conflitos entre princípios que serão nominados, na esteira de Alexy, como "precedências *prima facie*".

[155] ALEXY, Robert. *Teoria de los Derechos Fundamentales,* trad. Ernesto Garzón Valdés. Madri: Centro de Estudios Constitucionales, 1993, p. 95-98 e p. 548-554.

precedências não estabelecem determinações definitivas; de outro, exigem o cumprimento ou a satisfação de um ônus da argumentação para serem afastadas [...].[156]

É com base nessa construção, por exemplo, que Alexy elabora uma tese de que os direitos fundamentais individuais devem prevalecer, "prima facie", sobre os bens coletivos constitucionalizados, e em consonância com o conceito de precedência "prima facie", esclarece que essa ascedência "no implica que las posiciones de los indivíduos no puedan ser eliminadas o restringidas en aras de bienes coletivos pero sí que para ello tiene que ser posible una justificacíon suficiente".[157]

12. O conceito de postulado. A superação da tipologia dual das regras e princípios?

Pelas repercussões tanto na doutrina quanto na jurisprudência, não se pode deixar de analisar a proposta de Humberto Ávila sobre a existência de um terceiro tipo de norma – os postulados – para além das regras e princípios.

Muito embora haja a incursão de outros autores sobre o tema, pode-se afirmar que o referencial teórico principal é mesmo tributário de Humberto Ávila, que, de forma sistemática e pormenorizada, tenciona demonstrar que a idéia de postulado normativo vem a preencher um vácuo conceitual nas situações em que uma norma nem se enquadra como princípio tampouco como regra.

Pelo rigor (heurístico) de suas palavras justifica-se a citação mais alongada:

além de este estudo propor superação de um modelo dual de separação *regras/princípio,* baseado nos critérios da existência de hipótese e do modo de aplicação e fundado em alternativas exclusivas, ele também propõe a adoção de um modelo tripartite de dissociação *regras/princípios/postulados,* que, ademais de dissociar as regras dos princípios quanto ao dever que instituem, à justificação que exigem e ao modo como contribuem para solucionar conflitos, acrescenta a essas categorias normativas a figura dos postulados, definidos como *instrumentos normativos metódicos,* isto é, como categorias que impõem condições a serem observadas na aplicação de regras e dos princípios, com eles não se confundindo.[158]

Para Ávila o conceito de postulado está na dimensão metodológica, ao passo que as regras estão na dimensão comportamental e os princípios no mundo finalístico, insistindo, ainda, na circunstância de que de um mesmo dispositivo podem emanar regra, princípio e postulado, a depender do contexto, como se colhe da seguinte passagem:

---

[156] STEINMETZ, Wilson. Princípio da Proporcionalidade e atos da autonomia privada. In: *Interpretação Constituição,* (Org.) SILVA. Virgílio Afonso da. São Paulo: Malheiros, 2005, p. 43.

[157] ALEXY, Robert. *El concepto y la validez del derecho.* 2. ed., trad. Jorge M. Seña. Barcelona: Gedisa, 1997, p. 207-208.

[158] Cf. ÁVILA, Humberto. *Teoria dos Princípios*: da definição à aplicação dos princípios jurídicos, 4. ed. São Paulo: Malheiros, 2004, p. 62-63.

analise-se o dispositivo constitucional segundo o qual todos devem ser tratados igualmente. É plausível aplicá-lo como regra, como princípio e como postulado. Como *regra*, porque proíbe a criação ou aumento de tributos que não sejam iguais para todos os contribuintes. Como *princípio*, porque estabelece como devida a realização do valor da igualdade. E como *postulado*, porque estabelece um dever jurídico de comparação (*Gebot der Vergleichung*) a ser seguido na interpretação e aplicação, preexcluindo critérios de diferenciação que não sejam aqueles previstos no próprio ordenamento jurídico.[159]

Não parece, contudo, a este autor que a idéia de postulado encontre espaço não alcançado pelas regras e princípios, dentro do marco teórico de Alexy.

É bastante notar que Ávila se refere ao postulado como algo que estabelece um dever normativo. E dever é elemento essencial ao conceito de regra jurídica, enquanto norma que impõe um *dever ser,* sem possibilidade de gradação na aplicação, como acontece com os princípios.[160]

Logo, em que pese todo o brilhantismo e engenhosidade de Ávila, o conceito de postulado parece supérfluo e, mais do que isso, indica uma superposição sobre o já consagrado, em termos de carga semântica, conceito de regras jurídicas, dentro da tipologia acima exposta.

O plano dual dos conceitos de regras e princípios, por essas razões, permanece íntegro para os propósitos dessa investigação.

13. Princípio e direitos fundamentais

Dworkin chama a atenção para o fato de que existe uma dificuldade dos operadores do direito em enquadrar uma norma como princípio ou regra, variando ao sabor de cada jurista.[161]

De fato, um dos mais agudos problemas de interpretação constitucional repousa justamente em dizer se o texto objeto da aplicação se enquadra teoricamente como princípio ou regra. Recentemente, com a propagação da teoria dos princípios, passou-se a revisar construções doutrinárias de décadas, muitas vezes para desconstruir visões quase sacrossantas da prática judiciária. É o caso de Humberto Ávila, que, em artigo de ampla repercussão, tem defendido que o denominado "princípio da supremacia do interesse público sobre o privado" não pode ser visto como um princípio.

---

[159] Cf. ÁVILA, Humberto. *Teoria dos Princípios*: da definição à aplicação dos princípios jurídicos, 4. ed. São Paulo: Malheiros, 2004, p. 61.

[160] Cf. SILVA, Virgílio Afonso da. O Proporcional e o Razoável. In: *A Expansão do Direito*: estudos de Direito Constitucional e Filosofia do Direito em homenagem a Willis Santiago Guerra Filho, (Org.) TORRENS, Haradja Leite; ALCOFORADO, Mário Sawatani Guedes. Rio de Janeiro: Lumen Juris, 2004, p. 87.

[161] Nas palavras de Dworkin: "[...] os juízes frequentemente divergem não apenas sobre o modo de interpretar uma regra ou um princípio, mas também sobre a questão de saber se a regra ou o princípio que um juiz cita deve, inclusive, a ser reconhecida como sendo uma regra ou um princípio". DWORKIN, Ronald. *Levando os Direitos a sério,* trad. Nelson Boeira. São Paulo: Martins Fontes, 2002, p. 175.

A temática, portanto, está longe de se situar no plano da estabilidade conceitual.

A questão cresce de importância quando se pretende dizer do perfil dos direitos fundamentais, se devem ser tratados como princípios ou regras.

Recordando que as normas jusfundamentais são habitualmente tidas como princípios, ou então chamadas de valores, Alexy anota que os direitos fundamentais podem apresentar-se como princípios. De outro lado, argumenta Alexy, faz-se referência ao caráter de regras dos direitos fundamentais quando se diz que a constituição deve ser levada a sério como uma lei maior, o que vai significar que os direitos fundamentais nesse outro contexto se revelam como regras.

Assim, para Alexy, os direitos fundamentais podem se apresentar ora como regras ora como princípios, e enfatiza que "a teoria dos princípios não diz que catálogos de direitos fundamentais não contêm absolutamente regras, portanto, absolutamente determinações".[162]

Pois esclarece Afonso da Silva que

> o conceito de princípio, na teoria de Alexy, *nada* diz sobre a fundamentalidade da norma. Assim, um princípio pode ser um "mandamento nuclear do sistema", *mas pode também não o ser*, já que uma norma é um princípio *apenas em razão de sua estrutura normativa* e não de sua fundamentalidade.[163]

É certo, porém, que Alexy indica que os direitos fundamentais geralmente se manifestam pela forma de princípios, dada a grande amplitude de situações que estão sob o seu âmbito de normatização, o que seria inviável numa teoria exclusivamente de regras.[164]

Canotilho também parece divisar o duplo caráter principial e regratório dos direitos fundamentais, ao afirmar que estes se posicionam como regras quando protegem direitos subjetivos, ao passo que tomariam a forma de princípios quando tivessem por destinatário o interesse comum ou uma coletividade. Em realidade, o constitucionalista português enxerga um paralelismo entre regras-dimensão subjetiva e princípios-dimensão objetiva dos direitos fundamentais.[165]

No Brasil, o caráter principial dos direitos fundamentais é defendido entre outros por Wilson Steinmetz, que, ao enfrentar o problema das colisões dos direitos fundamentais, aponta que a solução dessas questões mediante o método da ponderação só é possível pela natureza principial daqueles direitos.[166]

---

[162] ALEXY, Robert. Colisão de direitos fundamentais e realização de direitos fundamentais no Estado de Direito Democrático. *Revista de Direito Administrativo*, n. 217. Rio de Janeiro: Renovar, 1999, p. 67-79.

[163] SILVA, Virgílio Afonso da. Princípio e regras: mitos e equívocos acerca de uma distinção. *Revista Latino-americana de Estudos Constitucionais*. Belo Horizonte: Del Rey, jan a jun. 2003, p. 613.

[164] Idem, p. 76-77

[165] CANOTILHO, J.J. Gomes. *Direito Constitucional e teoria da Constituição*, 7. ed, Coimbra: Almedina, 2003, p. 1256.

[166] STEINMETZ, Wilson Antônio. *Colisão de direitos fundamentais e princípio da proporcionalidade*. Porto Alegre: Livraria do Advogado, 2001, p. 136.

Seguindo a perspectiva conceitual defendida logo no início desta pesquisa, no que diz com a noção de direitos fundamentais, ficou estabelecido que estes seriam aqueles assim considerados pelo constituinte brasileiro, sem prejuízo da inafastável contribuição hermenêutica do intérprete. A circunstância, portanto, de um direito ser alçado ao plano constitucional como fundamental *de per si* o tornaria fundamental, sem que fosse necessária qualquer indagação ontológica-material sobre a escolha da Constituição.

E a partir desse marco conceitual, desde logo fica claro que os direitos fundamentais presentes no texto constitucional podem revelar-se tanto sob a forma de princípios quanto sob o modelo das regras.

Para efeito de delimitação desta pesquisa, será abaixo enfrentado o problema da natureza dos direitos fundamentais do trabalhador, para responder *se* ou *quando* se apresentam como princípio ou como regras, ou então sob as duas modalidades de norma.

14. Princípios, regras e direitos fundamentais do trabalhador

É coerente que a análise deste tópico se inicie dos artigos 6º ao 11 da Constituição Federal de 1988, que são apresentados propriamente sob a rubrica de "Direitos Sociais".

O artigo 7º tem um contorno nitidamente regratório. Cada um dos seus incisos estabelece uma regra, no sentido de definitividade, para o trabalhador, num grau de densificação elevado e quase nenhuma abstração. Vejam-se os casos dos incisos III e IX, para ficar em dois exemplos. O inciso III estabelece que o fundo de garantia por tempo de serviço é direito dos trabalhadores urbanos e rurais, ao passo que o inciso IX prescreve que a remuneração do trabalho noturno desses mesmos laboristas será superior à do diurno. Ora, em ambas as hipóteses não há vagueza no texto constitucional: há um comando direto, concreto e denso para que aqueles trabalhadores tenham o direito ao FGTS e ao adicional noturno. O campo de aplicação destes incisos, está claro, repousa na lógica regratória: se a situação se enquadrar no texto, deve ser aplicada a norma, caso contrário, não deve ser aplicada. Admitir que esses dispositivos encerrariam princípios seria aceitar uma calibragem ou um contemperamento na aplicação, como um depósito fundiário pela metade ou o pagamento parcial de um adicional noturno, o que é um contrasenso.

Da mesma forma, os artigos 8º a 11 contemplam direitos concretos e densamente estabelecidos. É o caso do direito à greve do dispositivo 9º ou o previsto no artigo 8º, inciso VI, quanto ao direito do aposentado filiado de votar e ser votado nas organizações sindicais.

Já o artigo 6º insere o trabalho como direito social. Trata-se de norma muito mais voltada para a dimensão objetiva do que para a subjetiva. Há um nítido endereçamento para toda uma coletividade. As notas principiais estão, assim, presentes neste artigo.

De igual modo, os comandos dos incisos do artigo 1º são valores autônomos e que não se dirigem a situações específicas: a dignidade da pessoa humana do inciso III é emblemática. Também nessa hipótese, a dimensão objetiva dos direitos fundamentais desponta de forma pronunciada, no sentido de que tal dispositivo tem como destinatária a sociedade brasileira e o interesse de todos, cumulando assim com o dado subjetivo, para cada trabalhador individualmente considerado, desses textos constitucionais.

Há, pois, uma clara proteção do trabalhador por meio dos princípios estabelecidos no pórtico da Constituição Federal de 1988, especialmente as normas do artigo 1º, incisos III e IV, e artigo 6º, *caput*.

Não se olvide para o primado do trabalho na Carta da República de 1988, outra característica marcante do ordenamento jurídico constitucional que diz com a proteção dispensada aos trabalhadores. É preciso considerar que os "valores sociais do trabalho" é um dos fundamentos da República Federativa do Brasil (artigo 1º, inciso IV). E figura ainda como princípio da "Ordem Econômica", voltada a "assegurar a todos existência digna, conforme os ditames da justiça social [...]" (artigo 170 da Constituição Federal) e a "busca do pleno emprego" (inciso VIII). Sem contar que o primado do trabalho é colocado como "base" de toda a ordem social, conforme "artigo 193. A ordem social tem como base o primado do trabalho, e como objetivo o bem-estar e a justiça sociais". Todas essas normas têm uma forte marca principial e repercutem por todo o ordenamento nacional, não apenas, portanto, para cuidar de casos subjetivos.

Contudo, se é certo que esses textos são os que se dirigem de modo mais específico aos trabalhadores, não menos exato é que existem outros dispositivos na Carta Política que igualmente contemplam a classe operária. É o caso do artigo 5º, *caput*, que encerra o princípio constitucional da não-discriminação e implica, por óbvio, conseqüências amplas na relação de emprego, a exemplo da proibição de distinção na contratação que não seja por motivo estritamente técnico.

Daí por que o elenco acima exposto é meramente exemplificativo, jamais exaustivo, e tem apenas a pretensão de traçar um panorama, a partir da distinção entre regras e princípios, sobre o arcabouço de proteção ao trabalhador na Lei Fundamental brasileira.

O que é preciso deixar consignado é que a proteção ao trabalhador, na Constituição Federal de 1988, manifesta-se tanto na forma de regras como na de princípios, considerados os diferentes graus de densidade de cada norma, o que está em sintonia com o modelo híbrido de regras e princípios adotado na positivação dos direitos fundamentais pela Lei Maior nacional.[167]

---

[167] Cf. PEREIRA, Jane Reis Gonçalves. *Interpretação Constitucional e Direitos Fundamentai*: uma contribuição ao estudo das restrições aos direitos fundamentais na perspectiva da teoria dos princípios. Rio de Janeiro: Renovar, 2006, p. 501.

15. Proteção ao trabalhador: direito fundamental na estrutura de princípio

Já se deixou assentado que do texto constitucional emana uma norma geral de proteção ao trabalhador, a qual ostenta o *status* de direito fundamental.

Aqui se pretende dizer do aspecto morfológico desse manto protetor, na esteira da teoria dos princípios, e aí parece claro que a proteção ao trabalhador se trata mesmo de um princípio constitucional.

Como ficou visto, trata-se de norma que decorre da proteção à dignidade da pessoa humana e ainda do conjunto de direitos fundamentais do trabalhador e de proteção ao trabalho da Constituição de 1988.

Por essa amplitude já desponta que não se trata de uma regra à proteção, isso está certo.

Reforça essa ilação a possibilidade de maior ou menor proteção ao trabalhador, o que diz bastante sobre sua natureza principial, eis que é justamente no princípio que se tem a idéia de uma norma flexível, que é ajustada às condições fáticas e jurídicas do caso.

O modo como se apresenta esse direito fundamental da proteção do empregado evidentemente se dá pela estrutura principiológica.

Note-se ainda que o que sobressai na proteção do trabalhador é a dimensão objetiva desse direito fundamental, sem prejuízo da coexistência com a dimensão subjetiva. O fato é que a nota objetiva salta diante do aspecto subjetivo justamente por haver um comando normativo amplo, para situações ainda não previstas pelo legislador ordinário. E a natureza principial dos direitos fundamentais decorre principalmente de sua dimensão objetiva, conforme adverte Steinmetz.[168]

É de se notar que em tais circunstâncias a proteção funciona como um valor que foi autonomizado, e que deve ser promovido em termos eficaciais. A proteção não é um comportamento pré-definido, o que significa dizer que de regra não se trata nesses contextos. Mas é a proteção um fim a ser perseguido, cuja concretização depende das configurações do caso concreto.

Em sintonia no particular com a doutrina de Alexy sobre a peculiaridade estrutural dos princípios, Ávila trata de acentuar que uma norma será categorizada como princípio "se o aspecto valorativo for autonomizado para alcançar também comportamentos inseridos noutros contextos".[169]

Não pairam dúvidas de que a proteção está plasmada como um valor autonomizado para exigir outros comportamentos, não descritos pelo direito, mas necessários à sua realização.

---

[168] STEINMETZ, Wilson Antônio. *Colisão de Direitos Fundamentais e princípio da proporcionalidade*. Porto Alegre: Livraria do Advogado, 2001, p. 136.

[169] ÁVILA, Humberto. *Teoria dos Princípios: da definição à aplicação dos princípios jurídicos*, 4. ed. São Paulo: Malheiros, 2004, p. 61-62.

Por essas razões entende-se que o modo como se apresenta o direito fundamental de proteção à pessoa-que-trabalha na Constituição é através da estrutura principiológica, dentro do arranjo da teoria dos princípios.

Isso não significa que o trabalhador tenha apenas a proteção dessa norma ampla, em forma de princípio. No texto constitucional também se encontram outros direitos fundamentais do trabalhador, como visto alhures, que ostentam a natureza de regras e de princípios dentro do marco da teoria dos princípios.

O que se firma aqui é que a norma ampla de proteção à pessoa-que-trabalha, já referida no capítulo segundo, e, rememore-se, decorrente da proteção à dignidade da pessoa humana e ainda catalizadora de todo o catálogo de direitos fundamentais do trabalhador no texto constitucional, apresenta-se como princípio na acepção de Alexy. Essa ilação trará uma série de conseqüências para os propósitos da argumentação aqui elaborada, como se verá.

Como já foi dito, trata-se esse princípio protetor da norma de tutela do trabalhador mais importante, eis que amalgama todas as regras e princípios de amparo ao trabalhador, sendo estes, com efeito, expressões daquele.[170]

A aplicação do princípio da proteção, assim, deverá ser feita não na base do "tudo ou nada", à maneira das regras, mas através do procedimento da ponderação, de acordo com as circunstâncias fáticas e jurídicas do caso concreto, como de resto sucede com toda e qualquer norma cuja morfologia seja principial.

16. Considerações finais ao capítulo

Depois de verificar a existência e a eficácia da norma geral de proteção ao trabalhador na constituição federal de 1988, sobrou a tarefa de dizer qual o método que melhor se adequa aos propósitos da tese, que é fazer do julgador participante de um processo de incremento tuitivo à pessoa-que-trabalha.

A teoria dos princípios traz esse instrumental, na forma pensada por Robert Alexy, já incorporando em parte a contribuição seminal de Ronald Dworkin, e se assume a posição nesta investigação de que o método dela é o que mais se harmoniza ao ordenamento jurídico nacional e à realidade brasileira.

A começar pela elaboração de um sistema que incorpora uma demarcação forte entre regras e princípios, o que vai permitir ao julgador uma cobertura maior de situações pela abertura da norma princípio, seja para acolmatar lacunas legislativas seja para superar deficiências regratórias sempre em face do ideal de protetitividade traçado na Constituição.

Ao depois, a idéia de hierarquia móvel entre as normas-princípios, num esquema de relação de precedência condicionada, é uma forma de construir resoluções temperadas para os embates constantes de valores numa sociedade em que o

---
[170] Cf. BIAVASCHI, Magda Barros. *O Direito do Trabalho no Brasil – 1930-1942:* a construção do sujeito de direitos trabalhistas. São Paulo: LTr: Jutra-Associação Luso-Brasileira de Juristas do Trabalho, 2007, p. 66.

mundo do capital e do trabalho passa por aceleradas transformações, quase sempre em prejuízo do trabalhador.

E na trilha da teoria dos princípios deixa-se assentado que a proteção ao trabalhador, na Constituição Federal de 1988, manifesta-se tanto na forma de regras como na de princípios, considerados os diferentes graus de densidade de cada norma, o que está em sintonia com o modelo híbrido de regras e princípios adotado na positivação dos direitos fundamentais pela Lei Maior nacional.

Defende-se mais que a norma ampla de proteção à pessoa-que-trabalha, já referida no capítulo segundo, e rememore-se decorrente da proteção à dignidade da pessoa humana e ainda catalizadora de todo o catálogo de direitos fundamentais do trabalhador e do conjunto de comandos pelo primado do trabalho no texto constitucional, apresenta-se na estrutura de princípio na acepção de Alexy e assim passa a ser tratada aqui doravante.

Defende-se, ainda, nos passos de Alexy, que a operacionalização da aplicação do princípio da proteção ao trabalhador, quando em conflito com outro contraprincípio, deve dar-se pela aplicação do princípio da proporcionalidade, em três estágios – a idoneidade, a necessidade e a proporcionalidade em sentido estrito. Ficou descartada a noção de razoabilidade justamente pela ausência de critérios operativos bem definidos.

Entende-se também que o conceito de postulado parece supérfluo e, mais do que isso, indica uma superposição sobre o já consagrado, em termos de carga semântica, conceito de regras jurídicas, dentro da tipologia acima exposta, por isso se recusa a sua utilização como instrumental metodológico desta pesquisa.

Defende-se ademais que não há oposição entre os métodos tradicionais de solução de antinomias e o procedimento da ponderação, e o que deve necessariamente ocorrer é uma relação de complementariedade, em atenção a uma constituição com forte carga axiológica como a vigente neste país.

A elaboração da precedência "prima facie" também é ferramenta de grande utilidade trazida pela teoria dos princípios, e que se adota porque trará importante contribuição quando da defesa de critérios ou *standards* objetivos para aumentar o quoeficiente de racionalidade pelo procedimento da ponderação.

Dizer enfim da racionalidade do método ponderativo da teoria dos princípios, quando em cena a aplicação do princípio da proteção ao trabalhador, é do que se tratará no capítulo que segue.

CAPÍTULO IV

A racionalidade na teoria dos princípios e uma análise comparativa com a teoria da superação da regra (*defeasibility of rules*): possibilidades normativas para a aplicação do direito no Brasil, com ênfase na seara do trabalho

1. Considerações iniciais

O presente capítulo se ocupa da racionalidade da teoria dos princípios e de uma análise comparativa desta com a teoria inglesa da *defeasibility of rules* (derrotabilidade das regras).

Examinar se a teoria dos princípios oferece um procedimento racional é enfrentar a acusação de que ela pode resvalar em subjetivismos. Essa é uma questão séria e que não pode passar ao largo de uma investigação que tem como ator principal o julgador. E o estudo que se fará com a teoria da *defeasibility* tem o propósito de enriquecer a pesquisa, forte na crença de que a comparação ainda se constitui num importante elemento de esclarecimento, e que por isso também auxiliará na aferição do que seja racional.

Foi visto que por meio do procedimento da teoria dos princípios conjugado com a eficácia das normas constitucionais fica a possibilidade de o intérprete superar uma lacuna ou então insuficiência de proteção de uma regra legislativa, pela densificação direta de um princípio constitucional. É preciso dizer se a abertura estrutural do princípio permite que o julgador tenha uma certa margem de discricionariedade, e se isso implica ausência de racionalidade.

Como forma de ampliar a visibilidade sobre a temática, pretende-se ainda neste capítulo expor, mesmo que de modo precário, a teoria da *defeasibility of rules*. É que por essa construção teórica também é sustentada a possibilidade de suprir-se uma lacuna legislativa ou mesmo de afastar-se determinado comando legal, o que poderia igualmente dar suporte à pretensão lançada neste trabalho para dotar o julgador de um mecanismo capaz de aumentar o grau de proteção legislativa do trabalhador. O debate em torno da racionalidade na interpretação e aplicação do direito está no centro da agenda da filosofia do direito nos dias que correm. Só por isso já seria acaciano dizer-se da importância de se estudar uma nova teoria que se propõe a conferir avaliação racional à interpretação de uma regra jurídica, com substrato num pressuposto lógico: o de que uma regra, conceitualmente, comporta exceções e nem todos os casos excepcionais podem estar explícitos no texto regratório. Mas cresce de relevância a questão quando se sabe das fundas e graves conseqüências na práxis forense de se utilizar, sem uma filtragem crítico-cultural, uma construção teórica estrangeira para legitimar determinada visão-de-mundo.[171]

Para tanto se fará, logo de início, um percurso histórico pelas mais representativas correntes de pensamento da filosofia jurídica, tudo para melhor enquadrar ou, pelo menos, para dizer da aproximação tanto da teoria dos princípios como da teoria inglesa das grandes vertentes jusfilosóficas. É certo que a história aqui tem um papel auxiliar, o que significa dizer que não há uma preocupação maior em torno de datas e mesmo de sucessão cronológica do surgimento desta ou daquela linha de pensamento, mas sim o que haverá é a eleição de algumas das mais destacadas formas de pensar o Direito, do jusnaturalismo até os dias contemporâneos, sempre tendo como fio condutor a questão da racionalidade na aplicação e interpretação jurídica.

O capítulo segue estruturado em duas partes.

Num primeiro momento, será tratada da permeabilidade das decisões judiciais a juízos subjetivos, e se a teoria dos princípios sofre essa ingerência. A classificação de regras e princípios como construção do intérprete e o que isso acarreta para o processo hermenêutico é a seqüência desta parte. Até que ponto a idéia de princípio é uma porta aberta à discricionariedade, isso se verá em ato contínuo. Depois se dirá da racionalidade na teoria dos princípios, onde e porque haveria um procedimento racional no seu bojo aplicativo. E finalmente um tópico sobre a racionalidade possível e a comparação com o método da subsunção.

Num segundo momento, apresentar-se-á a teoria da *defeasibility*. Pelos limites espaciais deste livro, já se adianta que serão traçados apenas os componentes principais dentro de uma perspectiva quase panorâmica, mas que pelo menos permita o exercício da escrita. Será feita uma abordagem crítica da teoria, para dizer do seu alcance no campo da normatividade jurídica e para contextualizá-la com a realidade brasileira, verificando o seu cabimento ou incabimento no cenário da aplicação do direito no Brasil. O tópico seguinte é dedicado à aplicação da teoria no direito do trabalho. Como dito, será visto da possibilidade de utilizá-la para efeito de superação de insuficiências de proteção legislativa para o trabalhador.

---

[171] Cabe a advertência de que, muito embora a temática lide com o problema da legitimidade do Poder Judiciário enquanto criador de normas de exceção, isso não será aqui enfrentado, mas no capítulo oitavo. De todo modo, deve-se acentuar a visão deste autor de que o problema da criação de normas pelo juiz tem que ser redimensionado. É que se entende como inafastável, no processo interpretativo, o fato de suceder a criação de normas pelo órgão judicial, mera conseqüência inclusive lingüística da inexistência de sentidos únicos para os textos, pena de se voltar ao tempo do positivismo ideológico. A questão deve ser recolocada para dizer dos limites dessa criação, e não mais se esta deve ocorrer ou não, e quais as fontes de que pode se valer o intérprete nesse *iter* hermenêutico, ou qual o procedimento a ser seguido. Isso, porém, e como dito, será analisado mais adiante.

2. A racionalidade da aplicação do direito e as principais correntes do pensamento jusfilosófico: do jusnaturalismo ao pós-positivismo

O percurso histórico do pensamento jurídico-filosófico sobre a aplicação do direito é marcado pela negação da racionalidade ao gradual temperamento da razão, desde uma visão hiperatrofiada de enxergar o Direito como algo perfeitamente previsível, até uma noção de procedimento racional que abdica da pretensão de ser totalmente controlável.

O jusnaturalismo pode ser visto como o inaugurar da filosofia do direito. É época em que não havia controle algum sobre a aplicação do direito, em que se enxergava o jurídico voltado para o metafísico: a aplicação deveria retratar o que determinados princípios naturais imutáveis estabelecessem.

O direito natural, aliás, tem um contorno conceitual bem demarcado. A idéia de que o direito deve ser buscado em dados princípios naturais de justiça, com fundamento em algo superior ao homem, que por isso mesmo valem desde sempre e para todo o sempre, em qualquer lugar.[172]

Por conseqüência, não é dado ao homem modificar princípio algum de direito natural, numa espécie de imunização histórica às vicissitudes por que venha a atravessar a humanidade ao longo do tempo.

Pode-se afirmar que a aplicação do direito, dentro da ótica jusnaturalista, não é factível de racionalização alguma. O direito valerá tanto quanto exprima o sentido dos princípios de justiça natural.

O homem, num tal contexto, tem a sua razão senão impossibilitada mas pelo menos menosprezada pela crença de que o destino está traçado pela vontade de Deus. Os propósitos divinos seriam, enfim, o "fundamento *a priori* de todo o ser".[173]

Da Maia chama a atenção para o fato de que essa postura jusnaturalista acaba por reificar o homem, justamente "por não o admitir como um ser que pode modificar o próprio curso da vida, estando ele condenado – sem direito à apelação – a uma vida passiva, resignada, sem poder interferir na sua própria sorte, sendo tudo – as benesses e os males – fruto da vontade de Deus". E tocando no aspecto da racionalidade, acrescenta que "ainda que se possa considerar a inserção do elemento racional junto ao homem, parece claro que a idéia de fé funcionaria como um limite objetivo à razão humana".

Toda a construção jusnaturalista tinha uma razão de ser na época. Vivia-se então em pleno período de regime absolutista, pelo que necessitava o soberano de um discurso que justificasse a sua permanência indefinida no poder.

---

[172] AFTALINON, Enrique R. *Introduccion al Derecho*. 4. ed. Buenos Aires: Abeledo Perro, 2004, p. 177-178.
[173] MAIA, Alexandre da. A determinação apriorística do conhecimento no Direito. In: *Anuário dos Cursos de Pós-graduação em Direito*, n.13. Recife: Universidade Federal de Pernambuco, 2003, p.22.

O que é preciso destacar é que a interpretação e a aplicação do direito, no paradigma jusnaturalista, não obedeceu a critério de racionalidade alguma. Havia mesmo uma impossibilidade gnoseológica atribuída ao homem.

É decisiva a doutrina de Kant para que se processasse o rompimento com o jusnaturalismo. Kant defende que a base do Direito não é mais composta de princípios metafísicos dos jusnaturalistas, mas sim que repousa no homem, na natureza humana.[174]

Wiacker não deixa passar desapercebido o fato de que, não apenas na teoria do direito, mas mesmo na teologia moral católica, o jusnaturalismo, entendido como ordenamento de normas vinculativo e supra-histórico, começou progressivamente a desaparecer a partir da crítica de Kant.[175]

Enquanto no jusnaturalismo o direito tinha por supedâneo princípios superiores ao homem, no juspositivismo, de matriz kantiana, o Direito vinha de produção do próprio homem. A base do Direito, nesta nova concepção, está focada no homem.

É de se atentar para o paralelismo da visão kantiana com a filosofia de Descartes,[176] no sentido de pretender construir uma concepção filosófica que confira ao homem a possibilidade de conhecimento tão negada pelo jusnaturalismo. O homem já não é um sujeito passivo da história, mas um sujeito capaz de ditar-lhe os rumos.

Descartes faz um discurso de defesa das possibilidades do homem. Muito embora Descartes mencione uma certa desconfiança nos sentidos humanos,[177] elabora uma doutrina em que, desde que se siga um método, a verdade será alcançável. E uma autêntica peroração em defesa do método como instrumento de o homem alcançar a verdade.

Ao contrário do que se propaga, a premissa do método de Descartes não é a dúvida: a premissa é a certeza de que se pode chegar à verdade. A dúvida apenas funciona como um estágio inicial e estratégico do método para o alcance da verdade.[178]

De um lado, deve-se observar que a filosofia de Descartes tem marca antropocentrista, fundamentando o Direito na razão humana, do que decorre uma secularização simultânea do direito e da cultura.[179] De outro lado, está claro que

---

[174] Cf. AFTALINON. Enrique R. *Introduccional derecho*. 4. ed. Buenos Aires: Abeledo Perrot, 2004, p. 229.

[175] Cf. WIEACKER, Franz. *História do Direito Privado Moderno*, 3. ed. Trad. Botelho Hespanha. Lisboa: Fundação Calouste Gulbenkian, 2004, p. 693-694.

[176] Cf. ADEODATO, João Mauricio. *Filosofia do direito* – uma crítica à verdade na ética e na ciência (através de um exame da ontologia de Nicolai Hartmann). São Paulo: Saraiva,1996, p. 24.

[177] Cf. DESCARTES, René. *Discurso do método* – regras para a direção do espírito. Trad. Pietro Nasseti. São Paulo: Editora Martin Claret, 2005, p. 22.

[178] Idem, p. 41.

[179] Cf. MAIA, Alexandre da. A determinação apriorística do conhecimento no Direito. In: *Anuário dos cursos de pós-graduação em direito*, n.13. Recife: Universidade Federal de Pernambuco, 2003, p. 28.

a construção de Descartes não traz consigo, não obstante conferir ao homem a possibilidade do conhecimento, um conteúdo ético de inclusão. Há um arcabouço niilista, fundado na crença de que se pode atuar no domínio das ciências sociais com a mesma lógica das ciências exatas.

Não é a toa que Descartes é tido como o idealizador do Estado liberal, uma vez que quebra a lógica até então vigente de que o poder devia ser legitimado por uma autoridade metafísica. O homem passa a ser visto, pela doutrina cartesiana, como centro do mundo – o antropocentrismo.

Nesse novo arcabouço teórico teve lugar o positivismo jurídico. É preciso reter que tantos são os sentidos que se lhe atribuem que não seria de todo absurda a asserção de que variam ao sabor de cada autor.

A tarefa que se propõe fazer aqui é delimitar essas possibilidades conceituais, fixando-se o que neste texto será compreendido como juspositivimo, através da eleição do que se entende como de mais representativo na teoria do direito em termos de construção teórica positivista, tudo para evitar confusões interpretativas e primar pela clareza e didática do discurso.

De um modo geral, pode-se afirmar que são duas as principais vertentes conceituais do juspositivimo: o juspositivismo como ceticismo ético e o juspositivismo como positivismo ideológico.[180]

O positivismo ideológico pode ser compreendido como o pensamento voltado para a defesa do direito apenas pela sua validade formal e no qual o intérprete deve seguir à risca o que a regra determina, não lhe cabendo qualquer crítica.

A escola da exegese francesa incorporou toda doutrina cartesiana, sendo a expressão mais estrita do positivismo ideológico. Radomir Lukic, ao considerar a Escola de exegese, relata as circunstâncias históricas do seu surgimento, esclarecendo que desde o início do século XIX, com a instalação definitiva da burguesia no poder, com a aplicação em seu proveito de uma ordem jurídica estatal elaborada e defendida nos sistemas jusnaturalistas e em particular na codificação do novo direito burguês, desaparece o caráter revolucionário do pensamento jurídico burguês e da burguesia em geral.

Plauto Faraco de Azevedo, em texto arguto, denuncia o desaparecimento do caráter revolucionário do burguês, com a sua chegada ao poder na França, após a Revolução Francesa, passando-se a considerar o direito positivo um sistema fechado, a fim de preservar as prerrogativas da burguesia que se sagrou vencedora

---

[180] Essa tipologia tem por inspiração a classificação formulada por Noel Struchiner, que por seu turno se espalha nas idéias de Carlos Santiago Nino, Marti D. Farrel, Genaro Carrio e John Gardner. Trata-se de divisão do positivismo jurídico em: positivismo jurídico com ceticismo ético; positivismo jurídico como positivismo ideológico; positivismo jurídico como formalismo jurídico; positivismo jurídico como positivismo conceitual. No texto, contudo, a idéia de positivismo formalista está dentro do positivismo ideológico, o que de resto se harmoniza com a posição do próprio Struchiner, que não deixa de reconhecer que "o formalismo jurídico caminha de mãos dadas com o positivismo ideológico". STRUCHINER, Noel. Algumas 'proposições Fulcrais' acerca do direito: o debate jusnaturalismo vs. positivismo. In: MAIA, Antonio Cavalcante (Org.). *Perspectivas atuais da Filosofia do Direito*. Rio de Janeiro: Lumen Juris, 2005, p. 399-415.

nesse movimento revoluciário. Tornou-se, assim, dominante o método do direito positivo dogmático, que, então, toma o nome de exegético. Nas palavras de Azevedo, "tratou-se, pois, à época, de vedar de modo terminante a alteração do direito posto pelo Estado, limitando-se a atividade do prático, particularmente dos juízes, proibindo-lhes drasticamente a criação do direito".[181]

Já o pensamento jurídico que adota uma postura cética sobre a possibilidade de se justificar racionalmente a verdade ou falsidade de juízos morais pode ser enquadrado dentro da vertente do ceticismo ético. E é nesse campo que se insere a quase totalidade dos juspositivistas.

É o caso, ilustrativamente, de Kelsen. O abismo gnoseológico, na Filosofia de Kant, entre ser e dever-ser foi transportado para o campo jurídico. E foi Kelsen quem melhor retratou para o direito esse abismo, e o fez justamente para defender que a aplicação do direito, no plano do ser, está dissociada do dever-ser, não sendo aquela cientificamente mensurável. É dizer, que para Kelsen, na trilha da divisão kantiana entre ser e dever-ser, o ato de aplicar não é suscetível de racionalidade, está fora da pretensão de cientificidade.[182]

Essa visão kelseniana de não sujeitar a aplicação do direito à cientificidade era um avanço na época. Um avanço porque se vivia uma época de positivismo ideológico, em que o paradigma das ciências exatas era visto como algo também a ser seguido no direito, inclusive no campo da aplicação, pelo que era positivamente defensável uma aplicação do direito cientificamente exata.

De igual modo, Hart é um cético, sendo que limitado em relação a Kelsen. É que Hart restringe a impossibilidade de racionalização para os casos difíceis, entendendo que nestes haveria uma penumbra, decorrente da abertura textual. Já para a grande maioria dos casos, seria totalmente factível a racionalização, na medida que não exigiria do juiz maiores esforços intelectuais.[183]

É de se atentar, contudo, para um traço comum entre o positivista cético e o positivista ideológico: ambos são positivistas formalistas. Ambos entendem que a validade do direito está sujeita a aspectos formais, não conteudistas; basta que o direito seja válido, para daí decorrer o dever moral de obediência.

A dessemelhança entre os dois repousa, como já se disse, no fato de que o cético enxerga abertura no texto jurídico e não reivindica o estatuto da racionalidade da aplicação do direito. O cético exclui os juízos morais, tão presentes no ato de aplicar o direito, da razão positivista. Já o positivista ideológico vê a regra jurídica dentro do silogismo matemático, vislumbrando na interpretação e aplicação do direito um desdobramento dessa lógica, pelo que aprisiona o juiz ao texto hermético da lei.

---

[181] AZEVEDO, Plauto Faraco de. *Aplicação do Direito e contexto social*. São Paulo: Revista dos Tribunais, 1996, p. 42-44.

[182] KELSEN, Hans. *Teoria Pura do Direito*, Trad. João Batista Machado. São Paulo: Martins Fontes, 1999, p. 396.

[183] Cf. HART, H. L. A. *O Conceito de Direito*. Lisboa: Fundação Calouste Gulbenkian, 1986, p. 139-140.

Segue-se, nos dias de hoje, com a vertente pós-positivista.[184] Aqui se adota a direção terminológica forjada por Albert Calsamiglia, para designar, entre outras, as teorias atuais que relacionam o direito, a moral e a política, afastando da essência positivista de que colocava o direito positivo como o único objeto da ciência do direito.[185]

E é nessa linha pós-positivista que, em termos contemporâneos, se vive o fenômeno de pretender atribuir racionalidade[186] também para a aplicação do direito. Racionalidade para os juízos morais. Enquanto a filosofia do direito, de origem kantiana e kelseniana, rejeita a possibilidade de racionalidade no campo da razão prática, essa nova vertente advoga que é, sim, factível.

Exemplo desse novo pensamento é Robert Alexy. Alexy vê como factualmente viável uma aplicação do direito racional. Além disso, faz referência expressa a Kelsen, para dizer que a sua pretensão não é a mesma e que, ao contrário do kelseniano, vê como perfeitamente possível uma cientificização do direito.

São estas as palavras de Alexy a esse respeito:

> A concepção de Kelsen se baseia na convicção de que os juízos de valor e de dever não são suscetíveis de verdade ou fundamentáveis racionalmente, por isso, não podem ser objeto de tratamento científico. A tese deste livro é de que esta última afirmação não é acertada, e, apenas no caso de que esta tese seja sustentável, está justificado utilizar o conceito amplo, mencionado acima, de ciência do Direito.[187]

Observe-se que há uma preocupação de Alexy para que não se confunda a racionalidade da aplicação que defende com a aplicação de marca positiva, típica da matriz cartesiana. Isso se expressa, em outras situações, na própria terminologia. Já não recorre Alexy ao vocabulário "método" para designar a racionalidade da interpretação, mas ao termo "procedimento", justamente para espancar quaisquer dúvidas de que não há a defesa de métodos matemáticas ou logicistas, mas outro caminho em que a argumentação tem papel destacado.

---

[184] Não há confundir o pós-positivismo com a pós-modernidade. Há uma clara diferença entre esses dois movimentos teóricos. Nas palavras de Antonio Cavalcante Maia, "o pós-positivismo faz uma aposta na reabilitação da racionalidade prática – de matriz Kantiana – o que é completamente contestado pelos autores pós-modernos, via de regra alinhados à matriz nietzschiana ou sistêmico-funcionalista". MAIA, Antonio Cavalcante (Org.). *Perspectivas Atuais da Filosofia do Direito*. Rio de Janeiro: Lumem Juris, 2005, p. 21.

[185] CALSAMIGLIA, Albert. Postpositivismo. *Doxa*, 21-I, 1998, p. 209-220.

[186] É importante, no entanto, destacar que a idéia de racionalidade lançada no texto não condiz com a idéia de razão do positivismo. Este se baseava numa razão cartesiana e se valia de um silogismo típico das ciências exatas. Não é o caso. A idéia de racionalidade para o pós-positivismo tem ver com o estabelecimentos de critérios argumentativos (como o melhor argumento) ou ainda a idéia de procedimento consensual, para com esses elementos tachar de racional uma interpretação e aplicação do direito, num contraponto simultâneo ao discricionarismo do positivismo cético e ao dogmatismo exegético do positivismo ideológico.

[187] ALEXY, Robert. *Teoria da Argumentação jurídica* – A teoria do discurso Racional como Teoria da Justificação Jurídica, Trad. Claudia Toledo, 2. ed. São Paulo: Landy Editora, 2005, 211-212.

Deve-se também atentar, dada a sua importante repercussão, para a doutrina de Habermas.[188] Que é categórico quando critica o positivismo, ao não aceitar os limites positivistas de acesso racional às discussões morais, limites que foram erguidos quando

> o positivismo abole a distinção entre razão teórica e razão prática, e só admite a primeira. Com o desaparecimento da razão prática, o reino das normas e fins deixa de ser acessível à razão, pois esta, reduzida a razão científica, só tem competência sobre as proposições analíticas da logística e da matemática e sobre as proposições sintéticas relativas ao mundo objetivo dos fatos. As proposições normativas escapam a essas duas esferas. Elas não são nem empíricas nem tautológicas, e portanto não podem ser fundamentadas à luz da única instância racional que sobreviveu à dissolução da razão Kantiana – a razão teórica.[189]

Está claro que Habermas, diferentemente de Kelsen e Hart, e outros, sustenta que as normas vão além de assegurar legitimidade, mas erguem uma pretensão de correção que é suscetível de avaliação racional.

E Habermas enxerga, no campo do direito, a possibilidade de racionalidade também na aplicação. Assim Habermas tem como racional a aplicação do direito que seja consensual, donde se pode dizer que, para a concepção habermasiana de racionalidade jurídica, o consenso é o que qualifica de racional uma decisão.[190]

Pode-se dizer que, não obstante as diferentes formas de tratamento e de visão da racionalidade dos juízos morais na aplicação do direito, esses pensadores contemporâneos, Habermas e Alexy, têm em comum a crença de que o campo da interpretação jurídica é também sujeito a uma avaliação racional.

Feito esse itinerário histórico sobre o pensamento jurídico, do jusnaturalismo até os dias atuais, passa-se à análise da teoria inglesa da *defeasibility of rules*, para então contextualizá-la diante dos paradigmas jusnaturalista, positivista e pós-positivista, aqui sucintamente referidos, e ato contínuo enfrentar os propósitos pensados para esta pesquisa.

3. A permeabilidade a considerações subjetivas: característica ínsita a toda decisão jurídica

Enxergar a possibilidade de uma decisão jurídica sem que tenha havido a interferência do intérprete é também enxergar no juiz a figura de um autômato, de um ser inanimado, sem valores e visões de mundo particulares. É, em outras palavras, planificar o ser humano, sem considerar a individualidade de cada um e

---

[188] Deixe-se assentado que Habermas situa seu projeto jusfilosófico em um quadro para além da dicotomia tradicional da filosofia do direito. A sua posição é no sentido que "a teoria do discurso navega entre os escolhos do direito natural e do positivismo do direito [...]". HABERMAS, Jürgen. Posfácio. In: *Direito e Democracia – Entre Facticidade e Validade*, vol. II. Rio de Janeiro: Tempo Brasileiro, 1997, p. 315.

[189] ROUANET, Paulo Sérgio. Ética Iluminista e Ética discursiva. In: *Habermas 60 anos*. Rio de Janeiro: Tempo Brasileiro, 1989, p. 31.

[190] Idem, p. 26-27.

a pluralidade de comportamentos num tempo de altas complexidades como o de hoje.

Uma sentença é produto da mente humana e o caldo cultural de quem a profere em alguma medida deixa sua marca. Essa é a premissa da qual se parte: não é possível falar em decisão judicial imune totalmente aos influxos pessoais do ser humano que participa de sua elaboração e construção.

Daí que o essencial não é saber se a teoria dos princípios oferece um método estritamente racional e sim se esse procedimento é menos racional que os demais.[191]

4. Os princípios e a discricionariedade judicial: o fechamento através dos sentidos incorporados à linguagem

Quando Dworkin elaborou o manancial teórico dos princípios e das regras, procurou atacar o positivismo jurídico, sendo de se destacar que entre os dogmas positivistas elencou justamente a idéia de discricionariedade.[192]

A discricionariedade, dentro da ótica de um positivista como Hart, seria a margem de liberdade que cabia ao intérprete da lei, quando a previsão do texto não alcance determinada hipótese. O aplicador passaria a gozar de uma carta em branco, com toda a multiplicidade de sentidos a seu talante, e nesse sentido a textura aberta de um princípio seria um chamado ao arbítrio.[193]

Embarcando-se, contudo, na corrente pós-positivista da aplicação do Direito, já não é aceitável a idéia de discricionariedade.[194] O que sucede é que os sentidos normativos são também construídos no ato da aplicação, mas o intérprete está fechado na intersubjetividade dos termos jurídicos e na historicidade que lhe é inerente. O intérprete não tem uma relação ilhada com o texto, sem que necessariamente interaja com a comunidade e a história desta, que os cercam e dele fazem parte.

Não se trata de defender, contudo, a idéia de que existe uma única resposta certa, nos moldes de Dworkin. Mas de entender que os conceitos jurídicos são igualmente históricos e intersubjetivos, e não pode o intérprete fugir da historicidade conceitual e da intersubjetividade do Direito. Há limites conceituais forjados pela História e pela convivência gregária do ser humano.

---

[191] Cf. PEREIRA, Jane Reis Gonçalves. *Interpretação Constitucional e Direitos Fundamentais*: uma contribuição ao estudo das restrições aos direitos fundamentais na perspectiva da teoria dos princípios. Rio de Janeiro: Renovar, 2006, p. 273.

[192] DWORKIN, Ronald. *Levando os Direitos a sério.* Trad. Nelson Boeira. São Paulo: Martins Fontes, 2002, p. 35-63.

[193] Idem, p. 55

[194] Cf. STRECK, Lenio Luiz. *Verdade e Consenso* – Constituição, Hermenêutica e Teorias Discursivas. Rio de Janeiro: Lumen Juris, 2006, p.137-147.

Logo, não pode o intérprete subjetivar a aplicação, conferindo-lhe o sentido a seu talante, como bem lhe aprouver, sem que com isso esteja malferindo os limites histórico-conceituais e intersubjetivos do texto *sub examen*.

O princípio não é, assim, uma porta aberta para a aplicação subjetiva do julgador. Se sua estrutura lógica difere da estrutura lógica de uma regra, e nesse sentido tem uma abertura textual maior do que os termos de uma regra, o que requer um procedimento de aplicação do direito peculiar, não equivale a afirmar que os princípios são de uma vagueza conceitual tal que seriam concretizados da forma que o intérprete, subjetivamente, bem o quisesse.

Lenio Streck é enfático nessa direção, quando assinala que "os princípios não 'abrem' o processo interpretativo em favor de arbitrariedades; ao contrário, a *applicatio*, a partir dos teoremas fundamentais da hermenêutica [...] proporciona um 'fechamento' da interpretação, isto é, *serve como blindagem contra a 'livre atribuição de sentidos'*".[195]

E complementa Streck que "princípios, ao superarem as regras, proporciona(ra)m a superação da subsunção. Princípios não "facilitam" atitudes decisionistas e/ou discricionárias".[196]

Bem por isso, Humberto Ávila considera a atividade do intérprete do Direito menos uma construção do que uma "reconstrução". Segundo Ávila, trabalhando com a linguagem de uma comunidade, o intérprete está subordinado a "significados intersubjetivados, que não precisam, a toda nova situação, ser fundamentados. Eles funcionam como condições dadas da comunicação".[197]

E cuida Ávila de exemplificar onde estariam os limites a que o aplicador deve necessariamente submeter-se:

> Por conseguinte, pode-se afirmar que o intérprete não só constrói, mas *reconstrói* sentido, tendo em vista a existência de significados incorporados ao uso lingüístico e construídos na comunidade do discurso. Expressões como "provisória" ou "ampla", ainda que possuam significações indeterminadas, possuem núcleos de sentidos que permitem, ao menos, indicar quais as situações em que certamente não se aplicam: *provisória* não será aquela medida que produz efeitos ininterruptos no tempo; *ampla* não será aquela defesa que não dispõe de todos os instrumentos indispensáveis à sua mínima realização. E assim por diante.[198]

A idéia de princípio, por essas razões, não é um convite ao arbítrio e já nasce com limites simplesmente porque manipula o julgador a linguagem, "à qual são incorporados *núcleos de sentidos,* que são, por assim dizer, constituídos pelo uso,

---

[195] STRECK, Lenio Luiz. *Verdade e Consenso* – Constituição, Hermenêutica e Teorias Discursivas. Rio de Janeiro: Lumen Juris, 2006, p. 212.

[196] Idem, p. 146.

[197] ÁVILA, Humberto. *Teoria dos Princípios*: da definição à aplicação dos princípios jurídicos, 4. ed. São Paulo: Malheiros, 2004, p. 24-26.

[198] Idem, p. 25.

e preexistem ao processo interpretativo individual",[199] sem contar com as demais formas de controle num Estado Democrático de Direito.

Além disso, dispõe a teoria dos princípios de uma estrutura de argumentação racional, como se expõe abaixo.

5. A racionalidade na teoria dos princípios: as estruturas da ponderação e a definição de critérios (*standards*) no procedimento operativo

Pela teoria dos princípios, a resolução do conflito entre determinadas normas passa pela operacionalização das estruturas da ponderação, com a aplicação do princípio da proporcionalidade, já tratado no capítulo anterior.

É pela escala triádica do princípio da proporcionalidade – idoneidade, necessidade e proporcionalidade em sentido estrito – que está plasmada a estrutura argumentativa racional na teoria dos princípios de Alexy,[200] já tendo se adotado a posição de que por meio do princípio da proporcionalidade é que devem ser sopesados e aplicados os princípios.

Uma vez seguido todo o *iter* operacional da proporcionalidade estará conferido caráter racional e transparente à decisão.

Evidentemente que é possível aprimorar o modelo e aumentar o quoeficiente de racionalidade na aplicação do direito pela teoria dos princípios. Nesse sentido, advoga Sarmento que:

> outros pontos voltados para o aperfeiçoamento da prática da filtragem constitucional no Brasil, visando a torná-la mais segura e menos dependente das cosmovisões e humores de cada aplicador do Direito poderiam ser listados: estruturação de *standards* abstratos para as ponderações de interesses, para balizar as ponderações feitas nos casos concretos (e.g., peso maior para a liberdade de expressão do que para o direito à honra e a reputação quando se tratar de autoridade pública), fortalecimento de uma cultura de respeito aos precedentes judiciais, mesmo quando desprovidos de força vinculante, etc. [...].[201]

No que se coaduna com essa pesquisa, quando do exame dos impactos do princípio da proteção ao trabalhador no Direito e no Processo do Trabalho defender-se-á um critério ancilar de racionalização da interpretação e aplicação do direito, o que trará uma contribuição para o estreitamento do canal de subjetivação no cotidiano juslaboral.

---

[199] ÁVILA, Humberto. *Teoria dos Princípios* – da definição à aplicação dos princípios jurídicos, 7. ed. São Paulo: Malheiros, 2007, p. 34.

[200] Cf. PEREIRA, Jane Reis Gonçalves. *Interpretação Constitucional e Direitos Fundamentais*: uma contribuição ao estudo das restrições aos direitos fundamentais na perspectiva da teoria dos princípios. Rio de Janeiro: Renovar, 2006, p. 279.

[201] SARMENTO, Daniel. Ubiqüidade Constitucional: Os Dois Lados da Moeda. In: *A Constitucionalização do Direito* – fundamentos teóricos e aplicações específicas, coord. SOUZA NETO, Cláudio Pereira de; SARMENTO, Daniel. Rio de Janeiro: Lumen Juris, 2007, p. 147.

6. A racionalidade possível e a relação de complementariedade com métodos alternativos

Um reparo cumpre observar desde logo. As estruturas de ponderação da teoria dos princípios têm uma relação de complementariedade com os métodos tradicionais, entre os quais a subsunção, conforme ficou acentuado antes. Logo, o que importa verificar é se esse acréscimo metodológico da teoria dos princípios tem alguma dose de racionalidade.

A comparação, assim, com a subsunção não tem o efeito de dizer que um deve ser rechaçado em benefício do outro.

Seria ademais infactível cotejar o procedimento de ponderação da teoria dos princípios com todos os métodos alternativos, por isso se elegeu o método tradicional e mais aplicado da subsunção para dizer da existência ou não de déficit de racionalidade na dogmática principiológica.

Ora, pela subsunção é bastante o julgador verificar se os fatos descritos no texto correspondem àqueles trazidos à colação. Se afirmativa a resposta, aplica-se a lei; se negativa, recusa-se a sua incidência. Ocorre que entre normas mais abertas, a estilo das previstas nos documentos constitucionais, afirmar a que comando normativo se inserem os fatos muitas vezes escamoteia um balanceamento anterior feito pelo julgador, e no qual ele escolheu um em detrimento do outro.

A grande virtude na teoria dos princípios é que, pela operacionalização das três fases da proporcionalidade, agrega-se transparência àquele mesmo processo de escolha da norma constitucional que deve prevalecer no caso. E, nas palavras de Alexy, "os argumentos são a expressão pública da reflexão".[202] É que serão expostas as razões mais relevantes que levaram à decisão, e na pior das hipóteses pelo menos há um caminho metodológico que induz o intérprete a expô-las, o que não ocorre na subsunção. Nesta basta que seja apontado o tipo normativo e segue-se o respectivo enquadramento fático, e se houver algum acréscimo na fundamentação, será mais por virtude pessoal do julgador do que pela consistência do método subsuntivo.

Por aí fica claro que é de todo recusável a acusação de falta de racionalidade da teoria dos princípios. O que emerge é o contrário: há um ganho de razão à medida que é acrescentada mais transparência ao processo hermenêutico, ao final enriquecido com a incorporação dos valores para dentro da argumentação exposta.

É verdade que se está referindo aqui à "racionalidade possível".[203] Não é possível, uma vez mais seja dito, um procedimento metodológico que seja em cada

---

[202] ALEXY, Robert. Direitos Fundamentais, Ponderação e Racionalidade. In: *Constitucionalismo Discursivo*. Trad. Luís Afonso Heck. Porto Alegre: Livraria do Advogado, 2007, p. 115.

[203] Sobre o fato de que no terreno da interpretação o que se deve atingir é a "racionalidade possível", segue-se Hesse ("HESSE, Konrad. La interpretación constitucional. In: HESSE, Konrad. *Escritos de Derecho Constitucional*. Seleção e trad. Pedro Cruz Villalon. 2. ed. Madrid: Centro de Estudios Constitucionales, 1992, p. 31-54) e, no Brasil, Steinmetz (STEINMETZ, Wilson Antônio. *Colisão de direitos fundamentais e princípio da proporcionalidade*. Porto Alegre: Livraria do Advogado, 2001, p. 215). Ambos advertem, contudo, na mesma esteira

milímetro controlável pela razão, pela simples constatação de que, em se tratando de produto humano, uma decisão judicial não passa ilesa pela participação construtiva do intérprete e julgador. O que não vai significar, por outro lado, que não é cabível a construção de um método com racionalidade, marcado pela coerência e pela consistência.

Não se pode, assim, dizer que a teoria dos princípios é irracional porque não leva a uma única decisão sempre que houver um conflito entre os mesmos princípios, o que é advertido pelo próprio Alexy, quando afirma que a objeção de irracionalidade "vale na medida em que se infira que a ponderação não é um procedimento que, em cada caso, conduza exatamente a um resultado. Porém não vale, na medida em que se conclua que a ponderação não é um procedimento racional ou é irracional".[204]

Nessa linha, Alexy recusa a objeção de Habermas de que a ponderação é sinônimo de "arbitrariedade". Para tanto cita decisões do Tribunal Constitucional Federal alemão em que a ponderação foi utilizada, e demonstra que houve uma exposição pública de argumentos em todos os casos e que ainda foi respeitado um "núcleo resistente" dos direitos fundamentais, o que afasta a idéia de julgamentos arbitrários.[205]

Resta adiante examinar a teoria inglesa que, na mesma linha da teoria dos princípios de Alexy, propõe a superação de uma regra legislativa pelo julgador. Será vista igualmente a sua racionalidade, o seu enquadramento jusfilosófico e finalmente se cabe invocá-la perante o ordenamento nacional, tudo sob análise comparativa com a teoria dos princípios.

7. Regras e Princípios como construção do intérprete: o enriquecimento do processo hermenêutico

É preciso assinalar que a qualificação de uma norma como sendo uma regra ou um princípio é empresa do intérprete.

Já se apontou, no capítulo anterior, da dificuldade em se enquadrar uma norma como regra ou princípio. Aqui se cuida de enfatizar, de modo claro, que esse labor é encargo do intérprete apenas. Essa asserção tem conseqüências bastante relevantes no campo da aplicação do direito.

Primeiro, porque aponta para o fato de que o intérprete já não está encapsulado dentro da visão positivista, que o via tão somente como "boca da lei" e, por-

---

do texto, que isso não autoriza que se negligencie quanto à importância de se reivindicar um método coerente, consciente e portanto com racionalidade.

[204] ALEXY, Robert. *Teoria de los Derechos Fundamentales,* trad. Ernesto Garzón Valdés. Madri: Centro de Estudios Constitucionales, 1993, p. 157.

[205] Cf. ALEXY, Robert. "Direitos Fundamentais, ponderação e racionalidade". In: *Constitucionalismo Discursivo,* trad. Luís Afonso Heck. Porto Alegre: Livraria do Advogado, 2007, p. 115-116.

tanto, sem participação ativa no processo de interpretação e aplicação do direito. Há, como ficou consignado antes, uma ruptura com o positivismo.

Dir-se-á que muito – e muito mesmo – contará nessa nova perspectiva hermenêutica a visão de mundo do intérprete. A começar se este tem como instrumento a decalagem conceitual entre regras e princípios, sob pena de indistintamente valer-se do mesmo método para qualquer espécie de norma, o que *verbi gratia* resultará na aniquilação do sopesamento para as normas-princípios.

Não pairam dúvidas de que o caldo cultural do intérprete tem papel determinante na aplicação, e isso não estaria afastado pelo método pós-positivista que envolve a diferenciação entre regras e princípios. Bem ao oposto.

Diferentemente do positivismo, em que a abertura da norma decorria apenas do elemento formal da proposição, recusando-se então qualquer participação de valores e em conseqüência de subjetivismo no ato da interpretação do direito.

Enfatizando o tratamento diverso da atual dogmática jurídica das regras e princípios com o método positivista, do qual Kelsen foi o maior expoente, chama Da Maia a atenção para o fato de que ao contrário de antes no atual contexto os valores ingressam no universo da hermenêutica:

> Muitos poderiam afirmar que tal pluralidade já foi contemplada por Kelsen, quando enfatizava a relativa indeterminação de sentido da interpretação jurídica, o que traria possibilidades de decisão que não foram trazidas pelas Escolas hermenêuticas do século XIX. Em Kelsen, porém, a vagueza e ambigüidade determinantes da relativa indeterminação de sentido são decorrentes das possibilidades abertas pela proposição. Ou seja, a indeterminação de sentido ocorre pela própria estruturação do conhecimento em linguagem, pela textura aberta da proposição, o que não acrescenta novos elementos à interpretação, mas apenas e tão somente aqueles oriundos da moldura kelseniana. Na dogmática jurídica ora proposta, não. A "moldura" de Kelsen seria apenas o elemento analítico-formal da multiplicidade. *Outros elementos são incorporados, como, por exemplo, os valores.* E tratar da teoria dos valores traz uma implicação na subjetividade, que, para os positivistas, seria danosa à dogmática".[206] (grifaram-se).

Logo, na dogmática da teoria dos princípios se reconhece como algo ínsito à interpretação a subjetividade dos valores. Se, como se disse, o caldo cultural do intérprete vai fazer parte do processo hermenêutico, fechar os olhos para outros elementos além do aspecto formal do texto seria trabalhar apenas com parte da realidade, ocultando fatores igualmente determinantes para o resultado da interpretação, o que implica repercussões bastante graves.

A teoria dos princípios, assim, cumpre o papel de trazer à tona no debate sobre a aplicação dos direitos fundamentais a carga de valores, desde sempre presente mas ocultada, no processo de edição de uma norma. Nessa medida, há um enriquecimento do processo hermenêutico, com a agregação de elementos até então fora de uma racionalidade discursiva na aplicação do Direito.

---

[206] MAIA, Alexandre da. Dogmática Jurídica e multiplicidade – uma análise da teoria da argumentação jurídica de Robert Alexy. In: *A Filosofia no Direito e a Filosofia do Direito*. Porto Alegre: Instituto de Hermenêutica Jurídica, 2007, 38.

8. Da teoria da superação ou "derrotabilidade" da regra (*defeasibility of rules*)

Conforme expresso no tópico 1, vai-se traçar o panorama geneológico e conceitual da teoria, avançando aqui e ali com exemplos colhidos da jurisprudência brasileira.

Muito embora não se possa estabelecer, com exatidão histórica, qual teria sido a verdadeira "origem" de qualquer teoria, é de todo coerente falar-se em "origens mediatas e imediatas", ou mesmo "remotas ou menos remotas".

Indo diretamente ao ponto, no plano mais antigo, está-se autorizado a dizer que a idéia de superação de regras remonta à teoria da equidade, cujo expoente maior seria Aristóteles, na "Ética a Nicômaco". Aristóteles fala expressamente do afastamento da regra diante do caso concreto em virtude da sua generalidade: a regra geral deve ser retificada quando deficiente em virtude da sua generalidade. Confira-se esta preciosa passagem da sua obra:

> Nos casos, portanto, em que é necessário falar de modo universal, mas não é possível fazê-lo corretamente, a lei leva em consideração o caso mais freqüente, embora não ignore a possibilidade de erro em conseqüência dessa circunstância. E nem por isso esse procedimento deixa de ser correto, pois o erro não está na lei nem no legislador, e sim na natureza do caso particular, já que os assuntos práticos são, por natureza, dessa espécie. Por conseguinte, quando a lei estabelece uma lei geral e surge um caso que não é abarcado por essa regra, então é correto (visto que o legislador falhou e errou por excesso de simplicidade), corrigir a omissão, dizendo o que o próprio legislador teria dito se estivesse presente, e que teria incluído na lei se tivesse previsto o caso em pauta.[207]

Não se pode olvidar que a influência da Aristóteles repercutiu em Cícero, a partir do qual se desenvolveu *equitas* para superar a rigidez da lei romana.

Evidentemente, pode-se retornar ainda mais um pouco e ler "O Político", de Platão, onde ele fala do abandono ou não das regras.

Retroagindo ainda mais, pode-se rever a história do rei Salomão e sua solução "salomônica", em que foram utilizados mecanismos outros que não a regra para distribuir justiça.

Modernamente, afora a teoria inglesa da *equity*, ou mesmo a corrente européia do renascimento e seus filósofos mais brilhantes, pode-se afirmar que o primeiro a falar mais diretamente sobre o tema foi o jusfilósofo Herbert Hart, em 1948, quando cunhou o termo *to defeat*, do qual os juristas modernos desenvolveram a expressão *defeasibility*.[208] Daí por diante é que se começou a falar de superação de conceitos e de regras de modo mais condizente com a modernidade. É preciso dizer que a doutrina como um todo ainda não atentou para essa teoria, sobretudo a brasileira, que ainda vive a "era dos princípios". Tanto que se aceita,

---
[207] ARISTÓTELES. *Ética a Nicômaco*, trad. Pietro Nassetti. São Paulo: Editora Martin Claret, 2005, p. 125.
[208] Cf PRAKKEN, Henry; SARTOR, Giovanni. *The three faces of defeasibility in the law*, p. 4. Disponível em http://www.papers.ssrn.com, às 10 de setembro de 2005, às 8:20 h.

sem maiores questionamentos, a teoria da definitividade das regras de Robert Alexy e a teoria do modo "tudo ou nada", de Ronald Dworkin.

Há que se reconhecer que o sistema da *commom law*, por meio da *equity*, concebida originariamente a partir do século XII, teve o propósito também de superar regras em prol da justiça do caso concreto. É certo que desde a sua origem até hoje passou a *equity* por várias distorções. Mas o fato é que o Chacellor tinha a função de *give a refief in hard cases*, complementando a lei quando ela fosse incompleta ou insuficiente, *to temper and mitigate the rigor of the law* como disse St. German.

Deve-se dizer, nada obstante, que há hoje muitos estudos em torno da superação das regras no direito comparado, especialmente nos estudos em torno da superação das regras no Direito Comparado, especialmente nos Estados Unidos da América e na Inglaterra. No Brasil, o precursor é Humberto Bergmam Ávila, que a ela se refere em duas de suas obras a "Teoria dos Princípios"[209] e "Sistema Constitucional Tributário".[210]

Em linhas gerais, pode-se dizer que essa teoria se baseia na convicção de que existem "exceções implícitas" que justificam a superação da regra. Isto é: para além das possíveis exceções previstas no texto legal, também existem exceções que não podiam ser antecipadas todas pelo legislador. Essa conclusão, transportada para o direito, decorreu de estudos realizados na pesquisa da "Inteligência Artificial", donde se inferiu que em, um texto legal, "também existem exceções que não podiam ser antecipadas todas pelo legislador".[211]

Fique bem esclarecido que a teoria lida com casos que, diante de um exame apenas do texto legal, se enquadram perfeitamente na hipótese prevista pelo legislador. A teoria só se aplica quando justamente se percebe que a espécie normativa foi concretizada no plano dos fatos. Aí é onde entra a teoria para dizer que não será caso de aplicar a regra, porque existe uma exceção implícita à sua configuração.

A questão passa a ser problemática quando se investiga a formatação de tais "exceções implícitas".

Na doutrina inglesa, percebe-se que essas exceções têm sobretudo o móvel de equidade. A justiça do caso concreto teria assim o peso de superar uma regra

---

[209] ÁVILA, Humberto. *Teoria dos princípios*: da definição à aplicação dos princípios jurídicos. São Paulo: Malheiros Editores Ltda, 2004, p. 37 e ss.

[210] ÁVILA, Humberto. *Sistema Constitucional Tributário*. São Paulo: Saraiva, 2004, p. 1881-119.

[211] Um dos exemplos mais recorrentes da doutrina quanto ao aspecto mencionado no texto é de conhecido Tweety's case "given the information that Tweety is a bird, and the common sense generalisation that birds can fly, the reasoner should jump to the conclusion that Tweety can fly. However, this conclusion (which is derived only from the fact that Tweety is a bird) should be abandoned if it comes out that Tweety is a penguin, that he has a broken wing, that he is sick, etc. This example well exemplifies the so called qualification problem: an agent cannot be expected to make an action or form a belief only after having checked all possible conditions required for ensuring the successful performance of the action or the truth of the belief". PRAKKEN, Henry; SARTOR, Giovanni. *The three faces of defeasibility in the law*, p. 3. Disponível em http://www.papers.ssrn.com, às 10 de setembro de 2005, às 8:20h.

legislativa. Pode parecer absurdamente subjetiva essa posição, ou discricionariamente abusiva, mas se deve levar em consideração o contexto histórico e sociopolitico da aplicação do direito na Inglaterra, onde já há uma sedimentação consuetudinária e a precedentes dos Pretórios ingleses, já decantados pelo tempo.

No direito brasileiro, essa teoria tem recebido a alcunha de "derrotabilidade" das jurídicas, com estudos voltados sobretudo para a seara do direito penal. Diferentemente do direito inglês, o que se tem defendido aqui é a superação da regra a partir de uma interpretação histórica. Isto é: as tais condições implícitas só se justificariam se, ao tempo da lei, não tivesse sido possível ao legislador prever a exceção. Sobre o tema, vale a pena transcrever o comentário de Juliano Taveira Bernardes, quando enfrenta a questão do aborto de feto anencefálico, à luz da teoria da derrotabilidade:

> para saber quando incide determinada exceção implícita apta a derrotar a previsão normativa inicial, é primeiramente preciso examinar se a situação foi ou não considerada. Tratando-se de situações previsíveis à época da formulação normativa, esse exame é mais complexo, pois depende da análise histórica das propostas e das intenções que determinaram a própria criação da norma. No caso em questão, porem, cuida-se indiscutivelmente de informação "nova". Isso porque, ao tempo da formulação da norma (início da década de 40), o legislador não tinha como antever que exames médicos, num futuro não muito distante, poderiam diagnosticar a anencefalia do feto ainda no útero da mãe.[212]

Acrescenta Bernardes que a constatação de que o legislador não tinha como prever a exceção não é suficiente para a superação da regra:

> É preciso, ademais, interpretar o sistema jurídico para saber se a nova circunstância é uma situação "anormal" que justifique enquadrá-la num regime de exceções, ou seja, se o legislador teria ou não excepcionado a regra incriminadora, caso tivesse considerado essa nova informação. Concluindo-se que sim, seria inteiramente legítima a decisão judicial que desqualificasse o caráter criminoso da interrupção de gravidez do feto anencefálico, pois o órgão julgador não estaria a criar direito novo, senão a "reconhecer" que essa situação configuraria exceção implicitamente prevista no próprio sistema jurídico.[213]

8.1. Análise crítica e contextualizada com a realidade brasileira da teoria da "derrotabilidade"

Levando em consideração as correntes de pensamento expostas no tópico 2, que se elegeu como as mais representativas na história do pensamento jurídico, e fazendo a necessária contextualização da teoria da *defeasibility* com a realidade brasileira, passa-se a uma análise crítica do tema.

---

[212] BERNARDES, Juliano Taveira. Aborto de feto anencefálico e "derrotabilidade". In: *Diário do Poder Judiciário*, 22 de março de 2005, p. 3.
[213] Idem, Ibidem.

Não é uma construção jusnaturalista, porque não se recorre a uma metafísica legitimadora. Sendo o principal traço do jusnaturalismo a imutabilidade de princípios jurídicos naturais, que desafiam o tempo e o lugar, está claro que a teoria não condiz minimante com tal postura. Muito pelo contrário, há uma idéia de mutação bem evidenciada, em que se faz uma espécie de ajuste histórico e eqüitativo no regramento.

A utilização de um raciocínio lógico, não seguido por uma ética, indicaria no primeiro momento que é uma vertente positivista. Mas a lógica da *defeasibility*, diferentemente da lógica positivista, não aprisiona o interprete à regra. É uma teoria de superação da regra, como se já disse. É uma teoria de superação do silogismo banal e rusticamente positivista ideológico.

Pode-se, assim, avançar para dizer que não se cuida propriamente de uma vertente positivista, não obstante utilize o raciocínio lógico como instrumento. Mas uma lógica baseada, sobretudo, nas limitações lingüísticas de todo e qualquer regramento jurídico.

Trata-se em verdade de uma construção pós-positivista, dentro da concepção aqui defendida, entrelaçamento do direito com setores da moral, da política, como sustenta Casalmiglia. Está centrada numa idéia de se ir além da epiderme do texto. Há uma pronunciada noção de abertura textual, onde o intérprete cuida de reconhecer a porosidade da regra, inclusive para enxergar que no seu próprio bojo conceitual está expressa a idéia de exceção.

É preciso, contudo, reconhecer que a teoria ainda padece de maior amadurecimento, sobretudo quando se pensa em adequá-la à realidade brasileira. Os estudos são embrionários nesse sentido.

O Brasil, diferentemente de um país central e milenar como a Grã-Bretanha, não tem uma estabilidade política que suporte um tal distanciamento da regra sem que se resvale para o subjetivismo abusivo. Está claro que na terra onde as declarações de direito foram feitas existe uma práxis judiciária na qual superar uma regra do parlamento vai significar quase que um controle consuetudinário e jurisprudencial, para fazer prevalecer entendimentos por todos ou pela maioria já aprovados. No Brasil, superar uma regra pode significar apenas uma abertura de porta ao arbítrio do juiz.

Adeodato faz um exame de alguns casos julgados pelo Supremo Tribunal Brasileiro em que demonstra o distanciamento total, e não apenas aparente, do texto legislativo na fundamentação das decisões. A demonstração é cabal quanto à existência de um procedimento comum de superação de regras com supedâneos em visões subjetivas sobre a justiça do caso.[214]

Logo, se de um lado a teoria da *defeasibility* representa uma reabilitação da lógica – tão criticada no seu uso monológico pelo positivismo ideológico – que

---

[214] Cf. ADEODATO, João Maurício. *Ética e Retórica* – para uma teoria da dogmática jurídica. São Paulo: Saraiva, 2002, p. 228-257.

toma outra dimensão, menos epidérmica e mais elaborada, para dizer que é lógico verificar que todo texto regratório contempla exceções implícitas. E esse lado é muito bem vindo, numa quadra em que a preocupação com os procedimentos argumentativos está na agenda do dia. Doutra vertente, é temerário uma construção meramente analítica ser utilizada em terreno eminentemente normativo como é o campo do direito.

Não se pode olvidar que a teoria em exame foi construída a partir de estudos realizados no projeto de Inteligência Artificial, que despertou e tem despertado, sobretudo nos Estados Unidos e na Europa, com ênfase na Inglaterra e na Itália, a atenção de pesquisadores da seara jurídica.

Quer-se afirmar que essa teoria não encerra ética alguma. É uma teoria, como se disse, meramente analítica, muito embora possa chegar a resultados normativos. É que, com a superação de uma regra ou derrota de uma regra, como parte da doutrina penal brasileira a tem nomeado, acaba-se por sustentar que no caso *não cabe tal qual entendimento*.

Reitere-se que o que preenche o vazio conteudístico da teoria, no direito inglês, é a fonte da equidade. A teoria, no fundo, encerra apenas e apenas uma verdade lingüística e gnoseológica: toda regra jurídica comporta exceções implícitas. Os parâmetros, no entanto, para se estabelecer *qual seja a exceção* é questão por demais controversa quando se supõe uma realidade tão díspar da inglesa, como o é a brasileira.

A problemática adquire contornos mais graves justamente quando, para além de advogar uma proposição normativa negativa – *não é de se aplicar regra para este caso em concreto* –, passa-se a elaborar uma preposição normativa positiva: *a regra para este caso deve ser tal*.

É de se observar que na teoria não se faz menção a qualquer recurso a princípios constitucionais. Depois da derrota da regra cai o intérprete no vazio argumentativo, sobretudo o intérprete brasileiro, que não pode prescindir do chão hermenêutico da constituição.

Há uma máxima do direito constitucional fincada nos seguintes termos e que vem bem a calhar no caso: quanto maior a instabilidade histórico-política da sociedade maior o peso de uma carta constitucional. Na Inglaterra, país de origem da teoria, sequer existe uma constituição escrita, do que se denota uma estabilidade política completamente discrepante da realidade brasileira. Nestas plagas a instabilidade é a nota, e não há como se relegar a um segundo plano, a teoria da *defeasibility* não a coloca em plano algum, o farol hermenêutico e as balizas do texto constitucional brasileiro.

8.2. Da aplicação da teoria no campo trabalhista

A dogmática trabalhista tem uma especificidade pronunciada: a proteção do trabalhador, hipossuficiente na relação de emprego.

Por isso mesmo, as regras da consolidação das leis trabalhistas encerram quase sempre comandos de proteção do emprego.[215] Bem diferente da seara penal, onde o caráter punitivo é que qualifica o texto legal. Portanto, superar uma regra no terreno trabalhista vai significar superar determinado grau de proteção para o empregado. A questão que se coloca é se, com supedâneo na teoria *defeasibility of rules,* é cabível superar-se uma regra, por insuficiência de proteção, com vista a melhor e com mais intensidade tutelar o trabalhador.

À primeira vista, a resposta poderia ser negativa. Bem se destacou que a teoria em tela, em termos de normatividade do direito, poderia no máximo trazer o que se chamou de normatividade negativa: dizer que uma regra não é aplicável. Mas daí a avançar e afirmar que o intérprete pode mensurar o nível de proteção de uma regra é algo no mínimo questionável.

Fique-se com o exemplo do adicional de insalubridade para o trabalhador. O artigo 195, da Consolidação das Leis Trabalhistas, prevê adicionais de 10, 20 ou 40% para o empregado que trabalha em condições insalubres, nos graus mínimo, médio e máximo respectivamente. Considerando-se que, num caso hipotético, um empregado pleiteie a eliminação da insalubridade do meio, e não o pagamento de adicional, argumentando que já existe tecnologia no mercado capaz de extirpar os agentes insalubres do estabelecimento laboral, poderia o intérprete determinar que o empregador, desde que tenha condições econômicas para tanto, em vez de pagar o adicional, eliminasse a insalubridade do meio ambiente de trabalho, com recurso à nova tecnologia disponível, valendo-se da superação da regra?

Primeiro requisito para se aplicar a teoria está presente. É dizer: a exceção pleiteada não está prevista na regra. A seguir estritamente a regra, o empregador está desonerado da obrigação de implantar a nova tecnologia, bastando-lhe o pagamento ao empregado do adicional de insalubridade, indefinidamente.

É de se atentar que a exceção pleiteada, e como visto não existente explicitamente na regra – que seria vazada em termos equivalentes a "exceto na hipótese a insalubridade puder ser removida pelo empregador" –, não poderia ser formatada por procedimento eqüitativo. A equidade não seria aplicável porque, no direito brasileiro, o seu lugar é apenas como modo de colmatação de lacunas legislativas, o que não é o caso.

---

[215] É certo que existe um campo da CLT de cunho eminente punitivo. São os artigos que tratam da justa causa para o rompimento do contrato de trabalho. Não há dúvidas de que tais dispositivos têm uma feição penal, sendo até comum na prática o uso de teorias penais no tratamento dos casos concretos. Por se assemelhar com o campo penal, a teoria da derrotabilidade teria aplicação na seara trabalhista pelo menos nesse aspecto. Afastaria tipos repressores da conduta do empregado, a partir de exceções não explicitadas no texto legal. Exemplo emblemático disso se encontra na hipótese de justa causa por embriaguez habitual ou em serviço, tipificada no artigo 482, alínea *f,* da CLT. A jurisprudência é assente no sentido de que, sendo a embriaguez patológica – um empregado alcoólatra – não se configura a justa causa. É de se atentar para o fato de que essa exceção, construída jurisprudencialmente, não está explicitada no texto legal. Defende-se ainda outra exceção igualmente não explicitada, que seria quando o empregado lidasse com bebidas em serviço, como é o caso do provador de vinhos ou aguardentes, entendendo-se que "deveria haver uma certa leniência em punir o empregado que se excedesse na ingestão, ocasionalmente". Cf. GIGLIO, Wagner D. *Justa causa,* 6. ed. São Paulo: Saraiva, 1996, p. 177.

Pode-se supor, em sintonia com o ordenamento jurídico brasileiro, um caminho para formatação de tal exceção: a partir de uma construção baseada na utilização do princípio constitucional de proteção à saúde do trabalhador. O recurso à constituição parece ser uma via possível.

O exemplo, pois, só confirma a ilação do tópico anterior de que no direito brasileiro não se pode prescindir do texto constitucional. Fazer como se faz na Inglaterra, utilizando-se da teoria da *defeasibility*, com o auxílio tão somente de uma idéia de eqüidade, não é definitivamente cabível.

No atual estágio de elaboração da teoria da derrotabilidade não há uma sustentação teórica sedimentada que autorize o seu uso na prática brasileira. Bem ao contrário da teoria dos princípios, decantada em termos teóricos, e bem estruturada no princípio da proporcionalidade em termos operacionais, a qual, por essas razões, já dispõe de uma prática disseminada neste país[216] e que evidentemente será acrisolada com o tempo.

9. Considerações finais ao capítulo

Depois de passar pela impossibilidade gnoseológica do jusnaturalismo, que não conferia ao homem o papel de sujeito do seu próprio direito, o juspositivismo vem para gerar possibilidades com regras ditadas pelo ser humano, e não mais por recursos metafísicos. Mas as duas vertentes mais representativas do positivismo não resolvem o problema da aplicação do direito: tanto a corrente cética quanto a ideológica claudicaram por navegar em extremos. A cética, por negar racionalidade ao juízo prático; a ideológica, pelo inverso de enxergar um raciocínio exato e matemático, transformando o aplicador num autômato judiciário.

É nesta quadra que a filosofia do direito tem se dirigido para o pós-positivismo. Não há postura de negação em bloco dos preceitos positivistas, mas já não se recorre ao maniqueísmo de outrora. Defende-se uma racionalidade do juízo prático, superando o ceticismo, mas não se incorrendo na perspectiva empobrecida e demasiado simplista do silogismo da Escola de Exegese. É nessa nova vertente que se enquadram a teoria dos princípios e a teoria da *defeasibility of rules*.

É inegável que a incorporação de uma doutrina estrangeira deve passar pelo necessário filtro de compatibilidade com o ordenamento jurídico pátrio. Mais do que isso: deve passar por uma contextualização histórica e sociopolítica com a realidade vivida pelo povo brasileiro.

---

[216] Tão disseminado o uso da teoria dos princípios para as questões constitucionais neste país que Sarmento chega a afirmar que, no Brasil, a Constituição é ubíqua – está em todo lugar ao mesmo tempo. Cf. SARMENTO, Daniel. Ubiqüidade Constitucional: os dois lados da moeda. In: *A Constitucionalização do Direito* – Fundamentos Teóricos e Aplicações Específicas. Coord. SARMENTO, Daniel; SOUZA NETO, Cláudio Pereira de. Rio de Janeiro: Lumen Juris, 2007, p. 113-148.

Já não é possível deixar-se levar o operador de direito por um *deslumbramento metodológico*.[217] A acriticidade é um dos piores males e uma das principais causas de logros no dia-a-dia do direito.

Sobre a teoria dos princípios, desde o capítulo segundo ficou assentada a sua compatibilidade com o ordenamento nacional e a cultura jurídica brasileira, e a análise comparativa com a teoria inglesa reforçou essa posição. Aqui também se firmou que essa teoria encerra uma estrutura de argumentação racional, a qual tem o seu centro na escala triádica do princípio da proporcionalidade – a idoneidade, a necessidade e a proporcionalidade em sentido estrito. Assentou-se mais que a idéia de princípio, porque deve ser manejada com a linguagem, a qual já tem incorporados núcleos de sentidos que servem de limites ao intérprete, não apresenta necessariamente uma abertura que leva ao arbítrio.

Acertada assim a advertência de Streck de que a chamada "'era dos princípios' não é – de modo algum – um *plus* axiológico-interpretativo que veio transformar o juiz (ou qualquer intérprete) em superjuiz, que vai descobrir os 'valores ocultos' no texto, agora 'auxiliado/liberado' pelos princípios".[218]

Já na teoria inglesa da derrotabilidade das regras, no seu atual estágio de elaboração (da teoria da derrotabilidade), não há uma sustentação teórica sedimentada que autorize o seu uso na prática brasileira, antes se constatando uma marcante escassez de critérios objetivos e operacionais. Bem ao contrário da teoria dos princípios, decantada em termos teóricos, e bem estruturada no princípio da proporcionalidade em termos operativos, a qual, por essas razões, já dispõe de uma prática disseminada neste país e que evidentemente será acrisolada com o tempo.

E de um prisma crítico é que se chega a uma conclusão temperada sobre a teoria em exame. Não se cuida de demonizá-la nem tampouco de elevá-la à condição cômoda e mágica de nova panacéia metodológica a que todo jurista poderia recorrer para livrar-se do aprisionamento regratório. Há que reconhecer na teoria um avanço na desmitificação da regra como se tudo ali estivesse posto para resolver os casos. Há que reconhecer ainda que o instrumento analítico da lógica, utilizado pelos teóricos, é redimensionado nesse contexto, demonstrando-se que não existe apenas aquela lógica monológica do positivismo ideológico, mas que há uma lógica mais elaborada e menos epidérmica, de inegável utilidade também na seara do direito.

No entanto, não se harmoniza com a dogmática jurídica brasileira, e em especial em consonância com os princípios constitucionais brasileiros, do que resulta inviável o manejo da teoria para efeito de formatações de exceções protetivas na seara do direito, como é o caso do direito do trabalho.

---

[217] A expressão foi cunhada por Virgilio Afonso da Silva. SILVA, Virgilio Afonso da. Interpretação Constitucional e Sincretismo Metodológico. In: SILVA, Virgilio Afonso da (org). *Interpretação constitucional*. São Paulo: Malheiros, 2005, p. 141.

[218] STRECK, Lenio Luiz. *Verdade e Consenso* – Constituição, Hermenêutica e Teorias Discursivas. Rio de Janeiro: Lumen Juris, 2006, p. 145.

Reafirma-se, assim, por essa análise comparativa, que a teoria dos princípios atende à exigência da "racionalidade possível" e guarda estreita sintonia com a cultura e ordenamento jurídico brasileiros.

Coerente com o conceito de racionalidade possível, ingressa-se no capítulo seguinte no fenômeno das "pré-compreensões" no processo hermenêutico judicial, seção em que ficará ainda mais nítido o caráter compromissório desta investigação, na qual a jurisdição ocupa um lugar importante dentro de uma tomada de posição maior em favor da dignificação do trabalho.

CAPÍTULO V

Pela defesa de pré-compreensões legítimas: um diálogo com a construção teórica de Gadamer na tarefa de proteger o trabalhador no processo hermenêutico judicial

1. Considerações iniciais

Tendo-se apontado a amplitude da dimensão hermenêutica quanto à configuração dos direitos fundamentais, e especialmente quanto à proteção ao agente do trabalho sob o regime privado para efeito desta pesquisa, pretende-se neste capítulo ingressar um pouco mais a fundo no processo de interpretação e aplicação do direito, para investigar as condições da compreensão.

A premissa teórica será buscada em Gadamer, no seu seminal *Verdade e Método*. É ali que o autor construiu a idéia de círculo hermenêutico e expôs uma idéia de interpretação que não se contenta com o mundo mais aparente da compreensão, e antes traz para a superfície todas as pré-visões do hermeneuta dentro do processo. Já se infere por aí quão importante é adentrar nesse mundo – quase sempre oculto – das pré-compreensões, sob pena até de não se alcançar por inteiro a complexidade do fenômeno de construção de sentidos de um texto jurídico.

Num primeiro momento, será justamente apresentado, em linhas gerais, o pensamento gadameriano sobre as pré-compreensões e o arranjo teórico do círculo hermenêutico. Não se pode olvidar que, mesmo tendo esta parte da pesquisa papel relevante na construção do presente estudo, obviamente estaria fora dos limites traçados desde o início dos trabalhos uma pesquisa mais aprofundada e sistematizada sobre o tema. O que se fará é, como dito, uma apresentação de uma teoria, que se reputa imprescindível para uma investigação que lida com interpretação textual e para não incorrer no pecado maior de omiti-la. Todavia, não serão traídos os cortes metodológico e gnoseológico já gizados.

No segundo momento, de posse das noções teóricas de Gadamer, serão defendidas pré-compreensões ligadas direta e indiretamente à proteção do empregado. De um lado, o que se deve legitimamente reter como condicionante de compreensão da Carta da República brasileira de 1988, notadamente na parte que trata dos trabalhadores, quando se sabe que a proteção da pessoa-que-trabalha tem no documento constitucional sua maior fonte dogmática. De outro lado, serão expostos pontos de vista que se entendem legítimos para o próprio Direito do trabalho, que serão defendidos também como relevantes no processo hermenêutico de incremento da proteção do empregado.

2. O preconceito como condição de compreensão

É fato que não existe interpretação asséptica.

Todo e qualquer ato de compreender humano sempre é resultante de um sem número de preconceitos do intérprete, que são conceitos previamente concebidos sobre o objeto a ser compreendido, no sentido de visões anteriores, predefinidas a respeito do tema.

O sentido da política, da sociedade, do jurídico, do global e do local, do ético, da religião, do modo de produção econômico, da matéria enfim de quem interpreta forma uma espécie de caldo cultural que termina por desembocar, uma vez mais, em toda e qualquer *interpretatio*.

A propósito da existência dos preconceitos no ato de interpretar, H. G. Gadamer adverte que "é só o reconhecimento do caráter essencialmente preconceituoso de toda compreensão que pode levar o problema hermenêutico à sua real agudeza".[219] Enfrentar, assim, o tema da pré-compreensão é etapa que se impõe no processo de aplicação do Direito.

O mito positivista do juiz neutro não resiste a um mínino de aprofundamento investigativo, sendo de se destacar que se trata mesmo de um argumento até ingênuo, de quem desconhece a natureza humana e de quem enxerga na interpretação um ato apenas linear. Muito ao contrário, a captação de sentido de um texto é ato de complexidades e, por isso mesmo, envolve a um só tempo a pré-compreensão e a compreensão.

E é a isso que se refere Hans-Georg Gadamer quando desenvolve a metáfora lógica do círculo hermenêutico de Heidegger.

O movimento circular do intérprete repousa no constante ir e vir da pré-compreensão para a compreensão, do que emanará o sentido do texto jurídico. Esse círculo hermenêutico se traduz em autêntica condição de possibilidade do ato de interpretar.

São nessa direção as palavras de Fabrício Carlos Zanin:

> O círculo hermenêutico, que também caracteriza a compreensão, significa o constante mover-se do já compreendido ao compreendido; da pré-compreensão à compreensão. Interpretar significa entrar constantemente nesse círculo e encará-lo não como um limite negativo ao conhecimento, mas como sua condição. O círculo hermenêutico é uma das muitas "provocações" da hermenêutica ao conhecimento científico tradicional, o qual não aceita essa circularidade simplesmente para evitar problemas lógicos.[220]

---

[219] GADAMER, Hans-Georg. *Verdade e Método I*: Traços fundamentais de uma hermenêutica filosófica, 6. ed. Trad. Flávio Paulo Meurer. Petrópolis, RJ: Vozes, 2004, p. 360.

[220] ZANIN, Fabrício Carlos. Disponível em www.ihj.org.br. Acesso em 02/11/2007, às 10 h.

O círculo hermenêutico fica ainda mais claro quando consideramos que somente dentro de uma totalidade de sentido previamente projetada algo singular aparece como algo. A interpretação como resultado da compreensão circular pressupõe, como condição de possibilidade, o círculo hermenêutico.

Em sintonia com a idéia de círculo hermenêutico, e portanto dentro do movimento de interpretação e aplicação desde as pré-compreensões até as compreensões, se é certo afirmar que o exame do texto é essencial, não menos exato é referir que a apreciação das posições prévias, dos preconceitos, das concepções anteriores se traduz em tarefa incontornável para alcançar uma hermenêutica emancipatória. Só e somente as pré-compreensões legítimas é que devem mover o intérprete.

E se credita a Heidegger a reflexão de que o círculo hermenêutico entre a pré-compreensão e a compreensão tem um sentido ontológico positivo, sendo a principal missão do intérprete não permitir que a posição prévia lhe seja imposta por intuições ou noções populares.[221]

É preciso escapar da armadilha das opiniões prévias inadequadas, joeirando o que seja legítimo do que não o seja, e para isso o debate quanto mais público e intenso possível sobre o tema acaba por se constituir num instrumento decisivo.

Nas palavras de Gadamer:

> A compreensão só alcança sua verdadeira possibilidade quando as opiniões prévias com as quais inicia não forem arbitrárias. Por isso, faz sentido que o intérprete não se dirija diretamente aos textos a partir da opinião prévia que lhe é própria, mas examine expressamente essas opiniões quanto à sua legitimação, ou seja, quanto à sua origem e validez.[222]

Daí entender-se como imprescindível para o alcance de uma hermenêutica emancipatória a defesa de pré-compreensões que não sejam arbitrárias, mas antes tragam uma carga de legitimidade para com a parte do Direito que esteja sendo objeto de interpretação e aplicação. E é o que se fará quanto às pré-compreensões da constituição e do direito do trabalho.

Não se trata, como se verá, de um exame (purista) da dogmática constitucional e trabalhista, para o que já foram reservados capítulos específicos, mas pré-compreensões que dizem com as fontes materiais da Carta Política de 1988 e da legislação trabalhista, especialmente a partir da década de 1930, para dizer o que simbolizam e como devem ser legitimamente levadas em conta pelo julgador. Evidente que estaria fora das lindes desta pesquisa um estudo mais aprofundado sobre esses temas, mas parece de todo oportuno e, mais do que isso, revela-se aqui uma atitude compromissória da própria pesquisa avançar o olhar também para aqueles campos, ainda que, e como não poderia deixar de ser, de forma abreviada.

---

[221] Cf. GADAMER, Hans-Georg. *Verdade e Método I*: Traços fundamentais de uma hermenêutica filosófica, 6. ed. Trad. Flávio Paulo Meurer. Petrópolis, RJ: Vozes, 2004, p. 355.
[222] Idem, p. 356.

3. Pré-compreensões legítimas no campo da Constituição e do tratamento ao trabalhador dispensado em seu texto

A história constitucional brasileira é tomada em sua maior parte por documentos constitucionais sem legitimidade popular.

Basta considerar o fato de que o Brasil, desde que se libertou do jugo de Portugal e se declarou um império, passou todo o período monárquico (sessenta e sete anos) com apenas uma constituição, de 1824, a qual foi outorgada pelo Imperador D. Pedro I, sem, portanto, a intermediação popular.

No período de constitucionalismo republicano, que se inicia com a carta de 1891, até os dias de hoje, algumas constituições também não emanaram de uma representação popular. Pode-se afirmar que a carta de 1937, resultante do golpe de estado do mesmo ano, e a constituição de 1967, em meio à vigência dos chamados "atos institucionais", ambas outorgadas, são provas cabais do déficit democrático na trajetória constitucional brasileira.

Por esse breve inventário fica claro que o constitucionalismo tem uma histórica de pouca legitimidade democrática no Brasil e daí se explica em parte "a crise constitucional brasileira, isto é, a pouca importância dada ao direito constitucional e ao próprio texto constitucional, mormente se levarmos em conta o novo modelo de Estado Democrático de Direito estabelecido pela Constituição de 1988, que seguiu os modelos de Constituições dirigentes e compromissórias do segundo pós-guerra".[223]

Não é a toa que Nelson Saldanha afirma: "verdade seja que a todos os estudiosos parece melancólico reconhecer que, na experiência nacional, as fases de autoritarismo e de predomínio do poder pessoal têm sido mais duradouras (ou mais marcantes) do que as de normalidade constitucional".[224]

O fato é que o documento de 1988 não apenas foi conseqüência de mais discussões e debates do que qualquer outro, como o país que o promulgou já não era aquele território eminentemente agrícola das outras cartas, em que o fosso entre a representação popular e o povo era insuperável. Não que o abismo tenha sido extirpado, mas é lícito afirmar que foi percorrido um longo caminho de aproximação.

Sobre a importância de uma pré-compreensão autêntica ou legítima da Constituição, e em sintonia com a teoria gadameriana, Streck adverte que:

> uma *baixa compreensão* acerca do sentido da Constituição – naquilo que ela significa no âmbito do Estado Democrático de Direito – inexoravelmente acarretará uma *baixa aplicação*, problemática que não é difícil de constatar nas salas de aula de expressiva maioria dos

---

[223] STRECK, Lenio Luiz. A Jurisdição Constitucional e as Possibilidades Hermenêuticas de Efetivação da Constituição: Breve Balanço Crítico nos quinze anos da Constituição Brasileira. In: *Direitos Humanos e Globalização*: fundamentos e possibilidades desde a Teoria Crítica, (org.) David Sánchez Rúbio, Joaquín Herrera Flores; Salo de Carvalho. Rio de Janeiro: Lumen Juris, 2004, p. 348.

[224] SALDANHA, Nelson. *Formação da Teoria Constitucional*, 2. ed. Rio de Janeiro: Renovar, 2000, p. 227.

cursos jurídicos do país e na quotidianidade das práticas dos operadores do Direito. Por isso, *pré-juízos inautênticos* (no sentido de que fala Gadamer) *acarretam sérios prejuízos ao jurista!*[225]

Como marco democrático, então, é que se deve reter de modo primeiro a pré-compreensão constitucional brasileira. Mas se tem a inequívoca característica democrática, também ostenta o moto social.

O amplo catálogo de direitos sociais e econômicos (artigos 6º e 7º) assegura-lhe largamente a categorização social e intervencionista. Sendo de todo propositado ter o constituinte estabelecido, logo como primeiro objetivo da República (CF, art. 3º, I), "construir uma sociedade livre, justa e solidária".[226]

Através de análise comparativa com a Constituição alemã, precisa a colocação de Virgílio Afonso da Silva quanto ao Estado Social e Democrático que a CF/88 conforma:

> a Constituição brasileira consagra também outros direitos fundamentais que não aqueles chamados de "clássicos", ao contrário do que ocorre com a Constituição alemã, cujo catálogo de direitos fundamentais consagra especialmente direitos de caráter liberal, ou seja, liberdades públicas. A Constituição alemã é, por isso, a despeito da caracterização de "Estado Social e Democrático" contida no artigo 20, I, uma constituição liberal. [...] O caso brasileiro é, portanto, diverso, já que, além dos direitos de cunho meramente protetivo, a Constituição garante também direitos sociais e os chamados direitos dos trabalhadores.[227]

A esse diagnóstico, valendo-se da mesma comparação com a constituição germânica, chega Daniel Sarmento. Pontua, inclusive, que:

> a Lei Fundamental de Bonn prevê expressamente o princípio do Estado Social (art. 20), mas não enuncia diretamente nenhum direito social ou econômico, diferentemente do que ocorre na Carta brasileira, pródiga na garantia de prestações sociais. Assim, o sistema de direitos fundamentais inscrito na Carta brasileira está mais caracterizado pela sociabilidade do que o sistema germânco.[228]

Por esses fatores, uma pré-compreensão legítima do texto constitucional passa necessariamente por considerá-lo um documento democrático e inclusivo, com o qual se conforma um Estado Social e Democrático de Direito.

---

[225] STRECK, Lenio Luiz. A Jurisdição Constitucional e as Possibilidades Hermenêuticas de Efetivação da Constituição: Breve Balanço Crítico nos quinze anos da Constituição Brasileira. In: *Direitos Humanos e Globalização*: fundamentos e possibilidades desde a Teoria Crítica, org. David Sánchez Rúbio, Joaquín Herrera Flores; Salo de Carvalho. Rio de Janeiro: Lumen Juris, 2004, p. 344.

[226] Cf. SARMENTO, Daniel. *Direitos Fundamentais e Relações Privadas*. Rio de Janeiro: Editora Lumen Juris, 2004, p. 279.

[227] SILVA, Virgílio Afonso da. *A Constitucionalização do Direito* – Os direitos fundamentais nas relações entre particulares. São Paulo: Malheiros, 2005, p. 23.

[228] Cf. SARMENTO, Daniel. *Direitos Fundamentais e Relações Privadas*. Rio de Janeiro: Lumen Juris, 2004, p. 279.

3.1. A constituição e o direito fundamental social ao trabalho: uma proteção adensada para o empregado

É preciso reter que o constituinte deu um tratamento diferenciado ao empregado.

Não se está aqui fazendo apenas referência à colocação do princípio da dignidade da pessoa humana, do que certamente deriva o princípio da proteção da pessoa-que-trabalha.É certo que essa circunstância, *de per si*, indica o patamar elevado de preocupação com o trabalhador.

Mas o que se está acentuando é o fato de que a Constituição dedicou uma gama de artigos, com um elenco expressivo de direitos, ao trabalhador empregado. Houve, pois, um cuidado e uma valorização especiais com o trabalhador formal – aquele que mantém vínculo de emprego.

Após décadas e décadas do que Delgado chamou de "isolamento" conferido ao Direito do trabalho, de vez que no Brasil, diferentemente do que ocorre na europa ocidental, não houve no Brasil uma expansão ao conjunto da sociedade, a redemocratização dos anos 80 culminando com o advento da constituição de 1988, trouxe novo patamar de proteção ao trabalhador.

Veja-se esta passagem de Delgado:

> com a redemocratização de 1985 e a Constituição de 1988 conferiu-se novo *status* ao ramo jurídico trabalhista, reconheça-se. Despontava novo momento em que aparentemente se tornaria possível a reversão desta antiga tendência isolacionista conferida ao Direito do Trabalho no capitalismo brasileiro. De fato, assegurou-se liberdade sindical e conferiu-se respeitabilidade às questões trabalhistas, no bojo da vitória alcançada na luta contra o regime autoritário. Logo a seguir, com a Constituição de 1988, o Direito do Trabalho alcançou significativo destaque, com a ampliação da estrutura institucional para o implemento de sua efetividade (generalização da Justiça do Trabalho ao território brasileiro e incremento de novas e mais abrangentes funções para o Ministério Público do Trabalho). Ao lado disso, regras constitucionais importantes foram direcionadas ao Direito Individual e ao Direito Coletivo do Trabalho.[229]

Deve-se ter presente que os direitos sociais assumem diferentes feições, seja quanto à sua aplicabilidade, a sua relação com as normas programáticas e sua aptidão para conferir direitos subjetivos contra o Poder Público. João dos Passos Martins Neto chama a atenção para o equívoco de se atribuir tratamento linear a todos os direitos sociais, já que cada um tem sua própria dinâmica e suas complexidades, com particularidades inclusive estruturais, o que vai resultar em regimes jurídicos diferenciados.[230]

---

[229] GODINHO, Mauricio Delgado. *Capitalismo, Trabalho e Emprego* – entre o paradigma da Destruição e os Caminhos de Reconstrução. São Paulo: LTr, 2005, p. 131.

[230] MARTINS NETO, João dos Passos. *Direitos Fundamentais*: conceito, função e tipos. São Paulo: Revista dos Tribunais, 2003, p. 167.

O direito fundamental ao trabalho foi inserido como direito social no artigo 6º da Constituição, junto com a educação, a saúde, a moradia, o lazer, a segurança, a previdência social, a proteção à maternidade e à infância, a assistência aos desamparados. No que se refere à expressão "na forma da constituição", que consta no dispositivo citado, esclarecem Steinmetz e Oliveira que "ela apenas informa que em *outro local* da CRFB estão situadas as subcategorias de direitos derivados daqueles arrolados no artigo 6º, bem como detalhes quanto aos titulares e destinatários dessas normas e das condições que o constituinte estabeleceu, ou até mesmo delegou para o legislador infraconstitucional".[231]

O que importa bastante destacar é que o direito fundamental ao trabalho foi "o único dos direitos sociais a receber explicitações abaixo do título dos direitos fundamentais, ainda que de forma parcial. Dos artigos 7º a 11, foram estabelecidas normas conexas ao Direito do Trabalho, primordialmente o trabalho prestado sob o regime de emprego privado".[232] Os demais direitos sociais tiveram menor destaque e só foram disciplinados no título da Ordem Social (art. 193 e ss.).

Releva, ainda, anotar que os titulares dos direitos fundamentais ao trabalho dos artigos 7º a 11 são os trabalhadores empregados, o que se denota da expressa previsão do *caput* do art. 7º quanto a seus incisos, e dos termos dos artigos 8º a 11 da Carta. Não se trata, pois, de inferência lógica, mas de explícito endereçamento constitucional.

Em termos de proteção do empregado, há uma inédita inclusão de direitos trabalhistas dentro do rol de direitos fundamentais, afora a colocação da dignidade da pessoa humana e do valor social do trabalho logo no pórtico da carta, conferindo ao trabalhador, assim, e de forma inequívoca, um manto protetor de matriz constitucional inaudito.

Mais: o Direito do Trabalho sai do isolamento histórico que desde sempre o marcou no Brasil. A esse propósito, observa Delgado que é recente e data da década de 80, notadamente pelo marco da constituição de 1988, uma generalização do direito do trabalho, tendo antes no país uma história de desprestígio e isolamento. E aponta que, mesmo depois da abolição da escravatura (1888), o país não chegou a construir, nas quatro décadas seguintes, um mercado de trabalho capitalista bem estruturado. Ainda nos anos de 1930 a 45, quando houve uma política de Estado voltada para os trabalhadores e uma exceção à regra do isolamento, especialmente com a sistematização das leis trabalhistas pela CLT, foi excluída a classe dos trabalhadores do campo (artigo 7º, da CLT), sendo que apenas 31,1% da mão de obra estavam nas cidades. Logo, a maioria da classe dos trabalhadores continuou a não ter cobertura da legislação trabalhista. Foi a democratização do ano de 1985

---

[231] STEINMETZ, Wilson; OLIVEIRA, Sílvio de. O Direito Fundamental ao Trabalho Formal e a Responsabilidade do Estado perante grupos sociais vulneráveis. *Revista LTr*. São Paulo: Editora LTr, janeiro/2007, p. 71-01/57.

[232] Idem, ibidem.

e o advento da Carta de 1988, enfatiza Delgado, que estenderam para todos os trabalhadores os direitos trabalhistas.[233]

Deve-se ter presente, portanto, que a Constituição de 1988 é um marco para o trabalhador brasileiro. Foi instaurada nela uma nova ordem em que os agentes do trabalho sob o regime de emprego passaram a ostentar um patamar de proteção até então inexistente.

Está claro que a pré-compreensão legítima da constituição vigente no que diz com o empregado é de conferir-lhe uma inaudita proteção e, mais do que isso, é de considerá-la um marco regulatório para a saída do isolamento histórico do Direito Laboral.

4. Pré-compreensões legítimas do Direito do Trabalho

4.1. O Direito do Trabalho como um processo de árdua conquista da classe operária: a infiltração de justiça nas relações de trabalho

O direito do trabalho no Brasil teve um nascimento tardio.

À partida deve-se considerar que do período da proclamação da independência até a abolição da escravatura, que somente se operou em 1888, o Brasil se achava em pleno domínio da economia rural e a regra do trabalho escravo anulava os pressupostos elementares para a criação do Direito do Trabalho.[234]

Mesmo a primeira carta do Brasil republicano, a de 1891, não trazia qualquer norma que protegesse o trabalhador. Tratava-se de documento de índole marcadamente liberal. Tanto que prevaleceu o entendimento dos constituintes pelo livre exercício de qualquer profissão moral, intelectual e industrial, conforme está anotado no § 24 do artigo 74 da Constituição de 1891. E toda a questão social foi remetida para o Código Civil.[235]

Não obstante os quase trinta anos após o advento da constituição de 91, o Código Civil vem a ser promulgado, em 1916, e confirma a filosofia liberal da Carta, "subordinando os contratos de trabalho à secção pertinente à locação de serviços, vale dizer, compreendendo-os sob a concepção do contratualismo individualista".[236]

Somente com a assinatura do Tratado de Versailles pelo governo brasileiro, no qual se obrigava a respeitar certas posições em favor dos trabalhadores, é que o

---

[233] Cf. DELGADO, Mauricio Godinho. *Capitalismo, Trabalho e Emprego* – entre o paradigma da Destruição e os Caminhos de Reconstrução. São Paulo: LTr, 2005, p. 129-136.

[234] Cf. PINTO, José Augusto Rodrigues. *Curso de Direito Individual do Trabalho*, 4. ed. São Paulo: Editora LTr, 2000, p. 37.

[235] VIANNA, Luiz Werneck. *Liberalismo e Sindicato no Brasil*. 3. ed. Rio de Janeiro: Paz e Terra, 1989, p. 47.

[236] Idem, p. 50.

contratualismo liberal e individualista se aproxima do fim, "embora se assegurasse sobrevida formal até 1926, quando foi emendada a carta de 91".[237]

Mas ainda sob o pálio da carta liberal de 91, e heterodoxamente, foram instituídas leis trabalhistas, como a proteção aos trabalhadores vitimados em acidentes de trabalho (Lei 3.724/1919) e a instituição de caixas de aposentadoria e pensões para os ferroviários (4.682/1923).[238]

Vianna não deixa dúvidas de que essa metamorfose drástica de um Estado Liberal a um Estado com preocupações trabalhistas se deu por pressão dos trabalhadores, ao assinalar que com a emenda constitucional "a seção de locação de serviços do código civil de 1916 vai ceder lugar ao emergente direito do trabalho, retificando-se o pacto liberal *por pressão das classes subalternas*".[239]

Houve um ciclo de greves operárias em São Paulo, a partir de 1901, com pico em 1917 e 1919, primeiramente com objetivos mais imediatos, depois passando a reivindicar "um direito fundamental do trabalho (jornada de trabalho, seguro contra acidentes, aposentadoria, regulamentação do trabalho do menor, da mulher, férias, horas extras, etc.)". Também no Rio se verificam inúmeros movimentos paredistas, sendo de se destacar que, na greve de 1918, também se pleiteava expressamente "regulamentação do mercado de trabalho".[240]

Para se ter idéia do quão intenso foi o movimento operário naqueles idos, somente no mês de maio de 1906 havia 54 greves em São Paulo. Esse processo paredista foi, de resto, generalizado, com manifestações de vulto em Salvador, Porto Alegre e Rio de Janeiro, em geral com reivindicações combinadas sobre aumento de salário e redução de jornada.[241]

As lutas vigorosas e de massa de trabalhadores conseguiram, assim, atingir o limiar da cena política. O direito do trabalho, como se percebe, não veio como uma dádiva do Estado para os trabalhadores.

Pode-se dizer que ainda é vigente na doutrina a idéia de que a legislação trabalhista foi outorgada, dentro do que se chama de "teoria da outorga". Veja-se a observação de Rodrigues Pinto, para quem

> o traço mais marcante da índole do Direito do Trabalho brasileiro, que o afasta das nascentes naturais dos países originários, está na antecipação legislativa aos fatos econômicos e sociais. Por esse caminho, nosso Direito do Trabalho não se identificará como fruto de luta

---

[237] A emenda constitucional n. 22, artigo 34, inciso 29, declarou competência exclusiva ao Congresso Nacional para legislar sobre o trabalho, retificando-se o pacto liberal de 91. Cf. VIANNA, Luiz Werneck. *Liberalismo e Sindicato no Brasil*. 3. ed. Rio de Janeiro: Paz e Terra, 1989, p. 61.

[238] Idem, p. 61.

[239] Idem, p. 61.

[240] Idem, p. 51.

[241] Idem, p. 53-60.

e de conquista dos economicamente oprimidos, e sim outorga ou, para muitos, dádiva do Poder Público condimentada com boa dose de paternalismo.[242]

A acuidade de Luiz Werneck Vianna aponta que essa hipótese de outorga traz pelo menos duas ilações:

> De um lado, estimulava a supressão da memória das classes subalternas, que apareciam como impotentes e incapazes de reivindicarem seus direitos elementares por si sós. De outro, recriando ideologicamente a história, buscava incentivar uma inação real, implícita na noção de que o Estado se constituía no guardião de seus interesses.[243]

A história da criação das leis trabalhistas, contudo, e como se fez consignar acima, desmistifica essa teoria e aponta para o fato de que a maciça maioria da legislação obreira foi fruto sim de reivindicação e luta dos menos favorecidos na relação de trabalho.

Evaristo de Moraes Filho, já na década de 50 do século passado, denunciou a falsificação ideológica da teoria da outorga, sustentando a preexistência de legislação trabalhista anterior ao Estado de 30.[244]

De igual modo, Vianna faz cair por terra a idéia de que a legislação trabalhista teria sido obra do Estado de 30, com a criação da CLT. A precisão de suas palavras justifica a longa citação:

> Tome-se o que a teoria qualifica de direitos fundamentais do trabalhado (descanso dominical, regulamentação da jornada de trabalho, do trabalho do menor, da mulher, férias, caixas de seguro, sindicatos e leis de acidente de trabalho). A legislação sobre esses itens antecede a 30. Ademais, não corresponde inteiramente à realidade a afirmação de que seriam direitos sem vigência prática por descumprimento da lei e ausência de fiscalização. Sua aplicação certamente não era nem nacional e nem generalizada a todos os setores assalariados da população, limitando-se aos pólos dominantes do sistema – São Paulo e Distrito Federal – e nesses principalmente às categorias mais influentes como ferroviários, portuários e marítimos. Note-se, porém, que o trabalhador rural não se beneficiou do conjunto da legislação nem antes nem depois de 30, sendo de nossos dias sua introdução no mundo legal do trabalho.[245]

O que é certo é que entre o período anterior e posterior a 30 sucede uma sistematização das leis trabalhistas. Mas é inexato dizer-se, como visto, que a criação da legislação sucedeu após 30, por obra e graça do Estado.[246]

De equívoco semelhante padece quem advoga a tese de que a Consolidação das Leis do Trabalho foi uma cópia da *Carta del Lavoro*. Em verdade, a CLT foi a confluência de diversas construções de mentes brasileiras, dos mais variados

---

[242] PINTO, José Augusto Rodrigues. *Curso de Direito Individual do Trabalho*. 4. ed. São Paulo: LTr, 2000, p. 40.
[243] VIANNA, Luiz Werneck. *Liberalismo e Sindicato no Brasil*, 3. ed. Rio de Janeiro: Paz e Terra, 1989, p. 31.
[244] Cf. MORAES FILHO, Evaristo. *O Sindicato Único no Brasil*. Rio de Janeiro: Editora A Noite, 1952.
[245] VIANNA, Luiz Werneck. Op. cit., p. 33.
[246] Idem, p. 34.

matizes ideológicos. Em recente e seminal pesquisa, Biavashi dilucida a questão sobre ter sido ou não a Consolidação uma reprodução da Carta del Lavoro, pontuando enfaticamente em sentido contrário. Merece amplo registro a conclusão de Biavaschi:

> Durante todo este estudo se demonstrou que a tese de cópia da *Carta Del Lavoro,* para além de redutora, é insustentável teórica e empiricamente. [...] Percebeu-se, a partir da investigação das fontes materiais do Direito do Trabalho e de suas regras procedimentais, que a construção do arcabouço jurídico-institucional trabalhista brasileiro foi, em muito, tributada a uma inteligência dirigente, humanista, que, dialogando com várias correntes de pensamento – socialistas, comunistas, positivistas, católicos, anarquistas até – buscava encontrar conceitos que as dirigissem a uma unidade dentro de um projeto modernizador da sociedade brasileira. Assim, inspirada em construções jurídico-normativas da época, do mundo e do país, e com fulcro nas produções doutrinárias de destacado grupo – os juristas que exaravam pareceres-fonte; as Juntas de Conciliação; o Conselho Nacional e os Regionais do Trabalho; os Juízes de Direito; os servidores; os reclamantes; os sindicatos – produziu uma ação concreta no sentido do reconhecimento de direitos e da institucionalização de regras jurídicas que, contemplando certos princípios, elevaram os trabalhadores à condição de sujeito de direitos.[247]

A pré-compreensão legítima do direito do trabalho no Brasil é a de que se trata de uma resultante do esforço da classe subalterna ao longo de décadas do século passado, que resultou na infiltração de um argumento de justiça nas relações de trabalho.[248] A visão prévia de que seria uma dádiva do Estado, na esteira da teoria da outorga, ou a versão de que a legislação celetista não passa de cópia da *Carta Del Lavoro,* enfraquece-o em termos de legitimação e traz implicações graves na forma como é aplicado e efetivado.

Essa pré-compreensão é essencial para se perceber que o princípio que rege e amálgama o Direito do Trabalho é o princípio da proteção, do qual são projeções todas as regras e demais princípios de amparo ao trabalhador. Tal é a observação de Biavaschi, cuja transcrição se impõe:

> Quando se compreende o Direito do Trabalho como um estatuto nascido, basicamente, das pressões exercidas diante do Estado, introduzindo mecanismos extramercado de compensação das desigualdades criadas pelo processo de acumulação capitalista, percebe-se que o princípio que o cimenta é o da proteção, do qual são expressões todos os demais.[249]

4.2. O direito do trabalho para além do aspecto remuneratório, mesmo no modo de produção capitalista

É certo que o direito do trabalho tem sua maior expressão na forma assalariada de proteção ao empregado, o que pode levar à ilação de que aquele se

---

[247] BIAVASCHI, Magda Barros. *O Direito do Trabalho no Brasil – 1930-1942*: a construção do sujeito de direitos trabalhistas. São Paulo: LTr/Jutra-Associação Luso-Brasileira de Juristas do Trabalho, 2007, p. 294.

[248] VIANNA, Luiz Werneck *et al. A Judicialização da Política e das Relações Sociais no Brasil*. Rio de Janeiro: Revan, 1999, p. 15.

[249] BIAVASCHI, Magda Barros. *O Direito do Trabalho no Brasil – 1930-1942*: op. cit., p. 66.

restringiria tão-somente ao mundo remuneratório, em que se situam os prêmios, gratificações, comissões e todas as formas de contraprestações pelo serviço do trabalhador. Seria apenas um *modus* de auferir ganho de capital.

Essa forma reducionista de enxergar o direito do trabalho tem levado parte da doutrina a entrever apenas um aspecto do trabalho humano: o lado opressor do capital sobre o trabalho. É como se o trabalho fosse só e somente um modo de sujeição do homem, que mesmo assalariado jamais perderia seu caráter de sofrimento e de negação.

E nesse espírito de redução já se prega o fim do direito do trabalho como um ideal a ser perseguido pelo homem. Como algo escatológico. A idéia é de que o avanço tecnológico e científico pode levar o homem ao bem-estar sem a necessidade sofrida de trabalhar.

E, realmente, se se for raciocinar em tais termos, o direito do trabalho diria com a reivindicação apenas financeira para o homem, e nada seria assim mais legítimo do que estabelecer como meta uma forma de abastecer monetariamente o homem sem a necessidade de trabalho. A substituição do direito do trabalho, na argumentação desse viés reducionista, por um modo de perceber o equivalente sem a necessidade sofrida de trabalhar é algo de uma lógica incontornável.

Embora com abordagens distintas, podem-se citar, entre outros, André Gorz, Domenico de Masi e, no Brasil, Everaldo Gaspar Lopes de Andrade, como caudatários dessa visão de que o trabalho na atual fase do capitalismo tem um pêndulo mais para o negativo do que para o positivo.

Porque pioneiro nos estudos em torno do assunto, André Gorz não entrevê no trabalho dentro do sistema capitalista outro significado senão o dever, obrigação, algo a que é forçosamente submetido o homem a partir desse modo de produção. Daí aponta como inexorável o processo de superação do trabalho, o qual já estaria em curso nos países mais industrializados. Coerente com o seu argumento, defende políticas públicas de garantia de renda mínima, independentemente de trabalho.[250]

Domenico de Masi segue a mesma linha. Afirma que, na era industrial, o trabalho era dominado pela ideologia do dever, gerando para quem trabalhava o sentimento de obrigação e o esforço de bem desempenhar a função respectiva; e para os sem emprego, reduzia os trabalhadores desocupados a "subproletariado". Na era pós-industrial enxerga um quadro de desemprego estrutural e entende que o desenvolvimento virá independentemente do trabalho, e por isso as pessoas precisam se preparar para o ócio de forma criativa. Seja na análise do tempo industrial seja no pós-industrial, o que importa reter é que De Masi é partidário da visão negativa e redutora do trabalho enquanto algo que gera, sobretudo, "esforço" e "sacrifício" do homem.[251]

---

[250] GORZ, André. *Misérias do presente, riqueza do possível*. São Paulo: Annablume, 2004, p. 93.

[251] DE MASI, Domenico. *Desenvolvimento sem trabalho*. São Paulo: Esfera, 1999, p. 14-15.

Dentro da doutrina brasileira, tem lugar de destaque a obra de Everaldo Gaspar Lopes de Andrade sobre o tema. O autor alagoano parte de uma alentada cartografia sobre o trabalho, em que examina a natureza deste e sua função no mundo capitalista, valendo-se inclusive de estudos de direito comparado e de sociologia do direito. Refere-se ao trabalho no sistema capitalista como algo "embrutecedor", e reivindica a emancipação do homem a partir da libertação desse encargo.[252] Deixa com isso bem assentado e fora de dúvida que para ele o trabalho dentro da lógica do capital tem significado negativo. É contundente, ainda, quanto ao diagnóstico de que a sociedade capitalista vive uma crise insuperável de desemprego estrutural, e que é preciso pensar outros modelos que não o da relação de emprego para abarcar o universo de trabalhadores.[253]

Mas o direito do trabalho vai muito além de uma reivindicação material e de um meio árduo de sobrevivência, mesmo no interior do modo de produção capitalista e dentro do modelo de emprego.

Trata-se, como já dito, de direito ontologicamente imbricado com a dignidade da pessoa humana, que – e isso também ficou consignado acima – transcende o aspecto patrimonial e alcança igualmente feições extrapatrimoniais. É uma manifestação forte e concreta da dignidade do homem.

Daí a tão elevada e destacada posição do direito do trabalho no quadro dos direitos do homem, que não raro é tido como o primeiro direito em termos sociais. O direito que condiciona a existência das demais garantias sociais. Ricardo Chimenti não deixa dúvidas quanto ao caráter de dependência que é gerado pelo direito do trabalho em relação aos outros direitos sociais, enfatizando que "a falta de trabalho tira a igualdade entre os homens, porque sem trabalho compromete-se os demais direitos sociais: alimentação, moradia, educação, cultura, valores que só o trabalho do homem pode oferecer".[254]

---

[252] ANDRADE, Everaldo Gaspar Lopes de. *Direito do Trabalho e Pós-modernidade* – fundamentos para uma teoria geral. São Paulo: LTr, 2005, p. 358.

[253] Em estudo vanguardeiro, Andrade defende ainda que o princípio da proteção ao empregado, por exemplo, deve ser superado pelo "princípio da proteção social", que englobaria todos os trabalhadores. Cf. ANDRADE, Everaldo Gaspar Lopes de. *Direito do Trabalho e Pós-modernidade* – fundamentos para uma teoria geral. São Paulo: LTr, 2005, p. 351-371. Em que pese o brilho da construção, diverge-se desse posicionamento nesta investigação. Como se deixou assentado no capítulo primeiro, o fato inegável de que estão em curso transformações tecnológicas e de comunicação nas relações de trabalho não pode servir de argumento para o arrefecimento do modelo de emprego. As novas configurações de relação de trabalho exigem uma leitura atualizada dos requisitos para o reconhecimento de um vínculo de emprego, e é certo que isso também impõe uma nova dinâmica dos direitos trabalhistas, mas a sujeição persiste e de modo ainda mais agudo. E nesse cenário ainda não há uma alternativa concreta que proteja o trabalhador mais do que o tipo empregatício. E por isso se entende que o abandono do princípio da proteção ao empregado em prol de uma desejável cobertura para todos os trabalhadores, de acordo com as condições do atual momento histórico, pode levar ao efeito contrário do pretendido: a perda de direitos por parte dos trabalhadores com a debilitação do modelo de emprego. Em vez do amparo que hoje ainda tem o empregado, seriam ofertadas uma poucas garantias mínimas supostamente em nome de todos mas que, sem dúvida, também não alcançaria a todos e resultaria, em última instância, na supressão de um modelo mais protetor.

[254] CHIMENTI, Ricardo Cunha *et al. Curso de Direito Constitucional.* 3. ed. São Paulo: Saraiva, 2006, p. 531.

É de se atentar que o direito do trabalho foi gestado com uma preocupação salarial, mas também com reivindicações que não poderiam ser trocadas por dinheiro. O limite de jornada sempre foi um caso emblemático nesse sentido, tendo Marx citado um panfleto anônimo intitulado *As origens e os remédios para as dificuldades nacionais,* publicado em Londres em 1821, no qual se critica o trabalho excedente e se postula a diminuição da jornada de trabalho:

> Riqueza é tempo disponível e nada mais... Se todo o trabalho de um país fosse suficiente apenas para angariar o sustento de toda a população, não haveria *trabalho excedente*, consequentemente nada que pudesse ser *acumulado como capital*... Verdadeiramente rica uma nação se não houver juros ou se a *jornada de trabalho* for de seis horas em vez de doze.[255]

Embora os pleitos não patrimoniais sejam em menor número no cotidiano forense trabalhista, é preciso reconhecer que têm um papel relevantíssimo. E no terreno do processo, medidas específicas são criadas justamente focadas na idéia de insubstituição do direito pela pecúnia, a exemplo da tutela inibitória, com a remoção do ilícito.

Só desse modo é possível alargar o campo de visão sobre o direito do trabalho para nele enxergar, sobretudo, uma porta à emancipação do ser humano, uma indissociável forma de vida digna para o homem. Um direito que atende a uma necessidade inerente do ser humano.

O que se quer defender é que o direito do trabalho não é conformado pelo modo de produção. E mesmo no bojo do capitalismo convivem direitos trabalhistas não-patrimoniais, que não podem, portanto, ser trocados por dinheiro: repouso semanal, jornada de trabalho, férias e assim por diante. Não apenas a *forma de trabalhar* é coisa fora do comércio em muitos casos, mas o direito ao trabalho como algo emancipatório e inerente à vida digna do homem também está fora do consumo e da moeda capitalista.

Logo, e mesmo no seu contexto capitalista, e em sintonia com a opção do constituinte brasileiro por esse modo de produção, não se pode perder de vista que o direito do trabalho tem uma feição emancipatória do homem e não se reduz à moeda do capital.

4.3. O resgate da positividade do trabalho

Assim sendo, é preciso afirmar a positividade do direito do trabalho. Escapar do círculo fechado da negação e divisar o lado que vai além do desgaste físico e mental do homem para produzir através do trabalho.

O fato é que o trabalho vivo tem sido tão fortemente espoliado e tratado apenas sob a lógica do trabalho excedente, o qual não atende a uma *necessidade humana* mas à *necessidade de auto-reprodução do capital,* que tem sido olvidado

---

[255] MÉSZÁROS, István. *Para além do Capital.* Trad. Paulo Cezar Castanheira; Sérgio Lessa. São Paulo: Boitempo, 2006, p. 619.

o lado positivo do labor. Não é a necessidade humana ou o uso do trabalho humano que movem o capitalista na dinâmica da produção, e nesse sentido a síntese de Mészarós é digna de ser transcrita:

> a melhoria da produtividade, certamente, é uma finalidade necessária do capitalista *individual*, à medida que pode assegurar-lhe *vantagem competitiva*. Contudo, esta circunstância nada gera de positivo em relação ao *uso* genuíno correspondente à *necessidade humana*, já que a conexão é puramente *acidental* do ponto de vista do capitalista individual, pouco interessado em "necessidade" ou "uso", mas meramente na *realização* de seu capital em uma escala ampliada.[256]

A busca pelo trabalho excedente, pois, é da própria natureza do capital guiado apenas pela fome de lucros, sob o signo da competitividade. Certamente aí se encontra um lado "embrutecedor" do trabalho.

O aspecto pernicioso do trabalho excedente foi recentemente enfrentado também pela Igreja Católica, tendo o Papa João Paulo II, na fabulosa Encíclica *Laborem Exercen,* de 14 de setembro de 1981, pontuado que o excesso de labor atenta contra a dignidade da pessoa humana.[257]

Mas ainda que seja real a subsunção do trabalho pelo capital, não se pode confundir isso com a essência do trabalho. Seria algo de uma distorção ciclópica. O trabalho no contexto do capitalismo é subsumido pela necessidade do capital de se reproduzir em busca da acumulação, o que equivale à sua negação.

A negação ao trabalho no capitalismo contemporâneo encontra seu ápice na instrumentalização radical daquele, ao se passar a tratá-lo como mercadoria e descolá-lo da pessoa-que-trabalha. Trata-se de uma objetivação do labor que retira ficticiamente a subjetivação ínsita ao trabalho. É como se o trabalho se autonomizasse e se desprendesse do sujeito-que-trabalha, tornando-se uma espécie de *comoditie* no mercado capitalista mundial.

Se for considerado uma mercadoria, não haveria fronteiras para o trabalho, sejam geográficas, sejam ditadas pela dignidade humana. Tudo e tudo mesmo passaria a ser objeto de transação comercial e financeira no mundo do trabalho. Desde que remunerado, não importando se bem ou mal pago, seria lícito e seria mesmo legítimo trabalhar. Esmaecem-se nesse cenário até os limites historicamente construídos de jornada. A lente do lucro passa a ditar a ótica do tempo e do espaço do trabalho.

Esse processo de negação do trabalho é denunciado por István Mészáros, que o denomina "reificação do trabalho vivo". Pelo rigor e precisão de suas palavras, justifica a transcrição da síntese de Mészáros sobre o assunto:

---

[256] MÉSZÁROS, István. *Para além do Capital*. Trad. Paulo Cezar Castanheira; Sérgio Lessa. São Paulo: Boitempo, 2006, p. 620.

[257] Disponível em www.vatican.va/holy_father/john_paul_ii/ encyclicals/index_po.htm. Acesso em 10-11-2007.

> Graças à desumanização do próprio trabalho vivo, transformado em uma *mercadoria* que só pode funcionar (como uma força produtiva) e biologicamente se sustentar (como um organismo) adentrando a estrutura – e se submetendo às exigências materiais e organizacionais – das *relações de troca* dominantes, os principais obstáculos que limitavam pesadamente o escopo e o dinamismo dos sistemas produtivos anteriores são removidos com sucesso. Já que o trabalho vivo se transforma em "*carcaça do tempo*", torna-se possível estruturar as jornadas de trabalho resultantes (reificáveis) – tanto horizontal como verticalmente – de acordo com as exigências da auto-reprodução ampliada do capital.[258]

Deve-se reconhecer que o trabalho responde a uma necessidade humana de auto-realização. Não é porque o capital despreza tal necessidade que se vai concluir, *ipso facto,* que o trabalho tem uma natureza negativa.

O lado positivo do trabalho tem sido historicamente defendido e faz parte da visão da filosofia e da sociologia desde Hesíodo, que foi enfático em dizer que "o trabalho, desonra nenhuma, o ócio desonra é".[259]

Mais adiante foi Tomás de Aquino quem se notabilizou pela ode ao trabalho, passando a considerá-lo ato moral digno de honra e respeito.[260]

No plano sociológico, Max Weber enxergou a positividade do trabalho a partir da idéia de salvação para a vida terrena e celestial. A ética positiva weberiana do trabalho o concebe como finalidade do existir e o negócio (negar o ócio) como um antídoto à preguiça e à indolência humanas.[261]

Em termos de tradição discursiva, chama a atenção o fato de que mesmo quando se afirmava a negatividade do trabalho, ao longo da história, quase sempre também se apontava o lado positivo. Ricardo Antunes, nesse sentido, observa que "desde o mundo antigo e sua filosofia, o trabalho vem sendo compreendido como expressão de vida e degradação, criação e infelicidade, atividade vital e escravidão, felicidade social e servidão. *Érgon* e *pónos,* trabalho e fadiga. Momento de catarse e vivência de martírio".[262]

Pode-se dizer, assim, que é historicamente bem recente o discurso restritivo e sistemático, que chega a formar uma corrente filosófica, de apenas enxergar o lado opressivo, degradante, pernicioso do trabalho. O culto exacerbado ao ócio e a meta de construir aportes financeiros para que o homem possa viver sem que seja necessário trabalhar é tudo conseqüência óbvia dessa opção ideológica.

Não é à toa, contudo, que a eclosão dessa corrente reducionista se deu na fase de aguçamento do capitalismo, num mundo de globalização financeira e corporativa, que subsumiu como nunca o trabalho ao capital.

---

[258] MÉSZÁROS, István. *Para além do Capital.* Trad. Paulo Cezar Castanheira; Sérgio Lessa. São Paulo: Editora Boitempo, 2006, p. 622.
[259] HESÍODO. *Os Trabalhos e os dias.* São Paulo: Iluminuras, 1990, p. 45.
[260] Cf. ANTUNES, Ricardo. *O Caracol e sua Concha*: ensaios sobre a nova morfologia do trabalho. São Paulo: Boitempo, 2005, p. 11.
[261] Idem, p. 12.
[262] Idem, ibidem.

Resgatar o caráter de necessidade humana do trabalho, livrando-o da subsunção integral ao capital é uma empresa que se impõe para quem pretende enxergá-lo de modo mais amplo e fractal. A positividade do trabalho[263] é um moto que deve ser defendido se se pretende uma hermenêutica emancipatória na seara do direito laboral.

5. Considerações finais ao capítulo

Entre as transformações mais marcantes na dogmática jurídica contemporânea está o reconhecimento do fenômeno das pré-compreensões.

O intérprete é demitido do seu posto de agente de extração objetiva do comando da lei, e é colocado no centro do debate sobre a construção de sentidos do processo de interpretação e aplicação do Direito, onde sempre deveria ter estado, embora sua presença ali nunca tenha deixado efetivamente de existir.

Trazer à tona as visões de mundo do julgador antes de revelar o subjetivismo das decisões contribui para dar transparência ao processo hermenêutico, e aí sim impedir que uma posição pessoal sem contato com a realidade e/ou com o direito seja entregue sob a máscara de uma sentença judicial.

E se entende oportuna nesse debate a defesa de pré-compreensões legítimas, e foi justamente o que se fez no campo no direito do trabalho. Defenderam-se sentidos sobre o modelo de constituição adotado no Brasil, para dizer que o constituinte fez uma opção por um texto constitucional que encerra um Estado de direito democrático e inclusivo. Deve-se ter presente, ainda, que a Constituição de 1988 é um marco histórico de regulação para o trabalhador brasileiro. Foi instaurada nela uma nova ordem em que os agentes do trabalho sob o regime de emprego passaram a ostentar um patamar de proteção até então inexistente e, além disso, ao estender os direitos trabalhistas para o meio rural, deu vários passos para retirar o Direito do Trabalho de seu isolamento histórico.

Firmou-se mais que o direito do trabalho é resultante de um processo árduo de construção dos próprios agentes do trabalho, e negligenciar quanto a isso pode significar uma atitude de menoscabo no que diz com os direitos ora positivados no ordenamento nacional. Recusam-se as pretensas versões de "outorga" da legislação trabalhista ou de que esta teria sido mera cópia da *Carta Del Lavoro,* antes se assentando que a Consolidação das Leis do Trabalho foi um conserto de diversas contribuições de mentes brasileiras, das mais variadas matizes ideológicas.

O direito do trabalho, foi ainda dito, está para além de um mero acerto de contas. Transcende o aspecto salarial ou remuneratório porque diz com a dignidade da pessoa-que-trabalha. Mesmo no modo de produção capitalista, não se pode

---

[263] A imprescindibilidade de se afirmar a positividade do trabalho é defendida por Enrique Dussel, em contraponto à negatividade que lhe é pespegada pelo sistema capitalista. Cf. DUSSEL, Enrique. *Ética da Libertação*: na idade da globalização e da exclusão. 2. ed. Petrópolis: Vozes, 2002, p. 323-324.

perder de vista que o direito do trabalho tem uma feição emancipatória do homem e não se reduz à moeda do capital.

Afirma-se ainda o compromisso de se resgatar a positividade do trabalho, afastando-o do reducionismo de o enxergar como mercadoria e reabilitando-o como necessidade humana, de forma que seja tratado de modo amplo e fractal longe bem longe do estreitamento que se lhe tenta pespegar.

É com essas pré-compreensões que o julgador trabalhista pode trilhar um caminho mais legítimo de interpretação e aplicação do direito e do processo do trabalho num país de capitalismo tardio como o nosso, e é do que se tratará nos capítulos seguintes, em aliança com os demais aportes construídos ao longo da pesquisa.

CAPÍTULO **VI**

A jurisdição e o direito material do trabalho: os impactos do princípio da proteção ao empregado

1. Considerações iniciais

Neste capítulo, a pesquisa está centrada no exame do direito material do trabalho em cotejo com o ideal de protetividade constitucional do trabalhador, já fazendo uso, ao final, dos mecanismos que o julgador brasileiro pode dispor à luz da teoria dos princípios para promover o direito da proteção da pessoa-que-trabalha sob regime de emprego.

Assume-se a posição de que, no plano do direito material, a relação capital e trabalho é simbolizada dogmaticamente pela tensão entre o princípio da proteção do empregado e o princípio da livre iniciativa do empregador, o que é natural de se atentar. Em termos mais específicos, percorrer esse confronto sob a ótica do Judiciário e defender critérios para a sua superação, em estreita sintonia com a dogmática constitucional brasileira, é do que se ocupam as linhas que seguem.

Já se deixou assentado que tão importante quanto a escolha do método, e nesse caso o estudo seguiu a opção pela teoria dos princípios e o conseqüente procedimento da ponderação, é o estabelecimento de critérios em que deve guiar-se o intérprete e aplicador do direito, para estreitar a margem de subjetivismo e com isso evitar desvios de finalidade na vida pretoriana.

Para tanto será apurado o caráter tutelar do direito do trabalho e em que medida ele se manifesta na legislação ordinária.

Também será investigado, desta feita no plano constitucional, como se situam os direitos fundamentais do trabalho diante da ordem econômica da Constituição Federal de 1988, com o objetivo de averiguar se o modo de produção capitalista ali adotado trata aqueles direitos numa perspectiva apenas econômica.

Ainda no plano constitucional, será visto o escudo normativo que foi estabelecido para os direitos fundamentais do trabalho, e o alcance que se lhe pode atribuir em termos de direitos laborais, mais propriamente em que medida podem ser modificados. Dando seqüência à possibilidade de alteração do direito do trabalho, será dedicada uma seção às mutações informais do direito do trabalho, com ênfase na dimensão hermenêutica judicial.

Entrando no terreno da superação da proteção legal trabalhista, por via do Poder Judiciário, serão, num primeiro momento, apurados os mecanismos clássicos utilizados pela jurisprudência em torno do tema, especialmente o critério da norma mais benéfica.

Ao depois, serão enfim apresentados os modos de superação das carências legislativas pelo julgador, elaborados ao longo da pesquisa *vis-a-vis* com a legislação material do trabalho, de acordo com a teoria dos princípios. Terão lugar o procedimento da ponderação e o instrumento ancilar de hierarquia débil entre normas-princípios, tudo para arrostar o conflito entre o princípio da proteção do empregado e o princípio da livre iniciativa do empregador, com a preocupação de definir critérios para sua superação.

Por fim, será destacada a relevância de uma análise série e prudente para se alcançarem resultados proporcionais, e, sob color de proteger o empregado, não se pautar o julgador por extremar posições que em última instância venham a significar a negação da existência de duas partes na relação capital e trabalho.

2. Caráter tutelar do direito material do trabalho: breves contornos

Há um forte consenso na doutrina quanto ao caráter tutelar do Direito material e infraconstitucional do Trabalho.

De um modo geral, afirma-se que a legislação tuitiva é uma forma de compensar a desigualdade da relação empregado e empregador, sendo assim uma manifestação do princípio constitucional da isonomia, a que se refere o artigo 5º, II, da Constituição Federal.

A autonomia da vontade, ao contrário do que sucede nos contratos civis, aqui é sobrepujada pelo regramento legal, numa intervenção deliberada do Estado para equilibrar a relação laboral e atribuir-lhe uma dimensão equânime.

A razão de ser desse caráter tutelar do direito material do trabalho está ligada ao advento do Estado social. Como bem observa José Soares Filho, esse princípio "prende-se à evolução do Estado liberal para o Estado social, ou intervencionista. Com efeito, aquele não podia, por princípio, imiscuir-se nas relações socioeconômicas, admitindo, segundo a filosofia do sistema político, que o contrato privado era suficiente para regulá-las segundo um critério de justiça. Embasava-se tal crença no pressuposto da igualdade jurídica – 'todos são iguais perante a lei' – solenemente proclamada pela Revolução Francesa e consagrada nas constituições dos Estados na era contemporânea".[264]

Seriam três as categorias de normas básicas de proteção do trabalhador, valendo-se aqui do escólio de Sérgio Torres Teixeira: as de proteção mínima, as proibitivas e as estruturais.[265]

---

[264] SOARES FILHO, José. *A proteção da relação de emprego.* São Paulo: LTr, 2002, p. 176.
[265] Cf. TEIXEIRA, Sérgio Torres. *Proteção à relação de emprego.* São Paulo: LTr, 1998, p. 52.

As estruturais são destinadas às definições dos institutos juslaborais, de que são exemplos aquelas que fixam os conceitos de empregado e empregador, artigos 3º e 2º, respectivamente, da Consolidação das Leis do Trabalho.

Já as proibitivas, na esteira de Torres, têm por finalidade "vedar a prática de determinados atos trabalhistas como forma de resguardar, em última análise, o interesse público".[266] Exemplo disso estaria na norma que veda o trabalho noturno, perigoso ou insalubre aos menores de dezoito anos e de qualquer trabalho a menores de quatorze anos, salvo na condição de aprendiz, de acordo com a dicção do artigo 7º, inciso XXXIII, da Carta Política.

As de proteção mínima, que seriam as que compõem o maior grupo, "exprimem um mínimo de garantias ao empregado hipossuficiente, estabelecendo limites dentro dos quais admite-se a estipulação de outras condições de trabalho. [...] o legislador cria uma plataforma mínima, em cima da qual as outras fontes podem produzir normas que melhor atendem aos interesses dos empregados, e, em última análise, ao interesse público em proteger o hipossuficiente".[267]

3. Dos direitos fundamentais do trabalho e da ordem econômica da Constituição Federal de 1988

A ordem econômica[268] da Constituição de 1988 adotou o modo de produção capitalista. Recorre-se a Eros Roberto Grau, que chegou a tal ilação a partir do tratamento constitucional dispensado à empresa e à propriedade;[269] cuidando-se do direito à livre iniciativa, no primeiro caso, e do direito à propriedade privada, no segundo caso. Pode-se afirmar que a economia de mercado é mesmo uma garantia constitucional na medida em que seus elementos principais – a livre iniciativa e o trabalho assalariado – estão nela resguardados (art. 1º, IV).

Bem a propósito, observa com acuidade Cristiane Derani[270] que "não podemos adotar o simplismo de tachar o modo de produção expresso no texto da Cons-

---

[266] TEIXEIRA, Sérgio Torres. *Proteção à relação de emprego*. São Paulo: LTr, 1998, p. 52.

[267] Idem, p. 52-53.

[268] Deve-se referir que a expressão "Ordem Econômica" não tem o mesmo significado conferido pelo constituinte brasileiro. É que não apenas as disposições que constam na Ordem Econômica da Constituição tratam da economia, sendo de se referir que preceitos outros do texto constitucional, qual o dos arts. 1º, 3º, 7º a 11, 201, 202, – de igual modo disciplinam a matéria. Bem assim há que referir que a legislação infra-constitucional também cuida de disciplinar. Por isso mesmo, quando aqui se fizer referência à ordem econômica, será não apenas para indicar, topologicamente, no texto constitucional, os preceitos que institucionalizam a ordem econômica, mas como uma síntese do conjunto de preceitos que disciplinam a economia, não obstante reconhecer que a plurivocidade deste uso atenta contra o cientificismo que se exige do estudo do direito. O uso da expressão, muito embora parte da doutrina não a adote, ainda assim se impõe porque consagrado por sua reiteração, além de tratar-se de um conceito ancilar para a dogmática jurídica. (Nesse sentido: GRAU, Eros Roberto. *A Ordem Econômica na Constituição de 1988*, 4. ed. São Paulo: Malheiros, 1998, p. 193-215).

[269] Vale a pena referir que o contrato não foi utilizado como critério definidor do modo de produção porque, nos passos de Grau, o contrato e a propriedade estariam no mesmo plano, em situação simétrica. A liberdade de contratar, por essa razão, se trata de corolário da propriedade privada dos bens de produção. Por outro lado, o dirigismo contratual não compromete o modo de produção capitalista, antes o renova. Cf. GRAU, op. cit. p. 196.

[270] DERANI, Cristiane. *Direito Ambiental Econômico*. São Paulo: Max Limonad, 1997, p. 30.

tituição Federal como modo de produção capitalista, nivelando-o com os demais Estados capitalistas, sem compromissos com seu espaço e tempo. A descrição normativa do texto constitucional brasileiro identifica uma série de relações e aspirações inerentes a esta sociedade num determinado tempo histórico, aportando à economia capitalista, que reafirma novos matizes [...]".

Superado o entendimento de matriz positivista em que o direito ostentava uma aparente neutralidade, não há como negar que ele, vinculado que é ao mundo da cultura, estará sempre impregnado pelos valores de cada povo. E o mesmo raciocínio vale para o capitalismo.

Importa resumir o que se vem de afirmar: a ordem econômica da Constituição Federal de 1988 adotou o capitalismo como modo de produção, mas o fez com matizes e contornos próprios.

Se é certo, portanto, que a Carta Política do Brasil adotou o capitalismo como modo de produção, não menos exato é que os programas a que se propõe a constituição deixam a marca indelével de compromisso com a justiça social, não se tratando, pois, de documento redutor do direito à economia. É bastante notar o disposto nos artigos 1º, 3º, e 170, para dizer-se que componentes outros da dignidade humana também foram referidos pelo constituinte. Como bem observa Eros Roberto Grau, "a ordem econômica da Constituição de 1988 contempla a *economia de mercado,* distanciada porém do modelo liberal puro e ajustada à ideologia neo-liberal [...]; a constituição é capitalista, mas a liberdade apenas é admitida enquanto exercida no interesse da justiça social e confere prioridade aos valores do trabalho humano sobre todos os demais valores da economia de mercado [...]".[271] Tais colocações em si bastam para afastar a pretensão de tachá-la de simplesmente liberal ou reduzida tão-só ao econômico.

Tanto isso é certo que são dois os fundamentos da Ordem Econômica da Constituição – "na valorização do trabalho humano e na livre iniciativa".[272]

Falar em redução econômica do direito no sentido de que este estaria a serviço apenas da maximização de lucros – percebe-se com clareza – não encontra guarida na dogmática jurídica brasileira.

Há que se levar em conta a livre iniciativa e a propriedade privada – isso há. Mas há que levar em conta também a valorização do trabalho humano, sem o qual trabalhar-se-á no plano teórico apenas, longe do que efetivamente estabelece a Constituição.

---

[271] GRAU, Eros Roberto. *A Ordem Econômica na Constituição de 1988.* 4. ed. São Paulo: Malheiros, 1998, p. 212-213.

[272] O escólio de Tércio Sampaio Ferraz a respeito é digno de nota: "a 'livre iniciativa' é um modo qualificado de agir, presente em todos os momentos, já perfeita e acabada naquilo em que consiste: a iniciativa não se torna mais ou menos livre; como fundamento, ou há ou não há livre iniciativa; já no caso da 'valorização do trabalho humano', o acento está na 'valorização', portanto num ato de apreciar e fazer realizar o que se considera bom: o trabalho humano." Cf. FERRAZ Jr., Tércio Sampaio et al. *Constituição de 1988*: legitimidade, vigência e eficácia, supremacia. São Paulo: Atlas, 1989, p. 45.

4. Direitos fundamentais do trabalho e o seu escudo normativo

Sendo assim, e considerando os direitos fundamentais como aqueles assim estabelecidos pelo constituinte brasileiro, pode-se afirmar que, no campo do trabalho em geral, estão previstos especialmente em alguns incisos dos artigos 1°, 3°, 4°, 5° e 6°. Na esfera do trabalho subordinado, estão inseridos, especialmente, nos artigos 7° a 11 da Constituição.

Os direitos fundamentais do trabalhador sob regime de emprego estão imunes à ação do tempo por via legislativa. Por tratar-se de cláusula pétrea da constituição, não é possível a alteração legislativa desses direitos. É que o artigo 60, § 4°, inciso IV, da Constituição estatui que não será objeto de deliberação a proposta de emenda tendente a abolir os direitos e garantias individuais.

É taxativo a esse propósito Arnaldo Süssekind, quando observa que "ao impedir que emendas a Carta Magna possam "abolir os direitos e garantias individuais" (art. 60, § 4°, inciso IV), é evidente que essa proibição alcança os direitos relacionados no artigo 7°, assim como a liberdade sindical do trabalhador e do empresário de organizar sindicatos de conformidade com as demais disposições do artigo 8°, e de neles ingressarem e desfiliarem".[273]

No mesmo sentido é a posição de Paulo Bonavides, para quem "em obediência aos princípios fundamentais que emergem do Título II da Lei Maior, faz-se mister, em boa doutrina, interpretar a garantia dos direitos sociais, como cláusula pétrea que requer, ao mesmo passo, um entendimento adequado dos direitos e garantias individuais do artigo 60".[274]

Há, portanto, um escudo normativo que protege a integridade jurídico-formal dos direitos fundamentais do trabalho. Nada obstante, as mutações não param de ocorrer, e é sobre isso que se dedicará no tópico seguinte.

5. Das mutações informais do Direito do Trabalho e a relevância da dimensão hermenêutica judicial

Este campo é particularmente significativo em termo de proteção do empregado.

Se é certo que, formalmente, os direitos fundamentais do trabalho não podem sofrer alteração, a não ser que seja para beneficiar o empregado, na prática a realidade é bem diversa.

Reginaldo Melhado, Grigalbo Coutinho, Márcio Túlio Vianna e Maurício Godinho Delgado chamam a atenção para tal circunstância:

---

[273] SÜSSEKIND, Arnaldo. Revisão dos Direitos Constitucionais do Trabalhador. In: SOARES, José Ronald Cavalcante (Org.). *Estudos de Direito Constitucional*: homenagem a Paulo Bonavides. São Paulo: LTr, 2001, p. 48.

[274] BONAVIDES, Paulo. *Curso de Direito Constitucional*. São Paulo: Malheiros, 1997, p. 594.

se, em teoria, não podem ser objeto de emendas, na prática os direitos fundamentais do trabalho vêm sofrendo mutações, não só em termos de interpretação, como de efetividade. Exemplo do primeiro caso é o princípio da proteção ao trabalhador. Hoje, é usual dizer-se que direitos em excesso significam escassez de empregos. Assim, inverte-se a equação. Para proteger o empregado, é preciso proteger a empresa, o que significa desproteger o empregado. Opõe-se o direito do trabalho ao direito ao trabalho. Essa releitura do princípio culpa o empregado pelo desemprego e responsabiliza o direito pelos excluídos, dentre os quais ele próprio vai se inserindo.[275]

Essas mutações são sentidas com muita expressividade no campo da hermenêutica, em que juízes e tribunais acabam chancelando medidas restritivas egressas do Congresso Nacional. Um bom exemplo disso é a aceitação como constitucional da lei que criou as comissões de conciliação prévia na Justiça do Trabalho (Lei nº 8.959/2000), obrigando o empregado a submeter-se a uma esfera privada de solução de conflitos e conferindo "eficácia liberatória de direitos", que, "na realidade, chancela a renúncia a direitos que, por princípio, são irrenunciáveis".[276]

É de se observar que o exemplo das "comissões de conciliação prévia" se cuida de caso de flagrante inconstitucionalidade e não está entre o que, ao longo desta reflexão se indicará como de insuficiência de proteção, apenas. Daí se pode imaginar a dramaticidade da realidade trabalhista no Brasil nestes dias, em que sequer a inconstitucionalidade por afronta direta é declarada, quanto mais uma aplicação voltada para a otimização dos princípios de proteção de índole constitucional *vis a vis* com a rede protetora legislativa ordinária.

Bem se percebe, por mero raciocínio extensivo, o quão relevante é a intervenção judicial nas relações de trabalho, não sendo incorreto afirmar-se que a sorte da proteção do empregado passa necessariamente pela direção ao qual está comprometido o Poder Judiciário trabalhista.

Por essas razões, fica demonstrada a importância singular do campo da hermenêutica jurídica o qual, se negligenciado, a par de comprometer a efetividade dos direitos fundamentais do trabalhador, termina por estilhaçar todo o escudo normativo e constitucional do trabalho.

---

[275] Apontam ainda os mesmos juristas para a pletora de violações ao direito do trabalho. Vale a pena transcrever as suas palavras, quando diagnosticam "[...] as repetidas violações de direitos. É que as garantias constitucionais, como a do acesso à Justiça, só funcionam bem, no mundo do trabalho, se articuladas com um sistema de proteção ao emprego. Sem ela, o empregado só pode demandar quando já perdeu a fonte de trabalho, ou seja, quando se encontra em estado de vulnerabilidade. Ainda a propósito da proteção ao emprego, é bom lembrar que a norma que a prevê não foi ainda regulamentada – a não ser transitoriamente. E esse é outro exemplo de alteração inconstitucional. O que era transitório vai-se tornando definitivo. Por tudo isso, a igualdade material, que o direito do trabalho persegue, volta a ter muito do formal". MELHADO, Regional *et al*. *Os Direitos Fundamentais do Trabalho*. Disponível em www. Amatra5.org.br. Acesso em 15.02.2005.

[276] Cf. BIAVASCHI, Magda Barros. *O Direito do Trabalho no Brasil – 1930-1942*: a construção do sujeito de direitos trabalhistas. São Paulo: LTr: Jutra-Associação Luso-Brasileira de Juristas do Trabalho, 2007, p. 298.

6. A superação da proteção legal trabalhista: mecanismos clássicos (o critério da norma mais benéfica)

Conforme exposto no tópico 2 deste capítulo, entre a tipologia das normas de proteção do empregado[277] destaca-se, até pelo seu maior número, a categoria das regras de proteção mínima. É por mero consectário lógico e semântico que se infere possa a rede protetora avançar para além do mínimo, conferindo ao trabalhador melhores condições de labor.

A preocupação neste momento é traçar um panorama dos mecanismos clássicos de superação da proteção legal, para, ao depois, manejar aqueles desenvolvidos ao longo deste estudo.

Dentre os mecanismos clássicos, a doutrina e a jurisprudência têm se valido historicamente da regra da superioridade da norma mais benéfica para o empregado,[278] como forma de ampliar a proteção legal, especialmente para fazer prevalecer fontes normativas típicas do mundo do trabalho, como o acordo e a convenção coletiva.

Ainda recorrendo a Sérgio Torres Teixeira, dada a acuidade com que enfrenta a matéria, "a lei impõe os limites mínimos, em cima dos quais podem ser criadas condições mais benéficas através das atividades consuetudinária e jurisprudencial, e, especialmente, pelo poder negocial das entidades sindicais e dos próprios sujeitos da relação de emprego. A imperatividade da legislação trabalhista, constituída em sua maior parte por normas cogentes, inderrogáveis e de ordem pública, se revela rígida apenas no sentido de resguardar o interesse público em proteger o empregado, admitindo-se a sua superação em função de normas mais favoráveis".[279]

Em verdade, o critério da norma mais favorável ao empregado rege a hierarquia das fontes do direito do trabalho. Mesmo norma hierarquicamente superior dentro da clássica escala kelseniana, deve ceder para a norma inferior, na exata medida em que esta seja mais benéfica para o trabalhador.

Sob a égide desse critério, a hierarquia das normas trabalhistas caracteriza-se pela plasticidade e, não obstante sua força cogente, pela ausência da rigidez de que se reveste o direito comum.

A esse propósito, pontua Maurício Godinho Delgado que "no direito comum os diplomas normativos (lei em sentido material) se classificam, hierarqui-

---

[277] Cf. TEIXEIRA, Sérgio Torres. *Proteção à relação de emprego*. São Paulo: LTr, 1998, p. 52.

[278] É de Américo Plá Rodrigues o estudo seminal sobre a sistematização dos princípios do direito do trabalho, em que se encontra o princípio da proteção do empregado, em três desdobramentos: a norma mais benéfica, a condição mais benéfica e a regra *in dúbio pro-operario* (RODRIGUES, Américo Plá. *Princípios de Direito do Trabalho*. São Paulo: LTr, 1978, p. 17). No texto acima, o critério que parece ao autor desta publicação mais próximo dos seus objetivos, que é o aumentar o grau de proteção legislativo do empregado, é o da norma que mais beneficia. Aí se explica a eleição deste como exemplo de técnica de interpretação e aplicação do direito do trabalho tradicionalmente utilizada no dia-a-dia forense.

[279] TEIXEIRA, Sérgio Torres. *Proteção à relação de emprego*. São Paulo: LTr, 1998, p. 53.

camente, segundo sua maior ou menor *extensão de eficácia* e sua maior ou menor *intensidade criadora do direito*. Há uma 'verticalidade fundamentadora' entre os diplomas normativos, mediante a qual um diploma encontra respaldo e fundamento naquele que lhe é superior".[280]

E adverte Godinho que não é esse o critério hierárquico preponderante no Direito do Trabalho, acrescentando que

> o critério normativo hierárquico vigorante no Direito do Trabalho opera da seguinte maneira: a pirâmide normativa constrói-se de modo plástico e variável, elegendo o seu vértice dominante a norma que mais se aproxime do caráter teleológico do ramo justrabalhista. Na medida em que a matriz teleológica do Direito do Trabalho aponta na direção de conferir solução às relações empregatícias segundo um sentido social de restaurar, hipoteticamente, no plano jurídico, um equilíbrio não verificável no plano da relação econômico-social de emprego, objetivando, assim, a melhoria das condições socioprofissionais do trabalhador, prevalecerá, tendencialmente, na pirâmide hierárquica, aquela norma que melhor expresse e responda a esse objetivo teleológico central justrabalhista.[281]

É certo ainda que o critério da norma mais benéfica não vem sendo aplicado de modo absoluto, encontrando restrições em determinadas hipóteses, para que a regra geral da hierarquia do direito comum prevaleça.

Essa ponderação também é referida por Godinho, no sentido de que "há, entretanto, limites à incidência desse critério hierárquico especial ao Direito do Trabalho – fronteira a partir da qual mesmo no ramo justrabalhista se respeita o critério rígido e inflexível do Direito Comum. Tais limites encontram-se nas normas proibitivas expressas oriundas do Estado".[282]

Daí por que a doutrina cuidou de traçar alguns parâmetros, além dessas limitações, para balizar a regra da norma mais benéfica, sendo de se destacar as teorias da acumulação e do conglobamento.

Pela teoria da acumulação, acumulam-se preceitos favoráveis ao obreiro, a partir de diferentes diplomas normativos. Faz-se uma seleção das disposições mais favoráveis ao trabalhador, pouco importando emanem de textos e sistemas normativos diversos.

A teoria do conglobamento se funda na idéia de que "cada conjunto normativo é apreendido globalmente, considerado o mesmo universo temático; respeitada essa seleção, é o referido conjunto comparado aos demais, também globalmente apreendidos, encaminhado-se, então, pelo cotejo analítico, à determinação do conjunto normativo mais favorável".[283]

Tem a teoria do conglobamento maior aceitação na prática, muito embora aqui não se pretenda estender sobre essa controvérsia doutrinária, mas tão-somen-

---

[280] DELGADO, Maurício Godinho. *Introdução ao direito do trabalho*. São Paulo: LTr, 1995, p. 135-136.
[281] Idem, p. 137-138.
[282] Idem, p. 138-139.
[283] Idem, p. 142.

te trazer informações do que ordinariamente vem se utilizando como forma de superação da proteção legislativa.

Uma constatação a mais se impõe. Embora de inegável valia, o critério da norma mais benéfica é visivelmente insuficiente e por demais simplista quando se pretende aplicar um princípio constitucional, se comparado ao itinerário operacional e metodológico da ponderação e da proporcionalidade, muito mais rico em termos de captação e enfrentamento das variáveis axiológicas presentes na solução do caso concreto. Daí a defesa que se faz logo abaixo pela complementação das técnicas tradicionais.

7. Da complementação dos meios tradicionais com o novo arranjo teórico da aplicação do princípio da proteção, pelo veículo da ponderação

Deixou-se assentado, no capítulo terceiro, que os métodos tradicionais de interpretação são insuficientes para o desafio hermenêutico das normas-princípio, motivo pelo que seria de todo conveniente e adequado o uso de método próprio – no caso, a ponderação, pela aplicação do princípio da proporcionalidade.

Raciocínio análogo pode ser transportado para a seara trabalhista e é justamente a perspectiva ora assumida.

O fato é que os instrumentos clássicos e tradicionais aplicados como desdobramentos do princípio da proteção são insuficientes quando se pretende dizer da desconformidade de uma regra legislativa com um comando constitucional, ou ainda da falta de sintonia de uma disposição legal com as exigências de proteção do trabalhador, casos em que é exigida uma prestação jurisdicional positiva e complementar.

Não se pode olvidar que os desdobramentos do princípio da proteção do trabalhador nos moldes de Plá Rodrigues ainda são resultado de uma construção teórica que tratava os princípios sem o necessário manto da normatividade,[284] pelo que não era possível e sequer cogitável à época o desenvolvimento de mecanismos mais apropriados para lidar com dados dogmáticos.

De se destacar que essa noção tradicional de princípios cumpriu um importante papel histórico, numa época em que sequer havia legislação trabalhista sistematizada para o conjunto da classe operária e era carente ainda de uma Justiça especializada, tendo fundamentado pareceres e decisões judiciais para o amparo do trabalhador. A confirmar essas circunstâncias, Biavaschi aponta que os princípios de Plá Rodrigues

---

[284] Sobre o caráter supranormativo dos princípios, basta verificar que a doutrina de então, capitaneada por Américo Plá Rodrigúez, que, como se sabe, foi quem sistematizou o seu estudo na seara trabalhista, tinha uma visão ainda não enraizada de princípio enquanto norma, mas como algo *a priori*. Plá Rodrigúez nessa linha sentencia que "os princípios do direito do trabalho constituem o fundamento do ordenamento jurídico do trabalho; assim sendo, não pode haver contradição entre eles e os preceitos legais. [...]". RODRIGUES, Américo Plá. *Princípios de Direito do Trabalho*. São Paulo: LTr, 1978, p. 25-50.

antes mesmo da CLT e da Justiça do Trabalho, fundamentavam boa parte das decisões proferidas pelas antigas Juntas de Conciliação e Julgamento e pelos Conselhos do Trabalho às reclamações em que trabalhadores, pessoalmente ou por seus sindicatos, postulavam 'Justiça', [...]. Também os invocavam pareceres exarados por grandes juristas, como *Oliveira Viana, Joaquim Pimenta, Oscar Saraiva, Helvécio Xavier Lopes* e, pouco mais tarde, *Arnaldo Sussekind,* nas reclamações que chegavam ao Ministério do Trabalho, Indústria e Comércio, em especial pela via da "Avocatória". Verdadeiras aulas-fonte de um Direito em construção.[285]

A realidade hoje, entretanto, é outra. Como se deixou assentado no capítulo segundo, o princípio protetor decorre atualmente da própria dogmática constitucional brasileira. Além disso, no capítulo terceiro firmou-se que neste momento a teoria dos princípios de Alexy oferece um arranjo metodológico racionalmente operativo diante da inexistência de procedimento semelhante nos dias pretéritos.

Por essas razões defende-se uma nova leitura do princípio da proteção do trabalhador e o recurso à teoria dos princípios é de todo pertinente. Por esse instrumental teórico entende-se mais compatível e menos problemática a incrementação, via Poder Judiciário, do manto tuitivo do trabalhador, dentro de um Estado Democrático de Direito, com uma constituição marcantemente social e que cuidou de positivar o princípio da proteção dos agentes do trabalho.

É certo que não se podem desprezar os métodos tradicionais de interpretação, a exemplo do gramatical, do sistemático e do teleológico, e assim também, no caso da proteção do empregado, serão de todo indispensáveis os já consagrados desdobramentos do princípio da proteção, como a aplicação da norma favorável ao caso. Essas etapas são incontornáveis, mas insuficientes para uma hermenêutica que leve em conta a complexidade de uma captação de sentido, já que além do texto também a realidade e pré-compreensões do intérprete entraram na construção da norma, num movimento interdependente e circundante. Adeodato chama a atenção para esse fato, quando aduz que:

> os elementos imediatamente ligados ao texto da lei são muito importantes, tais como o gramatical e o sistemático, e que o texto da norma é importante em sua concretização, pois assume a função de fixar os pontos de partida para criação concreta da norma [...].[286]

Mas adverte que:

> por óbvio que não existe um texto exclusivamente texto, pois toda expressão de norma jurídica já traz dados lingüísticos e reais embutidos, referências externas à própria expressão [...] A tese é que o texto e a realidade estão em constante interrelação e que esta interrelação, seja mais seja menos eventualmente discrepante, é que vai constituir a norma jurídica.[287]

---

[285] BIAVASCHI, Magda Barros. *O Direito do Trabalho no Brasil – 1930-1942*: a construção do sujeito de direitos trabalhistas. São Paulo: LTr: Jutra-Associação Luso-Brasileira de Juristas do Trabalho, 2007, p. 67-68.

[286] ADEODATO, João Maurício. Jurisdição Constitucional à brasileira: situação e limites. *Revista do Instituto de Hermenêutica Jurídica – (Neo) Constitucionalismo*: ontem, os Códigos hoje, as Constituições, vol. 1. n. 2. Porto Alegre: Instituto de Hermenêutica Jurídica, 2004, p. 176.

[287] Idem, p. 176-177.

Alinhadas a isso, as novas formas de atuação do princípio da proteção do empregado, e na esteira da construção dos princípios, vão complementar os meios tradicionais de interpretação, a partir da clivagem morfológica entre regras e princípios, e desde a aplicação destes através da regra da proporcionalidade, pelas suas estruturas de ponderação e pelo instrumento auxiliar da precedência *prima facie* do princípio da proteção do empregado quando confrontado com o princípio da livre iniciativa do empregador. É uma metodologia que não leva em conta a abertura inevitável de todo texto legal e elabora uma racionalidade possível para arrostar o problema. Entende-se que assim a interpretação e aplicação do direito ficarão mais próximas do ideal de constante interação entre o texto legal e demais vetores que levam à construção do sentido normativo, aqui especialmente na esfera do direito material do trabalho.

8. Formas de aplicação do princípio constitucional da proteção do trabalhador sobre o direito material do trabalho: as incidências direta e indireta

O princípio da proteção do trabalhador pode incidir diretamente ou indiretamente no caso concreto.

O que vai diferenciar uma forma da outra é a existência, ou não, de mediação legislativa. Em havendo, a hipótese é de aplicação indireta e, em assim não sendo, será de aplicar-se diretamente o princípio.

Em termos de incidência direta, isso sucede "quando a norma constitucional discipline, ela própria, determinada situação da vida".[288] Equivalem a essa circunstância quando houver omissão total de lei, que consiste na não-edição de ato legislativo exigido pela Constituição, ou omissão parcial, em que apenas parte do que é exigido pela Lei Fundamental foi atendido. Ou ainda, quando for decretada a invalidade de uma regra que viole comissivamente algum dispositivo da lei fundamental. Essas hipóteses têm lugar em sede controle de constitucionalidade difuso, o que vai gerar um vazio legislativo a ser suprido pela aplicação principiológica direta da Carta da República.[289]

---

[288] A afirmação é de Barroso, sendo que ele faz uma distinção entre os termos jurisdição constitucional e controle de constitucionalidade, para defender que na aplicação direta da Constituição não haveria essa fiscalização mas apenas na indireta (BARROSO, Luís Roberto, *Controle de Constitucionalidade no Direito Brasileiro,* 2. ed. São Paulo: Saraiva, 2006, p.3). Nesta pesquisa assume-se a perspectiva que evidentemente não pode haver controle de constitucionalidade na aplicação direta da Constituição, no que se segue Barroso, mas é preciso observar que a ocorrência da aplicação direta pode ter sido motivada por um controle de constitucionalidade, e nesse caso a norma não teria passado pela sindicalização judicial e seria declarada inconstitucional, por omissão ou comissão frente a texto constitucional, gerando, como dito, um vácuo legislativo que demandaria uma aplicação direta da Constituição. Na indireta, a norma seria igualmente fiscalizada sendo que quedaria ilesa e assim a diretriz constitucional incidiria apenas indiretamente na atribuição de sentido e em termos de parâmetro de validade.

[289] Sobre as amplas possibilidades de incidência direta de uma norma-princípio "frente a un legislador inoperante", Alexy aponta que a jurisprudência do Tribunal Constitucional Federal alemão de modo algum é impotente, e nesse sentido se estende "desde la mera constatacíon de una violación de la Constitución, a través de la fijación de un plazo dentro del cual debe llevarse a cabo una legislación acorde con la Constitución, hasta la formulación

Já a eficácia indireta virá no terreno da interpretação da regra legal existente, especialmente através das cláusulas abertas e dos conceitos jurídicos indeterminados, ou ainda como parâmetro de validade da regra *sub-examen*. Nesses casos, a regra passa pelo controle de constitucionalidade e, devidamente validada, será objeto de interpretação e aplicação do direito tendo em conta as diretrizes do princípio da proteção do trabalhador. Veja-se que aí a Constituição vai servir de "referência para atribuição de sentido a uma norma infraconstitucional ou de parâmetro para a sua validade".[290]

9. A tensão do direito fundamental da proteção à pessoa-que-trabalha e o bem constitucional da livre iniciativa: o *iter* operacional da proporcionalidade e a precedência *prima facie* dos agentes do trabalho

Elegeu-se o embate do princípio da proteção do empregado com o princípio da livre iniciativa do empregador, porque se entendeu que se trata este do principal contraposto à incidência daquele e pelo fato de que cada um é o que melhor simboliza a relação capital e trabalho.

Seja na incidência direta seja indireta, é natural que ocorra essa tensão e é sobre ela que se pretende fixar critérios sob a égide da teoria dos princípios e em consonância com o ordenamento jurídico brasileiro.

9.1. O enquadramento morfológico da livre iniciativa

Não tem sido infreqüente e é até comum invocar a livre iniciativa como um princípio contraposto à proteção do empregado, como se o empregador, tanto quanto este, dispusesse de um direito que, num eventual conflito, e partindo de iguais condições, tivesse a serventia de defender os seus interesses empresariais.

Então, para bem se compreender o enquadramento conceitual da proteção do trabalhador, feito linhas atrás, igualmente é preciso percorrer *vis a vis* o itinerário definitório da livre iniciativa.

Que a livre iniciativa se trata de princípio, parece não haver dúvida. A natureza morfológica da norma constitucional é aberta o suficiente, e tem estrutura lógica de aplicação modulada, para o enquadramento na categoria conceitual de princípio, dentro da teoria de Alexy adotada no capítulo terceiro. Está satisfeito, desse modo, um pressuposto para que seja feita uma ponderação: está-se diante de um choque entre duas normas princípios.[291]

---

judicial directa de lo ordenado por la Constitución". ALEXY, Robert. *Teoria de los Derechos Fundamentales*, trad. Ernesto Garzón Valdés. Madri: Centro de Estudios Constitucionales, 1993, p. 497.

[290] BARROSO, Luís Roberto, *Controle de Constitucionalidade no Direito Brasileiro*, 2. ed. São Paulo: Saraiva, 2006, p. 3.

[291] Cf. SILVA, Virgílio Afonso da. *A Constitucionalização do Direito*. São Paulo: Malheiros, 2005, p. 154.

Logo, a livre iniciativa é um princípio e pode assim fazer parte de um processo de ponderação com o também princípio da proteção do empregado.

9.2. A ausência de hierarquia rígida entre o princípio da proteção do empregado e a livre iniciativa do empregador

O constituinte não estabeleceu uma hierarquia rígida entre o princípio da proteção do empregado e a livre iniciativa do empregador.

Está claro ter havido uma preferência em favor do empregado – e é o que se demonstrará mais adiante –, mas a consagração da livre iniciativa como bem constitucional e a existência de algumas exceções[292] no próprio texto da Lei Fundamental indicam que aquela não é absoluta.

Note-se que um juízo cabal de preferência decorreria de norma geralmente proibitiva, em que não é tolerada hipótese alguma de exceção.[293] No caso, não é isso o que sucede.

Havendo, assim, apenas uma preferência dúctil, flexível, afigura-se de todo cabível a aplicação do princípio da proporcionalidade e, na hipótese específica, com o instrumento ancilar da preferência *prima facie* de Alexy.

9.3. Da precedência prima facie *do princípio da proteção do empregado em relação ao princípio da livre iniciativa do empregador*

Recorrer-se-á aqui a um critério construído por Alexy, quando defendeu a preferência de determinados direitos fundamentais sobre direitos constitucionalmente assegurados – a precedência *prima facie*.

No capítulo terceiro, já se apontou que essa precedência não significa uma pré-determinação de que determinado direito se sobreponha sempre e em qualquer circunstância a outro. Não foi isso o que se deixou consignar. O que ficou claro é que se cuida apenas e tão somente de uma preferência num primeiro momento do processo de ponderação, que pode sim ser superado durante esse mesmo processo, desde que sejam apresentados argumentos suficientes para tanto. É uma precedência, portanto, que gera uma carga argumentativa para quem pretenda se sobrepor a certos direitos fundamentais.

Essa idéia regulativa, como instrumento ancilar no processo de ponderação de princípios, vem a calhar e é de toda cabível para o confronto em exame.

---

[292] São exemplos de exceções a possibilidade de redução salarial e alteração da jornada de trabalho, mediante acordo ou convenção coletiva (CF/88, artigo 7º, incisos VI e XIII), o que demonstra uma ponderação do constituinte, aplacando da proteção do trabalhador em casos que tais.

[293] Exemplo de juízo de preferência absoluto quem dá é o STF, quando, enfrentando o problema da admissibilidade ou não de prova ilícita, entendeu por maioria ou unanimidade que na constituição há um tal juízo quanto à proscrição de provas ilícitas, pelo que não cabe fazer uso do princípio da proporcionalidade.

Defende-se que o princípio da proteção do empregado tem uma precedência prima facie sobre o princípio da livre iniciativa, seja porque se trata de um direito fundamental *versus* um bem constitucionalmente protegido, o que é um argumento dogmático e calcado no texto da constituição federal de 1988. Seja mais porque, ainda que se considere por hipótese a livre iniciativa como direito fundamental, mesmo assim haverá uma primazia do direito à proteção à pessoa-que-trabalha, numa construção que eleva o direito fundamental social do trabalhador sobre o direito de livre empreender típico do empregador.

Seja ainda pelo primado do trabalho no ordenamento jurídico brasileiro, explicitado em várias ocasiões no texto constitucional.

Seja finalmente porque o trabalhador merece uma proteção diante do empregador, já que se cuida geralmente da parte mais débil da relação capital e trabalho, e aí se recorre à própria história do direito do trabalho e a uma análise sociológica como pré-compreensões que devem guiar o intérprete e aplicador do direito no processo hermenêutico.

Primeiro se parte dos dados dogmáticos.

Ficou assentado no capítulo segundo desta investigação que a proteção do empregado é um direito fundamental e que, por isso mesmo, recebeu um tratamento privilegiado do constituinte, desde quanto à imunidade frente modificações derivadas até a eficácia direta, plena e imediata. A fundamentalidade assim da proteção dos agentes de trabalho é a primeira e a mais relevante das provas de que houve um tratamento privilegiado em relação àqueles.

Há também de se atentar para o primado do trabalho na Carta da República de 1988, outra característica marcante do ordenamento jurídico constitucional.

É preciso considerar que os "valores sociais do trabalho" é um dos fundamentos da República Federativa do Brasil (artigo 1º, inciso IV).

E figura ainda como princípio da "Ordem Econômica", voltada a "assegurar a todos existência digna, conforme os ditames da justiça social [...]" (artigo 170 da Constituição Federal) e a "busca do pleno emprego" (inciso VIII).

Sem contar que o primado do trabalho é colocado como "base" de toda a ordem social, conforme artigo 193: "A ordem social tem como base o primado do trabalho, e como objetivo o bem-estar e a justiça sociais".

Logo, o *status* de direito fundamental da proteção do trabalhador aliado ao primado do trabalho despontam, já num instante inicial, em favor de uma preferência deste em confronto com a livre iniciativa do empregador.

Some-se a isso que a livre iniciativa não ostenta a mesma condição no ordenamento jurídico nacional. A livre iniciativa se trata de um bem constitucionalmente assegurado, mas não passa de um pressuposto de desenvolvimento do sistema capitalista de produção, e apenas isso. Não tem nada de fundamental, seja porque não está formalmente inserida pelo constituinte como direito fundamental, seja porque, em se verificando o critério material de fundamentalidade

– ter ligação à condição humana de existência –, emerge cristalina a ilação de que efetivamente não há.

É essa, a propósito, a posição de Eros Grau sobre o tema:

> a livre iniciativa é um modo de expressão do trabalho e, por isso mesmo, corolária da valorização do trabalho [...]. Daí porque o artigo 1º, IV, do texto constitucional – de um lado enuncia como fundamento da República Federativa do Brasil *o valor social* e não as virtualidades individuais da livre iniciativa – e outro – o seu artigo 170, *caput* coloca lado a lado *trabalho humano* e *livre iniciativa,* curando contudo no sentido de que o primeiro seja valorizado. [...] Nem a toma, a Constituição, já observei, como *direito fundamental,* entre aqueles inscritos no seu Título III. Não se trata, pois, no texto constitucional, de atributo conferido ao capital ou ao capitalista, porém à empresa – ao empresário, apenas enquanto detentor do controle da empresa.[294]

Dir-se-á que a livre iniciativa decorre do direito fundamental da liberdade, e por isso igualmente teria esse *status* normativo.[295]

Contudo, a liberdade como direito fundamental não pode ser manejada dessa forma, já que envolve a sujeição de outrem em benefício daquele que explora a atividade empresarial. Não se pode pretender transportar um conceito que é intimamente ligado ao de dignidade da pessoa humana, como o é o de liberdade, para o terreno do modo de produção capitalista, como que fundamentalizando o direito de explorar a mão-de-obra alheia.

Há que atentar para o fato de que a livre iniciativa, se considerada como direito fundamental, trará como elemento conceitual a possibilidade de ter empregados, configurando, com isso, um quadro de equação extremamente perverso: não se pode sufocar o direito de empreender e auferir lucros sob color de defender o direito da pessoa-que-trabalha. Ou ainda, em termos menos enfáticos, ter em conta a livre iniciativa dentro do rol das garantias fundamentais equivaleria a situá-la em iguais parâmetros com o direito fundamental de proteção do empregado, o que demandaria um sopesamento entre tais valores, sempre se considerando pesos semelhantes como ponto de partida. Nessa matemática nivelar-se-ia o lucro do empreendimento com a dignidade do trabalho, e está claro a este autor que uma tal postura em nada compartilha do conceito do direito fundamental de liberdade.

É de todo pertinente, a essa altura da problematização sobre o tema, a crítica de Nelson Saldanha, para quem o capitalismo sem freios acaba "por desnaturar a idéia de liberdade e por dar a deixa para a famosa pergunta de Proudhon: *'Où est la liberte du non proprietaire?'* (Onde está a liberdade do não proprietário?)".[296]

---

[294] GRAU, Eros Roberto. *A Ordem Econômica na Constituição de 1988,* 4. ed.. São Paulo: Malheiros, 1998, p. 227-229.

[295] É o argumento de Petter, para quem "a livre iniciativa, bem compreendida, não só consubstancia alicerce e fundamento da ordem econômica, como também deita raízes nos direitos fundamentais [...]". PETTER, Lafayete Josué. *Direito Econômico.* Porto Alegre: Verbo Jurídico, 2006, p. 48.

[296] SALDANHA, Nelson. O que é o Liberalismo. In: *Estado de Direito, Liberdades e Garantias* (Estudos de Direito Público e Teoria Política). São Paulo: Sugestão Literária, 1980, p. 89.

Certamente num Estado Social e Democrático de Direito não se pode aderir a uma liberdade que não seja moldada pela dignidade da pessoa humana. Uma liberdade ditada pela livre iniciativa significa inverter a equação da proteção ao homem em benefício do capital.

Atento a isso, o constituinte brasileiro fez uma clara opção entre os valores apontados, tendo se direcionado para sobrepor a proteção do empregado em detrimento do direito de empreender livremente. A colocação do valor social do trabalho como diretriz anterior à livre iniciativa evidentemente tem um sentido bem propositado e em sintonia com a qualificação do Estado brasileiro, já no pórtico da Carta Política como Democrático de Direito (CF/88, artigo 1º, *caput*).

Não cabe, assim, colocar em pé de igualdade algo que o constituinte não o fez.

Daí por que a livre iniciativa não pode ser considerada como direito fundamental. É um direito cujo exercício só é legítimo *caso* sejam respeitados os valores sociais do trabalho.

O trabalho diz com que a dignidade da pessoa humana.

Como se fez consignar e aqui se reitera, o trabalho é um bem que está ligado à realização do ser humano. Está, por isso mesmo, situado antes e para além do modo de produção econômico que a sociedade venha a adotar.[297] É o que se dá também com a liberdade, sendo direito cujo exercício goza de fundamentalidade, pouco importando a forma com que a economia seja desenvolvida. Não se pode confundir, em absoluto, a livre iniciativa com esse direito fundamental de liberdade.

Raciocínio semelhante é de aplicar para o argumento no sentido de que a livre iniciativa teria status de direito fundamental porque decorreria do direito fundamental de propriedade privada.

Ora bem. Levando-se às últimas conseqüências, defender que o direito de livre iniciativa, que engloba o direito de ter empregados, decorreria do direito fundamental de propriedade seria equiparar o empregado a um bem de propriedade. Seria, assim, a reificação pura, simples e brutal do trabalhador.

Que o direito de propriedade é fundamental, isso não se discute. Está estampado no artigo 5º, inciso XXII, da Constituição.[298] Pode-se assim exercê-lo em todas as suas nuances, desde a posse, a fruição e a alienação, mas intuitivamente ele não pode alcançar o direito de ter empregados. Mas se diverge de tantos quantos queiram inserir sob seu domínio "a propriedade de ter empregador" pelo veículo da livre iniciativa.

Se no direito civil a pessoa humana passou a ser não apenas objeto ou sujeito do direito, mas parte essencial do conceito do que é jurídico, num fenômeno

---

[297] Entram aí as pré-compreensões defendidas no capítulo quinto da pesquisa.
[298] "É garantido o direito de propriedade" são os termos do artigo 5º, inciso XXII, da Constituição de 1988.

por assim dizer de *humanização do direito*,[299] invertendo uma lógica histórica de juridicização e patrimonialização do ser humano, com maior razão no direito do trabalho o centro das atenções tem que ser a pessoa e não o lucro que dela se pretende auferir.

A sufragar-se, contudo, o entendimento de que a livre iniciativa se trata de direito fundamental, o que se faz apenas por hipótese, ainda assim, defende-se a precedência prima facie da proteção à pessoa-que-trabalha. É que num país que se encontra na periferia do sistema é de todo coerente o posicionamento de que os direitos sociais devem prevalecer, sempre *prima facie,* sobre os direitos econômicos.

Se no contexto alemão Alexy defende a precedência prima facie dos direitos individuais sobre os coletivos,[300] isso tem a ver evidentemente com o percurso histórico do povo germânico, no qual houve momentos agudos em que, em nome da coletividade, foram sepultados direitos mínimos de dignidade da pessoa humana. É reativa assim, em termos históricos, a posição de Alexy sobre a preferência dos direitos fundamentais individuais sobre os bens coletivos constitucionalmente assegurados.

E o mesmo caminho deve ser trilhado pelo jurista brasileiro: deslocar o olhar para o solo e a história nacionais, e desse modo firmar partido na questão da hierarquia móvel entre os diversos tipos de direitos fundamentais. E é o que se faz aqui.

Numa proposição: considerado o estágio de pré-modernidade de boa parte da população brasileira, o que situa o país na periferia do sistema, defende-se que o direito fundamental à proteção ao trabalhador, especialmente pelo moto social que ostenta, tem precedência *prima facie* sobre o direito à livre iniciativa do empregador, ainda que este seja tido por hipótese como fundamental. Nada muda, pois, em termos de tomada de posição a respeito da precedência do trabalhador neste livro se a livre iniciativa se trata de direito fundamental ou simplesmente de bem constitucionalmente assegurado.

Entender-se, por outro lado, que a livre iniciativa não prevaleceria sobre a proteção ao empregado, em determinadas hipóteses, seria sufocá-la de morte e fazer *tabula rasa* à elevação de bem constitucionalmente protegido. É certo que a livre iniciativa faz parte do cenário do mundo do trabalho. O equívoco de entendê-la como horizonte desse ambiente é tão grave quanto desconsiderá-la fora dele.

Seriam danosos os efeitos de uma planificação dos atores no mundo do capital e trabalho dentro do modo de produção capitalista, como se não houvesse

---

[299] Cf. MORAES, Maria Celina Bodin. O conceito de dignidade humana: substrato axiológico e conteúdo normativo. In: *Constituição, Direitos Fundamentais e Direito Privado.* (org.) SARLET, Ingo Wolfgang. Porto Alegre: Livraria do Advogado, 2003, p. 124.

[300] Cf. ALEXY, Robert. *El concepto y la validez del derecho.* 2. ed.. Trad. Jorge M. Seña. Barcelona: Gedisa, 1997, p. 207-208.

diferença entre empregado e empregador. O falso estado de igualdade importaria na perda da identidade do trabalhador.

É de se atentar, a propósito, para a advertência de Aldacyr Coutinho, no sentido de que uma eliminação artificiosa da livre iniciativa e configuração de um falso estado de igualdade importaria a "perda de identidade da classe trabalhadora", com reflexos perversos sobre sua força reivindicatória e combativa.[301]

É da diferença do empregado sobre o empregador que partem as lutas contra a exploração, nas palavras de Coutinho:

> no instante em que forem aparentemente iguais, porquanto se encontram em uma mesma situação em relação ao trabalho, não havendo divisão entre proprietários e não proprietários, trabalhadores e capitalistas, mas solidariedade tal qual ocorre na Economia Solidária, imperará um novo modo-de-produção e estaremos diante da captura de uma nova subjetividade. No entanto, enquanto vivermos o modo de produção capitalista, mister que cada um reconheça o seu espaço e seu papel, o que permitirá a contínua luta pela superação da alienação e exploração, com o reconhecimento e incremento de direitos conquistados.[302]

Por tudo isso deflui que a proteção do trabalhador tem preferência sobre a livre iniciativa, muito embora não seja uma ascendência peremptória e absoluta que impeça o apelo ao método da ponderação, por meio da aplicação do princípio da proporcionalidade.

10. A análise prudente e séria na aplicação do princípio da proporcionalidade para resolver o conflito: casos ilustrativos em face da realidade mutante

A análise prudente de todos os elementos da aplicação do princípio da proporcionalidade – necessidade, adequação e proporcionalidade em sentido estrito – é algo de que não pode prescindir quando a pretensão reside numa adequada proteção ao empregado, e com padrões que estejam dentro da realidade e não fora dela. A resolução do conflito entre a proteção à pessoa-que-trabalha e a livre iniciativa do empregador passa necessariamente pela aplicação da proporporcionalidade.

Assim, a idoneidade da medida de proteção ou não do empregado deve ser verificada, e isso equivale a dizer que o julgador deverá observar se atende aos fins constitucionais de tutela do empregado. A necessidade será de igual modo vista, e aí se dirá se outra medida com mesma eficácia provocará uma restrição menor no direito fundamental afetado. E finalmente a proporcionalidade em sentido estrito, mediante o sopesamento do princípio da proteção do empregado com a

---

[301] COUTINHO, Aldacy Rachid. A autonomia privada: em busca da defesa dos direitos fundamentais dos trabalhadores. In: *Constituição, Direitos Fundamentais e Direito Privado,* (Org.) SARLET, Ingo Wolfgang. Porto Alegre: Livraria do Advogado, 2003, p. 174-175.

[302] Idem, p. 175.

livre iniciativa do empregador, perpassada nesse caso pela preferência *prima facie* daquele sobre este último.

Sem recorrer à mesma construção teórica aqui exposta, até porque é, neste momento, inovatória, mas aplicando o princípio da proporcionalidade em questão envolvendo direito do trabalho, o Supremo Tribunal Federal já expressamente decidiu que uma interpretação que vá de encontro ao direito dos trabalhadores, e deixe portanto de lado a elevada proteção da Lei Fundamental brasileira, afrontaria o "princípio da proporcionalidade em sentido estrito".[303]

Um caso emblemático de aplicação do princípio da proteção da pessoa-que-trabalha diante de novas situações ainda não disciplinadas pelo legislador está em torno dos trabalhadores acometidos pelo HIV. Não há previsão legal que ampare, por exemplo, um pedido de reintegração ao emprego de funcionário dispensado apenas e apenas por ser portador dessa enfermidade. Nenhuma dúvida pode existir que em hipóteses que tais deve o Poder Judiciário, por aplicação direta do princípio da proteção ao empregado em precedência *prima facie* frente ao direito de livre iniciativa do empregador (com o desdobramento no caso no poder de despedir empregados), e seguindo o *iter* operacional da proporcionalidade, conceder, se as circunstâncias do caso autorizarem, a tutela necessária, adequada e justa.

É de se atentar, a propósito, que o Tribunal Superior do Trabalho já vem acatando pedidos reintegratórios de empregados com HIV, a despeito da ausência de previsão legislativa. Na maioria dos julgados, ainda que por outros caminhos dogmáticos, é invocado o princípio da proteção e o da igualdade para respaldar a decisão em favor do empregado.

Vejam-se os seguintes arestos:

REINTEGRAÇÃO. EMPREGADO PORTADOR DO VÍRUS HIV. DISPENSA DISCRIMINATÓRIA. 1. Caracteriza atitude discriminatória ato de Empresa que, a pretexto de motivação de ordem técnica, dispensa empregado portador do vírus HIV sem a ocorrência de justa causa e já ciente, à época, do estado de saúde em que se encontrava o empregado. 2. O repúdio à atitude discriminatória, objetivo fundamental da República Federativa do Brasil (artigo 3º, inciso IV), e o próprio respeito à dignidade da pessoa humana, fundamento basilar do Estado Democrático de Direito (artigo 1º, inciso III), sobrepõem-se à própria inexistência de dispositivo legal que assegure ao trabalhador portador do vírus HIV estabilidade no emprego. 3. Afronta aos artigos 1º, inciso III, 5º, caput e inciso II, e 7º, inciso I, da Constituição Federal não reconhecida na decisão de Turma do TST que conclui pela reintegração do Reclamante no emprego. 4. Embargos de que não se conhece. (ERR-439.041/1998, Rel. Min. João Oreste Dalazen, DJ-23.5.2003)

PORTADOR DO VÍRUS HIV. REINTEGRAÇÃO. Em circunstâncias nas quais o trabalhador é portador do vírus da *Aids* e o empregador tem ciência desse fato, o mero exercício imotivado do direito potestativo da dispensa faz presumir discriminação e arbitrariedade. A circunstância de o sistema jurídico pátrio não contemplar previsão expressa de estabilidade no emprego para o soropositivo de HIV não impede o julgador trabalhista de valer-se da

---

[303] STF, Tribunal Pleno, ADIn 1.721-3 (DF), rel. Min. Carlos Britto, pub. 11.10.06.

prerrogativa inserta no art. 8º da CLT, para aplicar à espécie os princípios gerais do direito, notadamente as garantias constitucionais do direito à vida, ao trabalho e à dignidade, insculpidos nos arts. 1º, incisos III e IV; 3º, inciso IV; 5º, *caput* e XLI, 170 e 193 da Carta Política, além da previsão do art. 7º, inciso I, também da Constituição Federal, que veda a despedida arbitrária. Recurso de revista conhecido e provido. (RR-76.089/2003-900-02-00, Rel. Min. Lélio Bentes Corrêa,DJ-17.6.2005).

Outra hipótese em que caberia invocar o princípio da proteção é quando envolve a acusação de justa causa, por embriaguez habitual em serviço. Nesses casos tem a mais alta Corte trabalhista entendido que a previsão do artigo 482, alínea "f", da Consolidação, não pode prevalecer porque atualmente o alcoolismo é considerado doença.[304] Dentro dos caminhos dogmáticos deste estudo, entende-se que aí se configura não a inconstitucionalidade, mas a revogação dessa alínea da CLT, por afronta ao princípio da proteção à pessoa-que-trabalha. Evidentemente que um empregado doente não pode receber a pecha de mau funcionário, sendo antes um desafortunado que merece ser afastado do serviço para tratamento apropriado, sob pena de fazer-se letra morta ao valor da dignidade humana de quem trabalha. A posição aqui, assim, é de convergência com o decidido pelo Tribunal Superior do Trabalho, embora a estrutura de argumentação seja diversa.

Uma situação imaginária mas perfeitamente factível também pode auxiliar a compreensão do problema. Suponha-se um pedido de tutela inibitória, e portanto de remoção de ilícito, em que o empregado, tendo notícia de que existem meios tecnológicos de extirpar a insalubridade do ambiente de labor, venha a postular que a empresa trate de providenciar a sua eliminação. A empresa, no caso, pode, em defesa, simplesmente alegar que paga regularmente o adicional de insalubridade respectivo e que não há previsão legal para o pedido, aduzindo, ademais, que este, se aceito, importaria num gasto elevado e não previsto para aquele momento. É certo que o caso requer a aplicação do princípio da proteção ao empregado com a precedência *prima facie* em relação ao direito à livre iniciativa do empregador, e tudo dependerá do exame sério e aprofundado das circunstâncias do caso, bem abalizados nos estágios de aplicação do princípio da proporcionalidade. Ainda assim, e esticando a hipótese, pode-se supor um conjunto de fatos que abone a pretensão do empregado, como a circunstância de que se trata de uma empresa de grande porte e que a compra da tecnologia que resultará na eliminação da insalubridade seja perfeitamente compatível com os seus gastos. Tudo recomendaria num contexto imaginário de fatos favoráveis à concessão de tutela, valendo-se o julgador da aplicação direta do princípio protetor, e superaria no caso uma insuficiência de proteção por parte da CLT. Evidentemente que outras contigências poderiam levar a resultado inverso, como se se cuidar de um pequeno estabelecimento que não consiga suportar a aquisição da nova tecnologia, e assim por

---

[304] TST, E-RR-586320/1999, rel. Min. João Orestes Dalazen, pub. DJ 21/05/2004.

diante, trazendo um revés para o empregado consubstanciado na permanência da monetarização da insalubridade, contemplada pela legislação vigente.[305]

Esses casos hipotéticos são ilustrativos de que há um campo fértil para o Poder Judiciário fazer frente a novas situações em prol do emprego. Fica claro, por exemplo, que a tecnologia não apenas tem a via de sufocar o labor, como se ponderou no capítulo primeiro, mas pode também favorecer o empregado, e o julgador pode funcionar como um mediador para que isso venha a suceder, num quadro mais promissor para a classe operária.

A prudência em todas essas hipóteses deve ser redobrada, dada a própria natureza aberta das normas-princípio.

Sobre o fato de que é preciso cautela e cuidado redobrado na aplicação dos direitos sociais estruturados na forma de princípios, especialmente os prestacionais, como é o caso do princípio da proteção aos trabalhadores, tem a doutrina feito reiteradas advertências, como se colhe nessa passagem de Ingo Sarlet:

> que o reconhecimento – especialmente quando efetuado diretamente e, portanto, sem mediação legislativa – de direitos subjetivos a prestações sociais contra entidades privadas deve ser encarado com cautela e passar por um rigoroso controle no que diz com critérios que presidem a solução de conflitos de direitos, já foi frisado, mas há de ser repisado [...].[306]

No mesmo sentido, adverte Daniel Sarmento que a aplicação de princípios impõe seriedade, e isso significa que também sejam levadas a sério as regras existentes:

> é óbvio que as regras podem ser afastadas ou consideradas inaplicáveis na resolução dos casos concretos, [...] mas o que vem muitas vezes acontecendo, e não pode ser admitido, não é o afastamento racionalmente fundamentado de regras, mas a sua simples consideração na solução dos casos concretos compreendidos no âmbito da sua hipótese de incidência.[307]

E depois complementa:

> é importante frisar que a filtragem constitucional não conduz, necessariamente, à anarquia metodológica e à "carnavalização" da Constituição. É perfeitamente possível postular a força expansiva dos princípios e valores constitucionais, revisitado, à sua luz, as normas e os

---

[305] Sobre a monetarização da saúde no ambiente do trabalho, Oliveira chama a atenção para a distorção da legislação que induz "o empresário a concluir que é permitido expor a riscos a vida e a saúde do trabalhador desde que lhe pague os adicionais e reparações correspondentes". Cf. OLIVEIRA, Sebastião Geraldo de. *Proteção Jurídica à Saúde do Trabalhador*. 4. ed. São Paulo: LTr, 2002, p. 453.

[306] SARLET, Ingo Wolfgang. Mínimo Existencial e Direito Privado: Apontamentos sobre Algumas Dimensões da Possível Eficácia dos Direitos Fundamentais Sociais no Âmbito das Relações Jurídico-Privadas. In: *A Constitucionalização do Direito – Fundamentos Teóricos e Aplicações Específicas*. Coord. SARMENTO, Daniel; SOUZA NETO, Cláudio Pereira de. Rio de Janeiro: Lumen Juris, 2007, p. 351.

[307] SARMENTO, Daniel. Ubiqüidade Constitucional: Os Dois Lados da Moeda. In: *A Constitucionalização do Direito – Fundamentos Teóricos e Aplicações Específicas*. Coord. SARMENTO, Daniel; SOUZA NETO, Cláudio Pereira de. Rio de Janeiro: Lumen Juris, 2007, p. 147.

institutos do ordenamento infraconstitucional, sem resvalar no decisionismo e na demagogia judicial.

Essa constatação repousa justamente na idéia de que não se pode deixar de considerar certos limites na aplicação do princípio da proteção do empregado, para um convívio harmônico com o direito também constitucional da livre iniciativa do empregador.

11. Considerações finais ao capítulo

Há um forte consenso na doutrina quanto ao caráter tutelar do Direito material e infraconstitucional do Trabalho.

A Carta Política brasileira de 1988 adotou o capitalismo como modo de produção, mas condicionou o seu exercício ao respeito do trabalho, no que reforçou o espírito da legislação tuitiva do trabalhador.

Em que pese tenham os direitos dos trabalhadores uma proteção formal acentuada no texto constitucional, na prática os direitos fundamentais do trabalho vêm sofrendo mutações, não só em termos de interpretação, como de efetividade. E o princípio da proteção ao trabalhador tem sentido abalos consideráveis, inclusive pela inversão da equação, pela qual hoje não mais se protege diretamente o empregado e sim primeiramente a empresa. Uma das releituras do princípio da proteção chega a imputar culpa ao empregado pelo desemprego.

Cumpre dizer que é possível uma atuação do Judiciário em sentido inverso e é o que se defende aqui.

Defende-se uma nova leitura do princípio da proteção do trabalhador e o recurso à teoria dos princípios é de todo pertinente. Por esse instrumental teórico entende-se mais compatível e menos problemática a incrementação, via Poder Judiciário, do manto tuitivo do trabalhador, dentro de um Estado Democrático de Direito, com uma constituição marcantemente social e que cuidou de positivar o princípio da proteção dos agentes do trabalho.

É certo que não se podem desprezar os métodos tradicionais de interpretação, a exemplo do gramatical, do sistemático e do teleológico, e assim também, no caso da proteção do empregado, os já consagrados desdobramentos do princípio da proteção, como a aplicação da norma favorável ao caso. Essas etapas são incontornáveis, mas insuficientes para uma hermenêutica que leve em conta a complexidade de uma captação de sentido, quando se pretende dizer da desconformidade de uma regra legislativa com um comando constitucional, ou ainda da falta de sintonia de uma disposição legal com as exigências de proteção do trabalhador, casos em que é exigida uma prestação jurisdicional positiva.

O princípio da proteção do trabalhador pode incidir direta ou indiretamente no caso concreto, e o que vai diferenciar uma forma da outra é a existência, ou não, de mediação legislativa. Seja na incidência direta seja indireta, é natural que ocorra a tensão entre o princípio da proteção ao trabalhador e o princípio da livre iniciativa do empregador. E se defende que esse conflito deve resolver-se pela aplicação da proporcionalidade, nos seus três estágios operativos, dois mais destinados aos aspectos fáticos e a ponderação dos contornos jurídicos no ponto da proporcionalidade em sentido estrito.

Defendeu-se mais que, no embate entre o princípio da proteção e o contraprincípio da livre iniciativa do empregador, tem aquele sobre este uma precedência *prima facie* e, portanto, deverá prevalecer, a não ser que haja argumentos mais fortes em sentido contrário. Essa ascendência decorre do fato de a proteção ao trabalho ostentar o caráter de direito fundamental e a livre iniciativa de bem constitucionalmente assegurado, o que é menos em termos de hierarquia dogmática, mas também se assegurou que, mesmo por hipótese de a livre iniciativa ser considerada igualmente direito fundamental, ainda assim, remanesceria a precedência de largada. É que nesse caso o fundamento repousa na defesa de que, num país que se encontra na periferia do sistema como o Brasil, deve-se entender que os direitos sociais, dos quais o direito do trabalho é o carro chefe, hão de manter a preferência *prima facie* sobre os direitos econômicos.

A análise prudente de todos os elementos da aplicação do princípio da proporcionalidade – necessidade, adequação e proporcionalidade em sentido estrito – é algo de que não se pode prescindir quando a pretensão reside numa proteção ao empregado proporcional, e com padrões que estejam dentro da realidade e não fora dela, aí considerando uma convivência que não parta para a negação da existência do empregador em um dos pólos da relação capital e trabalho.

CAPÍTULO **VII**

A jurisdição e as reverberações do princípio da proteção ao trabalhador no direito processual do trabalho

1. Considerações iniciais

Neste capítulo, vai-se privilegiar a questão da proteção do empregado em termos de efetividade do processo do trabalho, a partir do estudo da tutela de urgência, tanto no que se refere ao juízo de conhecimento quanto ao cumprimento desses provimentos.

Vai-se debruçar sobre a legislação processual referente à matéria, para dizê-la suficiente ou não, ou por outras palavras, efetiva ou não. E, ato contínuo, o que pode o Poder Judiciário, em casos que tais, e com os mecanismos e instrumentos jurídicos elaborados ao longo deste estudo, fazer para aproximar o processo do trabalho do ideal de protetividade do trabalhador da Constituição Federal de 1988, tudo de molde a promover o direito da proteção da pessoa-que-trabalha sob regime de emprego.

A eleição do campo da tutela de urgência não foi despropositada. Deve-se ao caráter especialmente de urgência do direito do trabalho, que decorre do seu caráter alimentício. É dizer: se em outras searas do direito a urgência da prestação jurisdicional é um valor a ser considerado, no processo do trabalho, pela matéria-prima para a qual foi pensado – as verbas trabalhistas todas de caráter alimentar – naturalmente se maximiza e se potencializa a importância do tema.

Se, portanto, o desgaste do tempo já tem *de per si* um efeito danoso a todo e qualquer processo – o que a doutrina processual denomina de *dano marginal* –, na ritualística do trabalho se revela ainda mais deletério e requer, por isto mesmo, uma proteção maior do Estado.

A pesquisa nesta seção vai se desenvolver em várias partes.

No primeiro momento, defrontar-se-á com o problema do tempo no processo e a particularidade no domínio do processo do trabalho.

Num segundo momento, os mecanismos de que dispõe o legislador para fazer frente à equação tempo *versus* processo, e aí se dirá das técnicas legislativas para as diferentes etapas processuais, do ajuizamento até a efetiva entrega da prestação jurisdicional.

Em seguida, as premissas conceituais em torno da matéria: o que se entende por tutelas de urgência, dentro dos aspectos denotativo e conotativo, e ainda se faz parte do conceito o elemento satisfação, efeito principal do que vem a ser a chamada efetividade da jurisdição.

Em seqüência, vai-se dizer da aplicabilidade ou não do instituto no terreno do processo do trabalho. Bem assim se vai traçar um panorama a respeito da textualidade da CLT em torno das medidas de urgência.

O disposto no artigo 769 da Consolidação, que disciplina a importação de regras para a seara trabalhista, pela sua importância na questão da possibilidade de o julgador ir além do que a proteção legal contém, merecerá análise em apartado. Tanto a sua interpretação como a sua possível superação serão aí enfrentadas.

Com isso se adentrará, em tópico próprio, no ponto da efetivação dos provimentos trabalhistas, de acordo com o que está estabelecido pela dogmática constitucional brasileira.

Do mesmo modo, até porque funciona geralmente como contraprincípio da efetividade, serão arrostadas as fronteiras teóricas do princípio do contraditório. As suas diferentes manifestações serão explicitadas e se dirá do cabimento ou não de uma releitura sobre o problema, quando se tem em mira um direito processual do trabalho mais lesto e efetivo.

E, finalmente, será problematizado o capítulo com o objetivo central da pesquisa, para se dizer como cabe ao Estado/juiz atuar diante de eventuais insuficiências legislativas no campo da efetivação da tutela de urgência no processo do trabalho, donde se recorrerá aos instrumentos dogmáticos elaborados ao longo desta pesquisa. Terá lugar, assim, a aplicação do princípio da proteção ao empregado, por meio dos estágios operacionais da proporcionalidade, com a preferência daquele em relação aos interesses do empregador, no que diz com o processo.

Pela recorrência em termos empíricos, o que decorre da observação deste autor na condição de observador privilegiado que é do cotidiano trabalhista, devido ao exercício da magistratura laboral há mais de uma década, dedicou-se uma análise à aplicação do princípio da proteção sobre os modos de execução, notadamente os meios de coerção indireta.

2. A distribuição do ônus do tempo no processo e a particularidade do processo do trabalho

Toda a problemática em torno das tutelas de urgência decorre da intenção de se evitar o chamado *dano marginal*. É o dano que decorre da lentidão do processo.

Significa dizer que todo e qualquer processo acarreta um dano para as partes na exata medida em que não é factível o processo instantâneo. A idéia de processo já afasta inexoravelmente a instantaneidade. E esse prejuízo evidentemente que recai com maior força sobre o autor.

O tempo mais prejudica o autor do que o réu, não sendo despropositada a preocupação atual com o excesso do direito de defesa.[308] Realidade essa que se agudiza quando o autor se trata de um trabalhador.

Se o autor, no processo civil, em que o direito pleiteado geralmente gravita no terreno meramente patrimonial, já deve ter instrumentos de compensação pelo desgaste do tempo a seu desfavor, afinal quem é titular do direito deve exercê-lo, e tanto melhor para quem deve se obrigar que seja prolongado o processo. Na ritualística do trabalho, em que as lides são de fundo alimentar, essa distribuição do ônus do tempo tem que ser ainda mais observada.

Daí por que é tarefa de indiscutível relevância a distribuição do ônus do tempo no processo, como forma de não apenas domar o correr dos dias, mas de fazê-lo trafegar por critérios de justiça. É do que se ocupará o tópico seguinte.

3. Técnicas legislativas para enfrentamento do dano marginal

O legislador se vale basicamente de três técnicas para enfrentar a questão: a sumarização do procedimento, a sumarização da cognição e o incremento da eficácia dos meios de execução.

A sumarização do procedimento é o encurtamento do *iter processual*, sendo exemplo o rito sumaríssimo do artigo 275 do CPC, em causas como a cobrança de honorários de profissionais liberais. O próprio processo do trabalho, que já se apresenta encurtado em seu rito, sempre foi tido como sumário, sendo que desde 2000 passou a contar também com o rito sumaríssimo, ainda mais estreito.

A outra técnica diz respeito à sumarização da cognição. E aqui não se pode deixar de levar em conta a obra seminal de Kasuo Watanabe, "Da cognição no processo civil". Watanabe faz uma sistematização do instituto da cognição, para classificá-lo em dois planos: horizontal e vertical.

A cognição horizontal tem a ver com a extensão e amplitude da matéria examinada, enquanto a vertical se situa na profundidade do julgamento, se superficial ou perfunctória a análise ou se mais detida e aprofundada.

E acrescenta, com acuidade, Watanabe que "no *plano horizontal,* a cognição tem por limite os elementos objetivos do processo estudados no capítulo precedente (trinômio: questões processuais, condições da ação e mérito, inclusive questões de mérito; para alguns; *binômio,* com a exclusão das condições da ação [...] Nesse plano, a cognição pode ser *plena* ou *limitada* (ou parcial) segundo a extensão permitida".[309]

Já no plano vertical, a cognição pode ser classificada segundo o grau de sua profundidade, em *exauriente* (completa) e *sumária* (incompleta).

---

[308] Cf. MARINONI, Luiz Guilherme. *Técnica processual e tutela dos direitos.* São Paulo: Revista dos Tribunais, 2004, p. 183-184.
[309] WATANABE, Kazuo. *Da cognição no processo civil,* 2. ed. Campinas: Bookseller, 2000, p. 112.

E exemplifica Watanabe: "se a cognição se estabelece sobre todas as questões, ela é horizontalmente *ilimitada*, mas se a cognição dessas questões é superficial, ela é *sumária* quanto à profundidade. Seria, então, cognição *ampla* em extensão, mas *sumária* em profundidade. Porém, se a cognição é eliminada 'de uma área toda de questões', seria *limitada* quanto à extensão, mas se quanto ao objeto cognoscível a perquirição do juiz não sofre limitação, ela é *exauriente* quanto à profundidade".[310]

As tutelas de urgência dizem respeito à sumarização da cognição. Vale dizer: no âmbito das tutelas de urgência toda e qualquer matéria pode ser agitada, sendo que não o será com a profundidade da cognição exauriente, significando dizer que o conhecimento será mais raso, o exame será menos aprofundado verticalmente do que aquele levado a efeito no curso de um processo regular de cognição.

No que se refere aos meios de execução, tem-se assistido a uma significativa evolução da via legislativa. A multa por descumprimento por obrigação de fazer ou não fazer é um exemplo nítido, que foi introduzido no ordenamento nacional, e tem servido para tornar efetivos provimentos muitas vezes que se perpetuavam como inexeqüíveis antes do surgimento dessa medida. Há muito entretanto a ser feito e por isso mesmo esse campo, na atual fase do processo do trabalho, deve merecer, como se verá, especial atenção por parte do julgador.

4. A delimitação conceitual da expressão "tutelas de urgência"

Segue-se aqui a doutrina que trata as tutelas antecipatórias e as tutelas cautelares dentro da mesma classe de tutelas de urgência. Quando, portanto, faz-se referência a tutelas de urgências, está-se fazendo alusão a um só tempo às cautelares e às medidas antecipatórias.

Pontua, a esse propósito, Eduardo Talamini que "é inegável que o traço de instrumentalidade – presente tanto na medida cautelar (conservativa) do livro III quanto na antecipação da tutela dos artigos 273 e 461, § 3º – permite a alusão a uma categoria geral comum, que reúna ambas as espécies. Pode-se cogitar do gênero 'tutelas de urgência'".[311]

A similitude conceitual entre as tutelas antecipatórias e as cautelares, aliada à exigência de efetividade do processo que não permite se torne essa diferenciação um estorvo na prestação jurisdicional, impõem o tratamento comum. De sorte que por tutelas de urgência entendem-se aquelas que atendem a situações de urgência. E assim pode-se falar em tutelas de urgência conservativas e antecipatórias. Ou seja, tutelas de urgência cautelar e tutela de urgência antecipada.

---

[310] WATANABE, Kazuo. *Da cognição no processo civil*, 2. ed. Campinas: Bookseller, 2000, p. 113.
[311] TALAMINI, Eduardo. Medidas urgentes ("Cautelares" e "Antecipadas"): a Lei 10.444/2002 e o Início de Correção de Rota para um Regime Jurídico Único. In: *Revista Dialética de Direito Processual*, São Paulo: Oliveira Rocha, maio/2003, p. 23.

A doutrina muito se preocupou em acentuar as dessemelhanças entre essas tutelas, o que acabou por acarretar situações, na prática, em que o imbróglio conceitual se tornou um estorvo para a proteção das situações de urgência.

É que, em muitos casos, em que o Juiz entendia estar diante de um pedido de índole antecipatória, acabava por extinguir o processo, sem julgamento, por falta de interesse processual, no critério inadequação, ou vice-versa, estando diante de um pedido antecipatório entendia que o caso se ajustava apenas ao acautelamento, e tomava a mesmíssima decisão de extinguir o feito.

Entendia-se, de uma forma ou de outra, que a via era inadequada e acabava-se deixando desprotegida a situação de urgência. O que era evidentemente um grande equívoco.

Em tais casos percebe-se que o processo, enquanto técnica para efetivação dos direitos materiais, não pode chegar ao extremo de tornar-se um empecilho para a satisfação daqueles.

Hoje, todavia, se segue o caminho oposto, para acentuar, portanto, as semelhanças, as similitudes entre as tutelas antecipatórias e cautelares, no que se anda em indiscutível acerto.

De fato, os pressupostos são praticamente os mesmos.

A fumaça do bom direito (*fumus boni iuris*) da cautelar equivale à prova inequívoca da verossimilhança da alegação a que se refere o artigo 273 da tutela antecipada.

Todas essas fórmulas, na esteira de Talamini, remontam às noções de plausibilidade do direito, sendo incorreto imaginar-se uma diferenciação entre as duas espécies. "O maior ou menor grau de plausibilidade que se vai exigir decorrerá de circunstâncias concretas [...] pondera-se a plausibilidade das alegações de ambas as partes. Todos esses fatores serão conjuntamente balanceados. O grau de plausibilidade concretamente exigido para a concessão da medida de urgência, portanto é variável. [...]".[312]

Há ainda o argumento de que ocorreria uma gradação entre cautelar e tutela antecipada. Exigir-se-ia uma probabilidade mais robusta para a antecipatória do que para a cautelar. Entende-se, entretanto, que não há como, pragmaticamente, uma tal graduação. Está-se aqui na seara da convicção do Juiz, e é intuitivo que não se pode tratar a probabilidade em percentuais ou gradações.

A afirmação em torno de uma suposta gradação não passa, com a devida licença, de uma abstração que não se sustenta com o mínimo de mergulho na realidade de aferição probatória.

---

[312] TALAMINI, Eduardo. Medidas urgentes ("Cautelares" e "Antecipadas"): a Lei 10.444/2002 e o início de Correção de Rota para um Regime Jurídico Único. *Revista Dialética de Direito Processual*. São Paulo: Oliveira Rocha, maio/2003, p. 18.

O que parece fonte de distorções interpretativas é a expressão "prova inequívoca", rendendo ensejo a exegeses que veriam aí uma exigência de prova cabal, insofismável.

Ocorre que prova inequívoca nada mais é do que prova sem anfibologias, prova clara. É o caso de um documento sem rasuras, perfeitamente legível. Evidentemente que o inequívoco não quer significar algo indene de dúvidas, se mais não fosse porque uma tal exigência revelar-se-ia desarrazoada em sede de cognição sumária seria porque não o é exigível sequer no curso de um processo ordinário de conhecimento.

De mais a mais, nem no terreno da cognição exauriente seria factível exirgir-se uma prova cabal, por uma questão mesmo ontológica da prova. A prova é uma representação de um fato pretérito, não sendo factível voltar a máquina do tempo para guardar absoluta fidelidade ao que ocorreu.

É preciso dizer que doutrina e jurisprudência sempre admitiram como adequado o significado de *fumus boni iuris* por *aparência do bom direito;* e verossimilhança nada mais é do que isto: o que parece semelhante à verdade (*símile al vero,* observa Calamanadrei). Os dois conceitos, assim, dizem respeito à plausibilidade do direito alegado pelo autor.

Já o outro requisito das tutelas de urgência, o perigo da demora, não sofre objeção no sentido de que, tanto no processo cautelar como na tutela antecipada, visa a evitar o dano do tempo.

O que distingue efetivamente as duas formas de provimentos de urgência são os objetivos imediatos. A cautelar tem em mira a conservação do processo. A antecipada tem em mira a antecipação do próprio direito. Mas em última análise, ambas têm em mira a efetividade do direito, já que só se protege o processo quando se quer proteger o direito e vice-versa.

Daí por que é de todo procedente a observação de Talamini sobre a questão da diferenciação entre as medidas cautelares e antecipatórias residir no terreno da preponderância de conteúdo. "mesmo que se conceba a distinção entre providências de urgência cautelares e antecipadas, tal diferenciação é feita, no mais das vezes, tomando-se em conta o conteúdo *preponderante* da medida (conservativo ou antecipador)".[313]

Sendo, pois, um aspecto apenas de preponderância de conteúdo, e havendo identidade de finalidades últimas das duas manifestações de tutela, tudo recomenda o tratamento unitário da temática, dentro de uma mesma categoria. Nas palavras de Talamini, "mesmo a constatação da inegável diferença no conteúdo e eficácia das duas medidas (conservatório *versus* antecipador) deve ser acompanhada de outras duas ponderações. Os diferentes conteúdos estão postos a serviço de uma *mesma finalidade* (resguardar a utilidade do provável resultado final).

---

[313] TALAMINI, Eduardo. Medidas urgentes ("Cautelares" e "Antecipadas"): a Lei 10.444/2002 e o início de correção de rota para um Regime Jurídico Único. *Revista Dialética de Direito Processual*. São Paulo: Oliveira Rocha, maio/2003, p. 23.

Além disso, e pelo que já se viu, é mais correto falar em diferença na *preponderância* do conteúdo".[314]

Reforça ainda a ilação sobre o acerto do tratamento uniforme entre a tutela antecipada e a tutela cautelar a circunstância de emanarem da mesmíssima matriz constitucional. Aqui tem pertinência a colocação de Teori Albino Zavascki,[315] chamando a atenção para o fato de o fundamento constitucional decorrer não apenas do disposto no artigo 5º, inciso XXXV, da Constituição Federal, mas de todo o catálogo de direitos fundamentais. Tudo levando-se em conta a premissa de que a função jurisdicional acautelatória se trata de mecanismo de concretização e harmonização dos direitos fundamentais positivados.

De fato, não se pode isolar a legitimidade constitucional no artigo 5º, inciso XXXV, da Carta da República. Toda e qualquer norma garantidora de direitos fundamentais é aplicável, e se o é tem o desdobramento processual para que se concretize no plano dos fatos. Logo, e na esteira de Zavascki, todo o elenco de direitos fundamentais legitima as tutelas de urgência.

As semelhanças, pois, são de ordem a autorizar a conclusão sobre um tratamento sistemático e igualitário dessas medidas, encartando-as no mesmo gênero de tutelas de urgência.

Houve-se assim muito bem o legislador quando estabeleceu a fungibilidade das medidas de urgência.[316]

5. Aplicação no processo do trabalho das regras de tutela de urgência do processo civil

O processo do trabalho é extremamente lacunoso no que diz com o regramento de situações de urgência.

Basta dizer que até a década de 70 não havia um dispositivo sequer em torno da temática. Apenas em 1975 é que foi acrescentado ao artigo 659, da CLT, o inciso IX, o qual permite a concessão de medida liminar, até decisão final do processo, em reclamações trabalhistas que visem a tornar sem efeito transferência disciplinada pelos parágrafos do artigo 469 da Consolidação.

Após houve novo acréscimo, em 1996, no inciso X do mesmo artigo para a concessão de liminar em reclamações trabalhistas que visem a reintegrar no emprego dirigente sindical afastado, suspenso ou dispensado pelo empregador. Cabendo aqui a analogia para outros empregados que ostentam estabilidade.

Basicamente só se encontram essas duas normas. Há, portanto, uma brutal escassez de regras sobre a situação de urgência na CLT, o que se choca sobretudo

---

[314] TALAMINI, Eduardo. Medidas urgentes ("Cautelares" e "Antecipadas"): a Lei 10.444/2002 e o início de correção de rota para um Regime Jurídico Único. *Revista Dialética de Direito Processual*. São Paulo: Oliveira Rocha, maio/2003, p.28.

[315] ZAVASCKI, Teori Albino. *Antecipação da tutela*. 3. ed. São Paulo: Saraiva, 2000, p. 60-61.

[316] Artigo 273, § 7º, do Código de Processo Civil.

com a própria natureza do processo do trabalho. Fux afirma a respeito da jurisdição de urgência que "pródiga é a sua aplicação no direito do trabalho, inclusive com a aplicação analógica da máxima interdital *spoliatus ante omnia restituendus* para deferir-se 'reintegração no emprego', calcada naquela inferioridade entre os litigantes [...] e que, por isso, cria uma 'indisponibilidade subjetiva *sui generis*'".[317]

Logo, é de todo aplicável a sistemática do processo civil no tema, a teor do disposto no artigo 769 da CLT, para acolmatar as lacunas do processo do trabalho.

Na maioria dos casos, como há expressa autorização legislativa na Consolidação, não é sequer hipótese de aplicação do princípio constitucional da proteção do empregado, o que torna a questão de mais fácil solução. Aí se enquadra uma boa gama de dispositivos na seara da urgência.

Quando, entretanto, não há lacuna na CLT direta e a regra do Código de Processo Civil se apresenta ainda mais efetiva do que a disposição celetista, é que o tema adquire contornos aparentemente mais dificultosos. São os casos de defasagem entre a CLT e o CPC, quanto à efetividade.

Mais dificultosa ainda a questão quando a regra celetista é precária quanto à efetivação e não há, no CPC, regramento que se possa importar. A ausência de parâmetros num caso como esse é rara mas não infactível. Cuida de hipótese de rara ocorrência prática.

Nesses casos nada impede ao julgador, valendo-se do princípio da proteção do empregado – conjugado com o princípio da efetividade do processo – criar uma regra que melhor se adeque. Tudo modulado pelo princípio da proporcionalidade, nas suas três dimensões, em se tratando de matéria processual, como se verá adiante.

Deve-se dizer, a propósito, que a ausência de um disciplinamento maior, em vez de conturbar, acabou auxiliando o processo do trabalho. A esse respeito, é preciso o escólio de Adamovich: "a falta de sistematização na Consolidação, por conseguinte, de um Processo Cautelar, se por um lado foi produto dos excessos positivistas, ou mesmo de inspiração corporativo-fascistas, ainda militantes ao tempo de sua elaboração, de outra parte, veio conferir à jurisdição trabalhista a oportunidade de erigir construção pragmática por via da adaptação dos ritos civis cautelares aos seus foros, acolhendo-lhe os princípios, normas e práticas, mas, também, alargando-lhe o sentido ao aplicá-lo a situações para as quais não fora originariamente concebido".[318]

Por isso é que, se a falta de sistematização leva alguns a defender a criação de um código de processo do trabalho, por outro lado "tem a possibilidade de

---

[317] FUX, Luiz. *Tutela de Segurança e Tutela da Evidência:* fundamentos da tutela antecipada. São Paulo: Saraiva, 1996, p. 85.

[318] ADAMOVICH, Eduardo Henrique Von. *A tutela de urgência no processo do trabalho:* uma visão histórico-comparativa idéias para o caso brasileiro. Rio de Janeiro: Renovar, 2000, p. 169-170.

valer-se da força criadora que têm os intérpretes e aplicadores do Direito, quase sempre pronunciando aquilo que, *ex facto,* são as normas".[319]

Assim é que, antes da generalização da tutela antecipada pelo artigo 273, antes portanto de 1994, a Justiça do Trabalho já fazia uso de uma hermenêutica de proteção dos direitos, como de resto ressalta um processualista civil dos mais ilustres.[320]

Deve-se, aliás, ressaltar a vanguarda trabalhista no campo do processo. Tanto que a reforma em 1990 do CPC italiano teve inspiração no processo do trabalho italiano. As últimas reformas do CPC brasileiro, em muitos aspectos, tem inspiração trabalhista, cujo rito se distingue pela celeridade.[321]

6. Os modos de superação da proteção celetista

Frente ao comando do artigo 769, duas condicionantes cuidou o legislador celetista de estabelecer para a importação das regras do processo civil: a omissão da CLT e a compatibilidade com o espírito do direito do trabalho.

Não há, como se disse, maiores dificuldades nas hipóteses em que a CLT de fato é omissa. É bastante verificar se regra do direito processo civil guarda sintonia com a dinâmica do direito social do trabalhador, o que não se trata de empresa das mais árduas.

Quando, entretanto, a CLT não padece de lacuna, mas existe regra de processo civil nitidamente mais avançada em termos de efetividade, é preciso encontrar um caminho para a proteção do empregado. O certo é que este não pode ficar prejudicado.

Souto Maior, em casos que tais, recorre a uma interpretação histórica e teleológica da regra celetista, para responder positivamente à questão quanto à possibilidade de aplicação do direito processual comum. A sua tese é de que a regra da CLT, ao tempo em que foi editada, teve um nítido sentido de proteção ao empregado, já que à época as regras do processo comum eram por demais tecnicistas e burocratizantes, dentro de um paradigma positivista e privatista do processo. O raciocínio de Souto é simples: não pode uma regra que quando foi concebida visava proteger o trabalhador tornar-se um estorvo na mesma tarefa de proteção do obreiro.

Merecem transcrição as palavras de Souto Maior:

> Ora, se o princípio é o da melhoria contínua da prestação jurisdicional, não se pode utilizar o argumento de que há previsão a respeito na CLT, como forma de rechaçar algum avanço que tenha havido neste sentido no processo comum, sob pena de negar a própria intenção

---

[319] ADAMOVICH, Eduardo Henrique Von. *A tutela de urgência no processo do trabalho*: uma visão histórico-comparativa idéias para o caso brasileiro. Rio de Janeiro: Renovar. 2000, p. 170.

[320] Cf. MARINONI, Luiz Guilherme; ARENHART, Sérgio Cruz. *Manual do Processo de Conhecimento.* 2. ed. São Paulo: Revista dos Tribunais, 2003, p. 197-198.

[321] Daí por que já se vaticina a unificação do direito processual do trabalho com o direito processual civil.

do legislador ao fixar os critérios de aplicação subsidiária do processo civil. Notoriamente, o que se pretendeu (daí o aspecto teleológico da questão) foi impedir que a irrefletida e irrestrita aplicação das normas do processo civil evitasse a maior efetividade da prestação jurisdicional trabalhista que se buscava com a criação de um procedimento próprio na CLT (mais célere, mais simples, mais acessível). Trata-se, portanto, de uma regra de proteção, que se justifica historicamente. Não se pode, por óbvio, usar a regra de proteção do sistema como óbice ao seu avanço. Do contrário, pode-se ter um processo civil mais efetivo que o processo do trabalho, o que é inconcebível, já que o crédito trabalhista merece tratamento privilegiado no ordenamento jurídico como um todo. Em suma, quando há alguma alteração no processo civil o seu reflexo na esfera trabalhista só pode ser benéfico, tanto sob o prisma do processo do trabalho quanto do direito do trabalho, dado o caráter instrumental da ciência processual.[322]

Significa dizer que, mesmo fazendo-se uso das interpretações histórica e teleológica, ainda, portanto, não se valendo do método da ponderação, já é robustamente plausível juridicamente a defesa da aplicação das regras do processo comum mesmo havendo regra da CLT sobre a questão. É bastante que a norma alienígena seja mais protetiva.

Se se for utilizar no caso o método da ponderação, com muito mais razão, e mais rigor dogmático, haja vista a força normativa da Constituição, pela aplicação do princípio da proteção da pessoa-que-trabalha com a preferência *prima facie* que dele emana, deve-se defender a importação de regras da ritualística comum em tais casos.[323] A ponderação, já se deixou assentado, é método característico dos direitos fundamentais e complementar das demais técnicas de interpretação, a exemplo da histórica, teleológica, sistemática e literal.

O fundamento está radicado no princípio constitucional da dignidade da pessoa humana, nunca sendo demais relembrar que dele emana a proteção da pessoa-que-trabalha, o empregado. As características dogmáticas desse princípio, desde o fato de se tratar de direito fundamental social, são a eficácia imediata e direta, equivalendo a dizer que, não havendo regra legislativa ou sendo esta insuficiente, prescinde de qualquer condição para que seja aplicado.

E a operacionalização passa pelo método da ponderação, que é estruturado no princípio da proporcionalidade, com suas três sub-regras, que, em se cuidando de processo, como se verá, também devem ser integralmente seguidas, muito embora casos existam em que aparentemente bastariam as etapas da adequação e da necessidade.

---

[322] SOUTO MAIOR, Jorge Luiz. Reflexos das alterações do Código de Processo Civil no Processo do Trabalho. *Revista LTr,* São Paulo: LTr, 2006, v. 70, n. 8., p. 920-1.

[323] O método é de aplicação do princípio constitucional da proteção do trabalhador, mas se pode olvidar em casos que tais, nos quais há um déficit de proteção do empregado pela legislação, deve-se recorrer à técnica do controle de constitucionalidade por omissão parcial. Com a declaração de desconformidade da regra celetista, por insuficiência, frente ao comando constitucional tuitivo dos agentes do trabalho, tendo-se como parâmetro uma regra mais protetora de processo civil, está fechado o círculo que envolve a superação de uma disposição celetista menos benéfica para o empregado do que uma de processo comum.

7. Processo e efetividade dos direitos do trabalho

De início, porque irretorquível, cabe fazer uso da definição de Barroso, segundo o qual "a efetividade significa a realização do Direito, o desempenho concreto de sua função social. Ela representa a materialização, no mundo dos fatos, dos preceitos legais e simboliza a aproximação, tão íntima quanto possível, entre o *dever-ser* normativo e o *ser* da realidade social".[324]

Um direito que figure no catálogo legal ou constitucional mas que, apesar disso, não pode ser efetivado equivale a nada. Equivale a um não-existir. Daí a imprescindibilidade do tema em destaque dentro da moldura do Estado Democrático de Direito.

Não é sem propósito que, desde o advento da Constituição Federal de 1988, a garantia à efetividade da jurisdição refere-se a direito fundamental. Está expresso no artigo 5°, inciso XXXV, do texto que "a lei não excluirá da apreciação do Poder Judiciário lesão ou ameaça a direito".

E é fácil compreender a lógica desse direito fundamental à efetividade da jurisdição. É que o Estado, na medida em que vedou a autotutela, se viu com o dever de oferecer o serviço judiciário. Trata-se, assim, de mero corolário lógico-dogmático da proibição à "justiça com as próprias mãos", e não mera concessão de um constituinte magnânimo.

Recentemente, com a edição da Emenda Constitucional 45, a reboque da recente inclusão do inciso LXXVIII (78), no artigo 5°[325] da Carta da República, o direito fundamental à efetividade ganhou reforço, o que denota a importância do tema no contexto atual.

As locuções "razoável duração do processo" e "celeridade" podem traduzir-se como elementos indispensáveis à própria conformação do direito constitucional à efetividade.

E esse é o entendimento de Luiz Guilherme Marinoni, advertindo este que "não há como esquecer, quando se pensa no direito à efetividade em sentido lato, de que a tutela jurisdicional deve ser tempestiva".[326] E complementa, noutra passagem, que "o direito à tempestividade não só tem a ver com a tutela antecipatória, como também com a compreensão da duração do processo de acordo com o uso racional do tempo processual por parte do réu e do juiz".[327]

Sendo assim, se antes da Emenda Constitucional 45 já se entendia que a celeridade fazia parte do corpo conceitual da efetividade, e então o julgador já se

---

[324] BARROSO, Luiz Roberto. *Interpretação e aplicação da Constituição*: fundamentos de uma dogmática constitucional transformadora. 2. ed. São Paulo: Saraiva, 1998, p. 221.

[325] São estes os termos da nova disposição constitucional: "a todos, no âmbito judicial e administrativo, são assegurados a razoável duração do processo e os meios que garantam a celeridade de sua tramitação" (CF/88, artigo 5°, inciso LXXVIII).

[326] MARINONI, Luiz Guilherme. *Técnica processual e tutela dos direitos*. São Paulo: Revista dos Tribunais, 2004, p. 180.

[327] Idem, p. 183.

obrigava a uma prestação célere, com a vigência dessa emenda o cenário ficou ainda mais claro, nada justificando procedimentos judiciais que resultem em atraso no processo.

Em termos de utilização do método da ponderação, não é difícil extrair a ilação de que o princípio que faz frente ao princípio da efetividade da jurisdição e da celeridade é o contraditório, que também ostenta o caráter de direito fundamental e a natureza morfológica de norma-princípio. O exame deste último será feito logo abaixo.

E é com esse farol hermenêutico que se passa a tecer considerações sobre alguns casos recorrentes no dia-a-dia da Justiça do Trabalho.

8. O princípio do contraditório e a efetividade do processo: a necessária releitura

Para tratar da efetividade do processo de modo adequado, não se pode deixar de enfrentar a dimensão conceitual do princípio do contraditório.

É em nome deste princípio que muitas vezes os processos se tornam ainda mais morosos, sendo correto dizer-se que se não se cuida da principal causa de atraso jurisdicional, e de fato não o é, pelo menos e sem qualquer dúvida constitui-se em elemento de estorvo para o bom andamento da engrenagem dos atos processuais.

O certo é que o contraditório não se manifesta apenas pela "ampla defesa" a que na prática forense se costuma assimilá-lo. O contraditório tem diversas formas na legislação pátria, e não convém embaralhá-las como se houvesse apenas um todo indivisível, sob pena de sacrifício da celeridade e, pior do que isso, sob risco de perecimento do direito mesmo vindicado em Juízo.

São três as formas de contraditório presentes no ordenamento jurídico brasileiro: o contraditório prévio, o contraditório diferido e o contraditório eventual.[328]

O contraditório *prévio* se trata do modelo do procedimento ordinário. E este é o procedimento em que o juiz só e somente pode julgar, depois de ouvir as partes e permitir-lhes produzir as provas de suas alegações. Está disciplinado no direito brasileiro no Código de Processo Civil, enquanto procedimento comum, ordinário e sumário, "pois o sumário do artigo 275 do CPC é também ordinário e *plenário*, que teve apenas suas fases comprimidas, porém não modificadas ou invertidas [...]".[329]

Outra forma de expressão do contraditório é o *diferido*. Aqui o juiz está autorizado a julgar imediatamente a causa, com base em juízo de verossimilhança, antecipando uma fatia do julgamento final. O julgamento é provisório, até que a

---

[328] Segue-se aqui o preciso escólio de Ovídio Batista de Silva. Cf. BATISTA DA SILVA, Ovídio. *Processo e ideologia:* o paradigma racionalista. Rio de Janeiro: Forense, 2004, p. 151-164.
[329] Idem, p. 237.

sentença seja proferida, tanto a de procedência, que cuidará de absorver a medida antecipada, como a de improcedência, que revogará a decisão provisória. É a hipótese do artigo 273 do Código de Processo Civil: o julgador poderá antecipar os efeitos do pedido, desde que se convença da verossimilhança do direito alegado. Nas palavras de Ovídio Batista, "os procedimentos que contenham liminares correspondem a aplicação de um princípio que se opõe ao contraditório *prévio*. Aqui o juiz pode ordenar ou permitir que se execute antes da sentença final de procedência da ação. Há uma 'inversão de fases', por meio da qual se permite executar antes da sentença [...]".[330]

E a terceira forma que assoma o princípio do contraditório é o que a melhor doutrina denomina de *eventual*. Tanto quanto o diferido, há neste modo de manifestação do contraditório um rompimento com a ordinariedade. O diferido "porque, ao inverter as fases do *ordo iudiciorum privatorum,* desfaz o procedimento ordinário, admitindo que se execute antes da sentença, conseqüentemente, antes da formação do título executivo. O *eventual*, porque elimina o contraditório do interior da demanda, transferindo-o para uma ação incidental [...], seja para uma ação independente [...], seja, enfim, em ações particulares [...]".[331] Exemplo de ação incidental seria os embargos do devedor; já de uma ação independente, o caso das ações possessórias ou das ações cambiárias; e de ações particulares, a hipótese da ação de desapropriação e na busca e apreensão do Decreto-Lei 911, de 1º. de outubro de 1969.

Diante das três formas que assume o princípio do contraditório, fica claro o equívoco do intérprete do direito que enxerga apenas a possibilidade do contraditório como ampla defesa, concretizado não apenas no direito de a parte contestar, mas de se manifestar em todo e qualquer instante no *iter* processual.

De toda assim procedente a observação de Ovídio Batista: "não é verdade que a defesa ampla venha assegurada em todos os processos, embora este seja o componente ideológico, cuja ambigüidade tem alimentado a doutrina da ordinariedade, desde a formação do direito moderno".[332]

Em se tratando, pois, de tutela de urgência, não há cogitar de ampla defesa. O que se tem é a forma de contraditório diferido, pelo que sucede uma inversão de fases, podendo o julgador, desde o início da demanda, entregar a prestação jurisdicional. Essa ponderação tem impacto decisivo para a concretização do princípio constitucional da efetividade.

E no processo do trabalho, em que a urgência toma uma proporção singular, na medida exata do caráter alimentar das verbas postuladas, o manejo do princípio contraditório de modo adequado é fator não apenas de celeridade, mas, nunca é demais reafirmar, da própria sobrevivência do trabalhador.

---

[330] BATISTA DA SILVA, Ovídio. *Processo e ideologia:* o paradigma racionalista. Rio de Janeiro: Forense, 2004, p. 153.
[331] Idem, p. 155.
[332] Idem, p. 156.

9. O princípio da proteção do trabalhador e a proporcionalidade na esfera processual: operacionalização, campo de atuação e peculiaridades do processo do trabalho

Foi visto que o princípio da proteção do empregado tem aplicação direta e indireta na relação entre empregado e empregador, tudo porque decorre do direito fundamental de proteção à dignidade da pessoa-que-trabalha.

Se no plano do direito material do trabalho é um tanto problemática essa incidência direta – e já se viu, no capítulo anterior, que se deve encontrar um ponto de equilíbrio entre o princípio da liberdade do legislador ordinário e a atuação jurisdicional no controle de constitucionalidade –, no terreno do direito processual pode-se afirmar que é bem menos dificultosa tal aplicação. A própria natureza instrumental do processo manifesta-se indiscutivelmente mais simples do que o emaranhado de parâmetros para a edição de uma regra de direito material.

É que, diferentemente do que sucede no direito material, o exame da proporcionalidade no plano processual não encontra maiores óbices, em boa parte dos casos. É até de uma simplicidade impactante, quando se adentra mais a fundo na questão, como se demonstrará.

Nada obstante, o exame da proporcionalidade é uma etapa necessária na aplicação do princípio da proteção do empregado, constituindo-se, de resto, no modo mais adequado para traçar-lhe os limites, o que se deixou bem claro na seção seis desta pesquisa. Reproduz-se aqui, na esfera processual, o mesmo embate entre o princípio tuitivo do trabalhador e a livre iniciativa do empregador, pelo que também se defende o critério da preferência prima facie daquele sobre este como forma de solução de tal tensão.

Foi visto ainda que a proporcionalidade manifesta-se em três subprincípios: adequação ou idoneidade, necessidade e proporcionalidade em sentido estrito.Os subprincípios da adequação, da necessidade e da proporcionalidade devem ser enfrentados, tal qual se dá nas fronteiras do direito material. Verificar se o instrumento processual utilizado é apto para alcançar o resultado (adequação), e se esse meio é o que provoca menor restrição para obter a mesma finalidade (necessidade), e ainda sopesar, no caso concreto, se o direito fundamental de proteção do trabalhador deverá prevalecer sobre o direito do empregador (proporcionalidade em sentido estrito) são etapas incontornáveis na aplicação do princípio da proporcionalidade, também em matéria eminentemente processual.

É preciso considerar uma posição inovadora de Marinoni sobre o tema. Entende este processualista paranaense que, em alguns casos em que o julgador se depara com o exame da proporcionalidade de uma regra processual, não entra no processo o subprincípio da proporcionalidade em sentido estrito, mas apenas os dois outros subprincípios da idoneidade e da necessidade. A tese de Marinoni é de que a ponderação já foi feita pelo legislador, que elegeu o direito fundamental a ser perseguido, não cabendo ao juiz percorrer idêntico caminho, e sim voltar sua atenção apenas para a idoneidade da regra processual e para a sua necessidade. Nomeia Marinoni essa aplicação, porque diversa da ponderação, de "harmonização".[333]

Sem embargo do brilho da construção, defende-se que o julgador pode e deve percorrer, se for a hipótese, o mesmo caminho de ponderação do legislador, nos mesmos moldes do realizado operacionalmente no exame das regras de direito material.

Isso se deve ao fato de que, segundo posição do autor desta pesquisa, não é possível apartar, em toda e qualquer hipótese processual, na aplicação do princípio da proporcionalidade, o sopesamento dos direitos fundamentais materiais objeto do processo, defenestrando-os e elegendo apenas as vias da idoneidade e da necessidade. É certo que podem existir casos em que se possa aparentemente prescindir do exame da proporcionalidade em sentido estrito, mas tantos outros haverá em que o apelo a esse estágio será decisivo.

De fato, verificar se o meio é idôneo para o fim da entrega da prestação jurisdicional, e ainda se o meio é necessário e, portanto, não pode ser substituído por outro menos gravoso e igualmente eficaz, podem por si só resolver muitas questões de processo, mas não todas. Haverá análises em que os direitos fundamentais que digam respeito à lide posta em Juízo não podem passam ao largo. Entretanto, nos casos em que a solução poderia surgir a despeito da não-submissão ao subprincípio da proporcionalidade em sentido, ainda assim, defende-se que este deve ser levado em conta. Considerar apenas o entrechoque do direito à efetividade da jurisdição e do direito de defesa seria uniformizar todos os processos e não atentar para as peculiaridades de cada procedimento. A entrada dos direitos fundamentais substantivos terá o efeito de singularizar o processo.

Um exemplo do dia-a-dia forense trabalhista vai auxiliar na compreensão da crítica. Quando o juiz do trabalho faz um penhora em dinheiro, é comum o empregador insurgir-se contra essa medida, indicando bem imóvel em troca ou ainda afirmando que o ato de constrição vai inviabilizar o funcionamento da empresa. No que se refere à indicação do bem imóvel, a questão parece resolver-se sem que se recorra à aplicação da proporcionalidade em sentido estrito. Basta verificar que a penhora de bem imóvel, por motivos óbvios, não tem a mesma idoneidade da constrição sobre dinheiro, pelo que não pode ser substituída. Não se deve olvidar que a troca de um meio por outro menos gravoso só se justifica quando houver igual eficácia, o que não é o caso. Efetivamente poder-se-ia sustentar que não haveria sopesamento aí, e que seria de todo cabível aplicar-se o conceito de harmonização de Marinoni, como se disse aparentemente útil em número considerável de hipóteses. Mas mesmo nessa hipótese não há como negar que a entrada do subprincípio da proporcionalidade em sentido estrito, e daí a ponderação com a ascendência *prima facie* do direito fundamental do trabalhador, dará quando

---

[333] Cf. MARINONI, Luiz Guilherme. *Teoria Geral do Processo.* vol. 1. São Paulo: Revista dos Tribunais, 2006, p. 342-342.

menos um reforço hermenêutico em favor do empregado. É dizer, serão levadas em consideração, se for o caso, as circunstâncias geralmente presentes de debilidade financeira do agente do trabalho, para robustecer ainda mais a decisão pela penhora em dinheiro e não em imóvel. Cumprirá, assim, um papel importante e muitas vezes decisivo para uma leva significativa de ocorrências pretorianas. Já o outro argumento empresarial, de que a soma em dinheiro gravada vai inviabilizar o funcionamento da atividade, a mais de carecer de prova, também exigirá sim um sopesamento entre os direitos fundamentais da proteção do trabalhador e da livre iniciativa do empregador, assim extraindo uma regra de preferência para a questão, e aí será o caso de aplicar o subprincípio da proporcionalidade em sentido estrito. Nesses casos a tese da harmonização se revela insuficiente, haja vista que seria necessário o apelo ao círculo triádico do princípio da proporcionalidade, incluindo-se a ponderação pelo subprincípio da proporcionalidade em sentido estrito.

Por essas hipóteses fica claro que podem existir casos em que o subprincípio da proporcionalidade em sentido estrito não seja aparentemente requerido, e o exame da proporcionalidade fique adstrito aos planos da idoneidade e da necessidade, como no argumento de troca de dinheiro por bem imóvel. Tanto melhor, contudo, que se o aplique, como dito. Mas isso não autoriza a exclusão do método da ponderação e do subprincípio da proporcionalidade em sentido estrito, que tem serventia marcante em muitos casos, e na hipótese citada seria fundamental para enfrentar o argumento da viabilidade da atividade empresarial.

É de proveito repisar que, mesmo nos casos em que a aplicação da proporcionalidade parece suficiente com as etapas da idoneidade e da necessidade, sem, portanto, contar com a ponderação em sentido estrito, ainda assim, entende-se preferível também voltar-se os olhos do julgador para os direitos fundamentais materiais em jogo, no mínimo porque isso servirá como um reforço hermenêutico para a decisão da melhor regra para o caso. O raciocínio é simples: nas hipóteses em que o direito à efetividade da jurisdição e do contraditório parecem rivalizar na arena do processo sem a companhia de nenhum direito material, a entrada em cena dos direitos fundamentais substantivos servirá, quando mais não for, para dizer-se legítimo o reforço, ou não, à efetividade e diferir o contraditório. O direito do trabalho aí, aliás, é emblemático, visto que a natureza alimentar dos pedidos do trabalhador faz individualizar o processo para que seja mais célere em relação ao trabalhador, mais efetivo em relação ao trabalhador e não se incorra no equívoco de conferir ao agente do trabalho a mesma celeridade e a mesma efetividade de quem pode suportar a mora processual sem lhe comprometer a subsistência e, portanto, a dignidade.

Defender que os direitos substantivos objeto do processo, e na hipótese se trabalha com o princípio da proteção ao trabalhador e com o princípio da livre iniciativa do empregador, não mais figurariam no processo, equivaleria a tirar as vestes das partes e homogeneizar os figurantes de todo e qualquer procedimento.

Já não seriam trabalhadores e empregadores, mas autores e réus como em qualquer processo, o que parece uma abstração.

Outro exemplo talvez seja ainda mais ilustrativo. Quando o julgador se depara com a penhora de um crédito trabalhista e a penhora de um crédito não-trabalhista, evidentemente que deverá tomar uma decisão, e nesse caso aplicará o sopesamento e, portanto, a proporcionalidade em sentido estrito. A natureza diversa de um e de outro crédito serão circunstâncias determinantes e que deverão ser ponderadas, pelos signos do princípio da proteção do empregado e do outro princípio que o rivalize pela direção favorável ao empregador.

Portanto, na aplicação do princípio da proporcionalidade no processo todas as três etapas que lhe são inerentes, desde a idoneidade, passando pela necessidade e finalmente a proporcionalidade em sentido estrito, devem ser atendidas, sob pena de não serem levadas em consideração as peculiaridades de cada procedimento, que são ditadas pelos direitos materiais em conflito. Eventuais exceções não autorizam a ilação em sentido contrário, até porque, como dito, a entrada em consideração do direito fundamental servirá quando menos como um reforço hermenêutico importante, (singularizando) individuando o processo em relação ao direito substantivo prevalecente após a ponderação.

No que se refere ao campo de aplicação do princípio da proteção do empregado, nem é preciso maiores esforços para chegar-se à conclusão de que alcança todos os rincões do processo. Estão aí incluídos, então, o procedimento, as técnicas de sumarização da cognização e os meios executivos, todas as técnicas, portanto, legislativas para essa esfera. Marinoni chama a atenção para o fato de que todas as manifestações do processo devem seguir a tutela dos direitos materiais (e estão por isso passíveis de uma conformação com o disciplinamento constitucional), como se colhe nesta passagem:

> Nos dias atuais, é corrente a idéia de que o processo deve servir de forma efetiva ao direito material, e por essa razão em instrumentalismo substancial do processo. Em outras palavras, não sendo mais possível confundir o direito de ação com o direito material, procura-se a reaproximação entre o direito processual e o direito material, para que o processo possa cumprir com mais efetividade os seus fins.[...] É absolutamente correto dizer que o procedimento deve adequar-se às variadas situações de direito substancial. Na verdade, todas as técnicas processuais devem estar adequadas às situações carecedoras de tutela. Dessa forma, é possível distinguir, com clareza, as técnicas processuais (procedimentos, decisões interlocutórias, sentenças e meios de execução) das tutelas dos direitos.[334]

E daqui parte desde logo uma constatação: a legislação processual brasileira tem evoluído a um ponto de efetivação elevado, que mitigou em muito a importância do julgador quanto à construção de técnicas de melhoria da entrega jurisdicional. Basta citar, para esse efeito, a previsão de tutela de urgência para praticamente todo e qualquer processo. Antes, as hipóteses de antecipação de um

---

[334] MARINONI, Luis Guilherme. Prefácio. In: *Procedimentos Especiais Cíveis – legislação extravagante*, (coord.) Cristiano Chaves de Farias; Fredie Didier Jr. São Paulo: Saraiva, 2003, p. 17-19.

provimento limitavam-se a uns poucos procedimentos, como mandado de segurança e interdito proibitório, o que levava a verdadeiras ginásticas por parte dos advogados para, muitas vezes, enquadrando um direito que não tinha nada de eminentemente possessório, como um direito autoral, por exemplo, dentro de uma ação de interdição de posse, tudo para ter direito a um procedimento mais célere e eficaz.

Logo, e especificamente quanto ao objetivo aqui pretendido – dotar o julgador de instrumentos como forma de incrementar a proteção do empregado –, é preciso reconhecer que a sua margem de atuação tem sido limitada diante do avanço da legislação atual. Os meios de antecipação de tutela e de cumprimento da decisão muitas vezes completa de um título judicial ainda não transitado em julgado são ilustrativos nesse sentido.

É de se verificar que os exemplos da jurisprudência, quando o julgador construiu uma técnica ou considerou inadequado um rito, e aí se valendo da aplicação das estruturas de ponderação da idoneidade e principalmente da necessidade, têm sido na linha de aumentar o quoeficiente de defesa, o que é sintomático e reforça a ilação supra. Fato é que o processo brasileiro já dispõe de um número suficiente de meios para a proteção do autor, mesmo não se cuidando de empregado, e a atenção passa a ser voltada justamente para coibir abusos a pretexto da entrega de uma prestação jurisdicional célere.

Um julgado do Tribunal Superior do Trabalho, do ano de 1991, retrata uma situação já superada pela legislação atual, e reforça o argumento de que o poder de intervenção do juiz no controle das técnicas processuais, no caso a melhor técnica foi uma decisão liminar com efeito satisfativo, em muitas hipóteses não precisa mais ser exercido como antes. Na época, foi mantida decisão do Tribunal Regional do Trabalho da 9ª Região,[335] que, contra a legislação processual de então que não permitia a satisfação do direito em sede cautelar, preferiu dar efetividade a preceito constitucional que garantia a estabilidade do empregado dirigente sindical, proferindo decisão pela reintegração do sindicalista. Atualmente, com a entrada em vigor do instituto da tutela antecipada em 1994, seria desnecessária a aplicação direta da Constituição e já poderia o juiz, no caso, valer-se do disposto no artigo 273 do Código de Processo Civil, de aplicação subsidiária no processo do trabalho, e determinar a reintegração pleiteada.

Não é desvalioso observar ainda que as carências maiores em termos de efetividade da legislação processual repousam no encurtamento do procedimento e na melhor eficácia dos meios de execução. Das três técnicas, portanto, de que dispõe o legislador para tornar mais lesto o processo, uma já está bem contemplada – a sumarização da cognição –, e as outras ainda requerem uma intervenção mais atenta do julgador como forma de acrisolar a entrega da prestação jurisdicional, especialmente na esfera laboral.

---

[335] Cf. MARINONI, Luiz Guilherme. *A antecipação da tutela*. 7. ed. São Paulo: Malheiros, 2002, p. 141.

Nos dias atuais o juiz do trabalho tem uma especial margem de aplicação da proporcionalidade, pelas estruturas da idoneidade, necessidade e da proporcionalidade em sentido estrito, diante da defasagem, em muitos aspectos, dos poucos dispositivos celetistas frente ao novo arcabouço do processo civil.

Vejam-se as recentes alterações introduzidas pela terceira etapa de reforma do código de processo civil. Entre outras inovações, houve nova regulação para a fase de cumprimento da decisão, com a substituição da citação pela intimação e a previsão de multa de 10 %, caso a obrigação não seja adimplida no prazo de quinze dias, tudo de acordo com os novel texto do artigo 475-J do Código de Processo Civil. O fato, porém, é que já havia disciplinamento da fase executória na Consolidação das Leis do Trabalho, mais especificamente no artigo 880, sendo que tal regramento ainda trata da citação do devedor e não prevê multa alguma caso não seja paga a dívida dentro do prazo legal estabelecido. Numa proposição: a legislação processual civil aí está nitidamente mais avançada em termos de efetividade do que a trabalhista, assim no procedimento e nos meios de execução. O caso, assim, exige aplicação do princípio da proteção do empregado, por meio do princípio da proporcionalidade, e com a preferência *prima facie* defendida nesta publicação.[336]

Não deixa de ser curioso observar que as hipóteses encontradiças, tanto na doutrina quanto na jurisprudência, em que se recusa a aplicação de uma regra celetista por outra de processo civil, geralmente decorrem das últimas reformas por que passou o Código de Processo Civil. Isso não deixa de ser natural. Contudo não se pode olvidar que, mesmo antes dessas reformas, é possível extrair regras do processo civil mais vantajosas para o trabalhador do que as existentes na CLT. Um caso pode ilustrar esse argumento, e se refere à notificação do revel no processo do trabalho, que, segundo o artigo 852, da CLT, deve ser feita após a prolação da sentença; sendo que essa regra não vigora no processo civil, vindo o réu a receber o processo no estado em que se encontrar se depois ingressar na

---

[336] A base dogmática e teórica está exposta no texto, mas a forma como se dá essa aplicação, no caso, vai exigir a técnica do controle de constitucionalidade das regras celetistas (arts. 769 e artigo 880, ambos da CLT), para declará-las inconstitucionais por omissão parcial, já que não atendem de modo suficiente a proteção do empregado, para após aplicar a regra de processo civil mais efetiva e célere para a execução de um crédito alimentar como o trabalhista. Essa técnica, de resto, tem uma singular importância no campo do processo do trabalho, nos casos em que já existe regra celetista, porém aquém do grau de proteção e efetividade de uma regra do processo civil. Sobre a viabilidade de se utilizar a técnica do controle de constitucionalidade por omissão parcial, o contra-argumento maior é que feriria o princípio democrático ou a separação de poderes, o que se entende equivocado, pelas mesmas razões com que se defende que a aplicação direta de normas-princípios pelo Poder Judiciário é democrática e porque não existe uma separação draconiana de poderes como obstáculo à atuação positiva do julgador, para o que se remete o leitor ao capítulo seguinte. Sobre o tema, mas com enfoques distintos ao que está se defendendo nesta investigação, podem-se consultar Barroso (BARROSO, Luís Roberto. *O Controle de Constitucionalidade no Direito Brasileiro:* exposição sistemática da doutrina e análise crítica da jurisprudência, 2. ed. São Paulo: Saraiva, 2006, p. 222-241) e Queiroz Cavalcanti (QUEIROZ CAVALCANTI, Francisco de. O Supremo Tribunal Federal e a Inconstitucionalidade por Omissão Parcial. In: *Revista Esmafe 5,* n. 2 -2001. Recife: Gráficas Barreto, 2001, p. 19-26), ou ainda, na literatura jurídica estrangeira, Miranda (MIRANDA, Jorge. *Manual de Direito Constitucional,* tomo II, 3. ed. Coimbra: Coimbra Editora, 1991, p. 510-511) e Canotilho (CANOTILHO, J. J. Gomes. *Direito Constitucional e Teoria da Constituição.* 7. ed. Coimbra: Almedina, 2003, p. 428 e 1010).

lide. Em suma: o devedor civilista tem um tratamento mais brando do que o devedor trabalhista, já que este goza de um privilégio a mais do que aquele que é a notificação da sentença, o que significa mais retardamento no curso do processo. Evidentemente que houve uma inversão de valores por parte do legislador, eis que não tem sentido conferir mais proteção ao autor comum do que ao trabalhador, a partir do elevado e especial caráter tuitivo da lei fundamental sobre os agentes do trabalho. Nada impede, pois, e antes tudo recomenda, que o julgador enfrentando uma questão de nulidade processual, por ausência de notificação do revel da sentença trabalhista, entenda que o rito celetista não deve prevalecer, por afronta ao princípio constitucional da proteção do empregado, e importe o procedimento do processo civil, amplamente mais favorável ao empregado.

Além dessas hipóteses já contempladas no procedimento ordinário do direito processual civil, e que seriam aproveitadas após o afastamento do regramento menos efetivo da CLT, o juiz do trabalho pode valer-se de outros meios ainda que ali não consagrados, como a atuação de ofício, em se tratando de tutela de urgência, mesmo, portanto, sem previsão legal específica.[337] É preciso dar um passo adiante para atender às exigências do direito de proteção do trabalhador. Aí não é caso de ponderar-se apenas o princípio da efetividade da jurisdição *versus* o princípio do contraditório, eis que os direitos fundamentais substantivos devem ser considerados, pelo que entrarão em cena o direito de proteção do trabalho e seu contraprincípio da livre iniciativa do empregador, fazendo-se uso, de resto, de outro critério aqui defendido – da preferência prima facie do primeiro sobre o segundo.

O meio é idôneo para o fim, afinal a atuação de ofício num processo em que o autor é hipossuficiente e pode postular sem advogado é uma medida de efetividade da jurisdição. O meio é necessário, não se vislumbrando outro que o substitua com igual eficácia e com menor restrição ao direito de defesa do empregador. Se a medida a ser concedida de ofício procede, isto é, no mérito da medida, é que haverá o exame da proporcionalidade em sentido estrito, com a tensão e o conseqüente sopesamento entre os direitos fundamentais em litígio, aqui simbolizados pelo princípio da proteção do empregado *versus* o princípio da iniciativa do empregador. Numa proposição: valendo-se do método da ponderação e pela aplicação do princípio da proteção do empregado, assume-se a perspectiva sobre o cabimento da incoação estatal em termos de processo do trabalho.

Como se percebe, os direitos fundamentais em litígio não estão fora do processo de ponderação, e entram na esfera processual mesmo quando aparentemente

---

[337] É certo que parte da doutrina enxerga previsão legal para a atuação de ofício, assim no processo civil e no processo do trabalho. No processo civil, já se defende, com base no dever de segurança do artigo 797 do CPC, a atuação de ofício em sede de tutela de urgência, sendo de se citar Luiz Fux (FUX, Luiz. *Tutela de Segurança e Tutela da Evidência:* fundamentos da tutela antecipada. São Paulo: Saraiva, 1996, p. 74-96). Já no processo do trabalho é considerada a marca inquisitorial desse processo, especialmente pelo disposto nos artigos 653 e 765 (direção do processo) e 878 (da CLT, promoção de ofício da execução), e ainda é considerado o *jus postulandi* do artigo 791 da CLT, para também se sustentar que as medidas de urgência sejam providas de ofício no domínio trabalhista.

só estão em discussão o meio ou a técnica processual com idoneidade e necessidade para o caso em questão.

É entendimento deste autor, amparado na prática que mantém no cotidiano forense como magistrado do trabalho, que o campo por excelência onde a atuação do princípio da proteção terá efeitos mais determinantes frente à legislação celetista é o da execução. O déficit em termos de meios de execução mais apropriados para os agentes de trabalho é assombroso se se comparar com as deficiências de procedimento e de técnicas de provimento. Daí a opção por uma análise apartada de dois meios executórios específicos, que, defendidos a partir do princípio da proteção do trabalhador, são casos emblemáticos que se bem manejados podem fazer a diferença entre uma execução frutífera ou não: a multa coercitiva por obrigação de pagar quantia certa e a prisão civil como meio de coerção.

9.1. Insuficiência de meios de coerção indireta: a defesa da multa por obrigação de pagar quantia certa e da prisão civil, a partir do princípio da proteção do trabalhador

É realidade inconteste que a execução de natureza patrimonial nem sempre é dotada de meios para corresponder à celeridade exigível, como é o caso da execução trabalhista. A utilização dos instrumentos executórios normais, em caso de recusa do empregador, pode se revelar ociosa. Em casos que tais faz-se mister a expedição de uma ordem, não para apreensão de bens para o atendimento da urgência na qual o caso se reveste, mas para a imediata realização dos atos imprescindíveis a esse fim.

As medidas de coerção indireta de um mandado judicial são altamente eficazes quando existe patrimônio disponível do executado. É a utilização das conhecidas *astreintes,* de inspiração do direito francês, embora com contornos do da *swangsgeld alemã*.[338]

Em termos de processo do trabalho, em que a grande maioria dos provimentos judiciais são de natureza condenatória impondo ao empregador uma obrigação de pagar quantia certa, não se pode deixar de ingressar na discussão sobre o cabimento de multas diárias (*astreintes*) em sede de execução por quantia certa. Para tanto, será indispensável socorre-se da proposta vanguardeira de Luiz Guilherme Marinoni, que, otimizando o princípio da efetividade da constituição, já defende firmemente a sua aplicação, independentemente de alteração legislativa[339] e fazendo aplicação direta da Constituição, como se colhe nesta passagem:

---

[338] As *astreintes* são, na definição de Sérgio Arenhart, "um meio de pressão que consiste em condenar um devedor sujeito a adimplir uma obrigação, resultante de uma decisão judicial, a pagar uma soma em dinheiro, por vezes pequena, que pode aumentar a proporções bem elevadas com o passar do tempo e com o multiplicar-se das violações". ARENHART, Sérgio Cruz. *Perfis da tutela inibitória coletiva.* São Paulo: RT, 2003, p. 350-351.

[339] Adverte Marinoni que "a imposição de multa para dar efetividade à cobrança de quantia em dinheiro objetiva dissuadir o inadimplemento da sentença que determina o pagamento de soma, *tornando desnecessária a* "execução por expropriação". MARINONI, Luiz Guilherme. *Técnica processual e tutela dos direitos.* São Paulo: RT, 2004, p. 621.

> Se o princípio constitucional da efetividade, albergado no art. 5º, XXXV, da Constituição da República, garante o direito à tempestividade da tutela jurisdicional, ele também garante, como diz a melhor doutrina italiana, *o direito às modalidades executivas adequadas a cada situação conflitiva concreta. Assim, se é inefetiva a execução da tutela antecipatória baseada em fundado receio de dano através da via expropriatória, deve ser admitida, inclusive para que seja observada a Constituição Federal, a tutela antecipada de crédito mediante a imposição de multa.*[340]

E aí, uma vez mais, se recorre ao que foi defendido no tópico anterior. Singularizando o caso para o processo do trabalho, a prevalência prima facie da proteção do empregado frente aos interesses do empregador deixa ainda mais robusta a defesa da aplicação das multas diárias para obrigação de pagar quantia certa na esfera laboral. Não apenas, portanto, se entende que a posição de Marinoni está apropriada com o princípio da efetividade, mas se assume a posição de que no processo do trabalho, pela ascendência do princípio da proteção, aquela multa deve ser levada em consideração com mais razão ainda. Há, como já se afirmou no tópico nove deste capítulo, um reforço hermenêutico em favor do empregado, tendo em vista o princípio tuitivo que singulariza o processo do trabalho.

Outro desdobramento importante da eficácia mandamental, que não se reveste de natureza sub-rogatória, mas sim de império, é aquela considerada como a principal característica inovatória: a possibilidade de se invocar a tutela prisional em defesa da sua efetividade. Tal fenômeno, de resto, se espraia em várias hipóteses no ordenamento brasileiro, sendo de se lembrar que as leis que tutelam os direitos de terceira geração, direito do meio ambiente, do consumidor, da livre concorrência, trazem sempre um apêndice ou outras leis, que complementam a sua coercibilidade, criminalizando determinadas condutas.

É certo que não é objeto desta investigação avaliar o cabimento de medidas prisionais, criminais ou cíveis, também na seara dos direitos trabalhistas, como modo de efetivação dessas garantias constitucionais. Mas não se pode fugir de um dado fático: a simples existência de sanções de ordem patrimonial pode não ser suficiente para a efetivação de comandos judiciais antecipatórios concedidos sob o acicate da urgência.

Mesmo a criação da figura do ato atentatório ao exercício da jurisdição, conforme o parágrafo único do inciso V do artigo 14 do Código de Processo Civil, somente produzirá os efeitos desejados pelo Legislador se houve aptidão patrimonial do violador do dever nele insculpido.[341] Ocorre que existem tutelas para o trabalhador sem caráter remuneratório, como é o caso da tutela inibitória, e para isso teria a prisão uma contribuição importante como meio de coerção indireta.

É preciso, contudo, considerar que a doutrina e a jurisprudência pátrias são majoritariamente contrárias a qualquer meio de execução que não seja patrimo-

---

[340] MARINONI, Luiz Guilherme. *A Antecipação da Tutela,* 7. ed. São Paulo: Malheiros, 2002, p. 246.

[341] Cf. ARMELIN, Donaldo. Realização e execução das tutelas antecipadas. In: ALVIM, Arruda (Org). *Inovações sobre o direito processual civil:* tutelas de urgência. Rio de Janeiro: Forense, 2003, p. 516.

nial. Valem-se de uma interpretação restritiva do inciso LXVII do artigo 5º da Constituição Federal de 1988 e invocam também o Pacto de San Jose da Costa Rica, de 1969, ainda mais restrito, já que inclui como possibilidade de prisão civil apenas a dívida de alimentos.

Não obstante, algumas vozes, ainda isoladas, mas expressivas do ponto de vista intelectual jurídico no cenário nacional, já contestam essa limitação exegética e defendem uma maior abertura, em prol da efetividade do processo. São exemplos Araken de Assis,[342] Sérgio Arenhart[343] e Donaldo Armelin.[344]

E a questão toma relevo bem maior na seara trabalhista quando se percebe que, não obstante o caráter alimentar das verbas laborais, não há possibilidade legal de prisão como há para o devedor de alimentos, nos moldes do artigo 734 do Código de Processo Civil.[345]

E aí se ingressa na questão desse tratamento díspar que o legislador fez entre o devedor de alimentos cível, e não trabalhista. Entende-se amplamente infundado.

O que se defende aqui é que, em casos trabalhistas, estão à disposição do julgador os mesmos meios de execução próprios dos alimentos de direito de família. Houve uma evidente desconformidade do legislador. Entendeu que a origem dos alimentos, por se tratar de direito de família, demandaria um disciplinamento mais eficaz do que outros alimentos. Aqui se segue o escólio de Marinoni, que, referindo-se a outra hipótese de alimentos, os alimentos indenizativos, é contundente que no sentido de que "não há razão para discriminar o credor de alimentos indenizativos, deixando sem efetividade a tutela antecipatória que lhe concede alimentos. A menos que se entenda, por exemplo, que os filhos daquele que se afasta do lar merecem tutela jurisdicional mais efetiva do que os filhos que têm o pai morto em acidente automobilístico!".[346]

Bem, é flagrantemente inconstitucional e inaceitável esse discrímen legislativo, e o exemplo trabalhista é emblemático. Um trabalhador cuja família depende do salário e de súbito se vê desempregado, obviamente terá no pagamento de seus direitos trabalhistas a fonte alimentar para a sua sobrevivência. É pouco mais do que evidente que o julgador tem o dever de utilizar os meios mais idôneos para que o empregador receba o seu crédito, e aí deve aplicar todas as medidas do artigo 734 do CPC, desde o desconto em folha de pagamento até a prisão civil. Nas execuções de tutela de urgência, o caso antes requer obviamente a declaração

---

[342] ASSIS, Araken de. Antecipação da eficácia mandamental. In: ALVIM, Arruda (Org). *Inovações sobre o direito processual civil:* tutelas de urgência. Rio de Janeiro: Forense, 2003, p. 469-483.

[343] ARENHART, Sérgio Cruz. *Perfis da tutela inibitória coletiva.* São Paulo: Editora Revista dos Tribunais, 2003, p. 384-396.

[344] ARMELIN, Donaldo. Realização e execução das tutelas antecipadas. In: ALVIM, Arruda (Org.). *Inovações sobre o direito processual civil:* tutelas de urgência. Rio de Janeiro: Forense, 2003, p.505-521.

[345] ASSIS, Araken de. Antecipação da eficácia mandamental. In: ALVIM, Arruda (Org.). *Inovações sobre o direito processual civil:* tutelas de urgência. Rio de Janeiro: Forense, 2003, p. 480.

[346] MARINONI, Luiz Guilherme. *A Antecipação da Tutela.* 7. ed. São Paulo: Malheiros, 2002, p. 246.

de inconstitucionalidade do artigo 273, § 3º, do CPC,[347] por não prever os meios necessários para a execução frutífera, em desconformidade com os princípios da efetividade da jurisdição e mais especificamente em termos de processo do trabalho, por violação ao princípio da proteção do empregado.

É de se notar que o argumento esposado nesta pesquisa está sustentado na constatação de que a dívida de alimentos não pode distinguir a origem destes. A prisão seria cabível, assim, por um enquadramento da dívida trabalhista na dicção de alimentos referida no artigo da Constituição Federal.

Mas ainda há outra razão para isso, e aqui se recorre a Sérgio Arenhart. É o fato de a prisão poder funcionar como meio de coerção, e assim fugiria das restrições do artigo 5º, LXVII, que veda prisão civil por dívida. O fundamento aí da prisão não estaria na hipótese de dívida alimentícia, mas de um modo de coagir o executado a cumprir o provimento judicial, fundado no "*imperium* estatal e tem por fim resguardar a dignidade da justiça. Enfim, encontra apoio na regra do art. 5º., XXXV, da CF, no que toca à garantia de um provimento jurisdicional útil".[348]

Daí por que parece de todo factível a defesa da prisão no processo do trabalho. A aplicação do princípio da proteção dos agentes do trabalho aliado ao princípio da efetividade autorizam a interpretação de que a dívida trabalhista também é alimentar, e assim equivaleria aos alimentos do direito de família, além de facilitar a compreensão hermenêutica de que a prisão civil pode funcionar como um importante meio de coerção indireta.

Observe-se que não se defende aqui a prisão penal, mas tão-somente a prisão civil. Isto porque bem se sabe que a persecução penal muitas vezes se cuida de uma ameaça distante. A ponderação de Araken de Assis, no particular, merece ser transcrita, quando se refere ao que ocorre na maioria dos tipos penais: "toca ao juiz tão-somente remeter as peças ao Ministério Público, 'para as providências cabíveis'. Desse modo, a sanção penal constitui ameaça longínqua, simbólica

---

[347] A técnica aí, em termos de controle de constitucionalidade, é a inconstitucionalidade por omissão parcial, eis que, conforme já frisado linhas atrás, a proteção legal é insuficiente frente aos ditames constitucionais tuitivos do empregado, especialmente o princípio da proteção e o princípio da efetividade da jurisdição. É de se notar que o artigo 273, para as hipóteses de obrigação de pagar quantia certa, remete o julgador para os limites da execução provisória do artigo 581 do CPC (art. 475-O. Lei 11.232/2005). Isso vai significar um processo com penhora e com os modos de execução limitados a essa modalidade de execução, nos quais não se incluem, por exemplo, a multa como forma de coerção indireta do devedor tampouco a medida extrema de prisão, o que é um despropósito para a urgência do crédito trabalhista. Em sentido semelhante, sendo que com a atenção voltada ao processo civil, Marinoni enxerga omissão nas modalidades eficaciais de execução do art. 273, § 3º, do CPC, quanto à soma em dinheiro, e defende que o juiz supra essa ausência: "entende-se que o § 3º do art. 273 é omisso em relação à forma de execução da tutela antecipatória de soma em dinheiro. Tal omissão pode ser seguramente suprida quando se tem consciência de que as tutelas prometidas pelo direito material devem encontrar técnicas processuais adequadas, sob pena de o processo – que deveria ser instrumento – passar a ser obstáculo à proteção do direito material. Se o juiz identifica a necessidade de tutela antecipatória de soma em dinheiro, lhe é muito fácil detectar a ausência de técnica processual capaz de permitir a sua efetiva realização." MARINONI, Luiz Guilherme. *Teoria Geral do Processo*. São Paulo: Revista dos Tribunais, 2006, p. 342.

[348] ARENHART, Sérgio Cruz. *Perfis da Tutela Inibitória Coletiva* – Coleção Temas Atuais de Direito Processual Civil, vol. 6. São Paulo: Revista dos Tribunais, 2003, p. 394-395.

e ineficaz, ministrando apenas efeitos suasórios".[349] Além disso, eventual efeito coercitivo da prisão penal só ocorre na decisão que a comina, antes, portanto, da imposição, uma vez que, depois de imposta a pena, o executado estará pagando pelo crime cometido (desobediência à ordem judicial ou prevaricação, v.g.), numa situação desconexa com a execução trabalhista. É dizer, a prisão penal, depois de efetuada, perde o seu caráter coercitivo em relação à obrigação trabalhista em execução.[350]

Eventuais dificuldades práticas que desaconselhem a medida prisional civil, nos moldes do que aqui se defende, tal como a falência do sistema carcerário brasileiro, não infirmam a tese sobre a viabilidade teórica e constitucional de sua aplicação.[351] É certo que o contexto fático deverá ser considerado pelo julgador no caso concreto, mas isso não autoriza uma vedação a *priori* de um instrumento importante de coerção para algumas execuções trabalhistas, tanto mais quando há suporte dogmático no princípio fundamental da proteção do empregado.

Um reparo ainda cabe acentuar. Por tratar-se de medida extrema, seria desnecessário dizer que a prisão civil no processo do trabalho só pode ser utilizado como recurso último e por todos os meios evitada, e efetivamente deve ser exercida quando o crédito trabalhista disser respeito a alimentos, o que não ocorreria – só para ficar num exemplo prático – quando se trata de um caso em que o valor executado está acima dos padrões e o exeqüente se trata de ex-empregado já com nova fonte de renda para sustentar-se. A ponderação do julgador, como se percebe, terá papel fundamental também aí.

9.2. Um caminho cheio de possibilidades favoráveis ao trabalhador

A lista dos casos acima analisados é meramente exemplificativa e pretende apenas demonstrar que a utilização do método da ponderação, que pressupõe a divisão morfológica entre regras e princípios e a ausência de uma hierarquia rí-

---

[349] ASSIS, Araken de. Antecipação da eficácia mandamental. In: ALVIM, Arruda (Org.). *Inovações sobre o direito processual civil*: tutelas de urgência. Rio de Janeiro: Forense, 2003, p. 482.

[350] No mesmo sentido, Sérgio Cruz Arenhart sentencia que "a sanção criminal (como meio coercitivo) somente tem efeito antes de sua imposição, já que, uma vez violada a ordem, deve a sanção ser efetivada, sem que se possa retirá-la em vista do ulterior cumprimento da determinação pela parte. Assim, se a parte já descumpriu a ordem judicial, a prisão de cunho criminal perde totalmente sua condição coercitiva, passando a assumir caráter exclusivamente punitivo (já que a pessoa deve sofrer a prisão, pelo prazo estipulado pela lei penal, ainda que venha ulteriormente a cumprir o comando judicial, ou a repor as coisas em seu estado anterior)". ARENHART, Sérgio Cruz. *Perfis da Tutela Inibitória Coletiva*. São Paulo: RT, 2003, p. 387.

[351] Uma vez mais, converge-se com a doutrina de Sérgio Cruz Arenhart no particular, para quem "[...] outros óbices – mais de caráter prático que legal – podem ser opostos à efetiva utilização da prisão civil em tais casos. Inicialmente, não se pode negar que a conjuntura fática do sistema prisional brasileiro não recomenda sequer que criminosos de menor potencialidade ofensiva sejam encarcerados, quanto mais simples réus em ação civil. Também a falta de regulamentação legal pode constituir embaraço para o uso do mecanismo – já que não se tem o prazo em que essa prisão seria viável, a forma de sua determinação etc. Nada obstante esses aspectos, mais operacionais que teóricos ou legais, não se pode, *a priori*, descartar a viabilidade da prisão civil, usada como meio coercitivo para o cumprimento de ordens judiciais. [...]."ARENHART, Sérgio Cruz. *Perfis da Tutela Inibitória Coletiva* – Coleção Temas Atuais de Direito Processual Civil, vol. 6. São Paulo: RT, 2003, p. 395.

gida, ou simplesmente a presença de uma ascendência móvel entre as normas em conflito, pode ser manejada para o exame das diferentes técnicas legislativas para o enfrentamento da mora processual, desde o encurtamento do procedimento, passando pela sumarização da cognição até a eficácia dos meios de execução.

Logo, a proteção do trabalhador, via julgador, e desde a dogmática constitucional brasileira, tem nesse caminho metodológico um imprescindível instrumento de aperfeiçoamento no processo de entrega da prestação jurisdicional.

10. Considerações finais ao capítulo

Se o autor, no processo civil, em que o direito pleiteado geralmente gravita no terreno meramente patrimonial, já deve ter instrumentos de compensação pelo desgaste do tempo a seu desfavor, afinal quem é titular do direito deve exercê-lo, na ritualística do trabalho, na qual as lides são de fundo alimentar, essa distribuição do ônus do tempo tem que ser ainda mais observada.

E o legislador se vale basicamente de três técnicas para enfrentar a questão do *dano marginal*: a sumarização do procedimento, a sumarização da cognição e o incremento da eficácia dos meios de execução.

Defende-se que o julgador trabalhista deve fiscalizar se essas técnicas atendem à proteção proporcional ao empregado e, se não for o caso, engendrar soluções a partir do princípio tuitivo à pessoa-que-trabalha e com as ferramentas da teoria dos princípios.

Foi visto que a ausência de um disciplinamento maior, no terreno das tutelas cautelares, em vez de conturbar, acabou auxiliando o processo do trabalho. É que "veio conferir à jurisdição trabalhista a oportunidade de erigir construção pragmática por via da adaptação dos ritos civis cautelares aos seus foros, acolhendo-lhe os princípios, normas e práticas, mas, também, alargando-lhe o sentido ao aplicá-lo a situações para as quais não fora originariamente concebido".[352] Assim é que, antes da generalização da tutela antecipada pelo artigo 273, antes portanto de 1994, a Justiça do Trabalho já fazia uso de uma hermenêutica de proteção dos direitos.

No caso de não haver lacuna na CLT, e mesmo fazendo-se uso das interpretações histórica e teleológica, ainda, portanto, não se valendo do método da ponderação, já era e é robustamente plausível juridicamente a defesa da aplicação das regras do processo comum. É bastante que a norma alienígena seja mais protetiva.

Se se for utilizar no caso o método da ponderação, com muito mais razão, e mais rigor dogmático, haja vista a força normativa da Constituição, por meio da aplicação do princípio da proteção da pessoa-que-trabalha com a preferência pri-

---

[352] ADAMOVICH, Eduardo Henrique Von. *A tutela de urgência no processo do trabalho*: uma visão histórico-comparativa idéias para o caso brasileiro. Rio de Janeiro: Renovar, 2000, p. 169-170.

ma facie que dele emana, deve-se defender a importação de regras da ritualística comum em casos que tais. A ponderação, já se deixou assentado, trata-se de método característico dos direitos fundamentais e complementar das demais técnicas de interpretação, a exemplo da histórica, teleológica, sistemática e literal.

E a operacionalização passa pelo método da ponderação, que é estruturado no princípio da proporcionalidade, com suas três sub-regras, que, em se cuidando de processo, como se verá, também devem ser integralmente seguidas, muito embora casos existam em que aparentemente bastariam as etapas da adequação e da necessidade.

É importante ter uma visão forte da efetividade e bem compreender o princípio do contraditório, que não se manifesta apenas pelo modo da ampla defesa típica do procedimento ordinário comum, para não se cometerem impropriedades que resultem em estorvos no processo.

Em se tratando, pois, de tutela de urgência, não há cogitar de ampla defesa. O que se tem é a forma de contraditório diferido, pelo que sucede uma inversão de fases, podendo o julgador, desde o início da demanda, entregar a prestação jurisdicional. Essa ponderação tem impacto decisivo para a concretização do princípio constitucional da efetividade. E no processo do trabalho, em que a urgência toma uma proporção singular, na medida exata do caráter alimentar das verbas postuladas, o manejo do princípio do contraditório de modo adequado é fator não apenas de celeridade mas, nunca é demais reafirmar, da própria sobrevivência do trabalhador.

Poder-se-ia, entretanto, supor que o embate no processo se resumiria entre o princípio da efetividade e o princípio do contraditório. Muito embora em uma parcela de casos a resolução desse conflito seja o principal desafio ao julgador, defende-se que é preciso dar um passo adiante e considerar também os direitos fundamentais materiais que estão por trás das demandas.

Reproduz-se aqui, na esfera processual, o mesmo embate entre o princípio tuitivo do trabalhador e a livre iniciativa do empregador, pelo que também se defende o critério da preferência prima facie daquele sobre este como forma de solução de tal tensão.

Defender que os direitos substantivos objeto do processo, e na hipótese se trabalha com o princípio da proteção ao trabalhador e com o princípio da livre iniciativa do empregador, não mais figurariam no processo, equivaleria a tirar as vestes das partes e homogeneizar os figurantes de todo e qualquer procedimento. Já não seriam trabalhadores e empregadores, mas autores e réus como em qualquer processo, o que parece uma abstração. A entrada dos direitos substantivos no procedimento de ponderação da teoria dos princípios confere singularidade ao processo.

No que se refere ao campo de aplicação do princípio da proteção do empregado, nem é preciso maiores esforços para se chegar à conclusão de que alcança todos os rincões do processo. Estão aí incluídos assim o procedimento, as técnicas de sumarização da cognização e os meios executivos, todas as técnicas, portanto, legislativas para essa esfera.

Tendo em vista o estado atual da legislação processual, o campo por excelência onde a atuação do princípio da proteção terá efeitos mais determinantes repousa no cumprimento da decisão. O déficit em termos de meios de execução mais apropriados para os agentes de trabalho é assombroso, se se comparar com as deficiências de procedimento e de técnicas de provimento, daí se defender, a título exemplificativo, a aplicação no processo do trabalho da multa coercitiva por obrigação de pagar quantia certa e a prisão civil como meio de coerção.

CAPÍTULO *VIII*

A aplicação do princípio da proteção ao trabalhador pelo Poder Judiciário brasileiro, a separação de Poderes e a legitimidade democrática

1. Considerações iniciais

Já se deixou assentado que todo e qualquer método é permeado pela visão de mundo do intérprete e aplicador do direito. Não existe interpretação neutra, pois. A opção metodológica aqui acatada pela teoria dos princípios foi calcada na maior transparência e racionalidade sobre as técnicas tradicionais de interpretação, sem contudo importar numa escolha que leve à exclusão dos métodos antigos, mas a uma complementação, um *plus* em termos de idéia regulativa para uma hermenêutica compromissória e mais de acordo com a dogmática constitucional brasileira.

A possibilidade que a teoria dos princípios deixa ao julgador de ir além do que está previsto em lei, mas nunca fora do que o significante princípio constitucional possa estender em termos de significado, traz à tona a discussão acerca da legitimidade democrática do Judiciário para esse ofício. E aí está a temática deste capítulo.

Das muitas implicações sobre a questão, serão destacadas duas. Primeira, a crítica de que a aplicação direta de um princípio constitucional, sem, portanto, a mediação legislativa, feriria uma regra muita cara à democracia – a decisão da maioria. Não seria um juiz ou um colegiado, em se tratando de um tribunal, que poderia derrubar um édito legal majoritariamente aprovado em representação popular. Em segundo, mas correlato à outra, a alegação de que uma tal *aplicatio* afrontaria a regra da separação dos Poderes, especialmente a usurpação frente ao Poder Legislativo.

Para tanto será no início colocado o problema nos seus devidos e mais explicitados termos. Onde e em que medida estaria a tensão entre a aplicação do princípio da proteção e noção de democracia, e se esse conflito realmente ocorre e por que é que não sucederia.

Como desdobramentos do item introdutório serão trabalhadas, ainda que em análise panorâmica, mas sem se fugir do essencial, as visões conceituais de Luigi Ferrajoli e Jurgen Habermas, aquele dentro de uma abordagem conteudista e este de uma ótica procedimentalista sobre a democracia. É preciso consignar que a escolha de tais nomes foi pautada pelas destacadas reverberações de suas teorias tanto na doutrina como na jurisprudência nacionais.

Em seguida será problematizado o conceito de democracia, com a aplicação do princípio da proteção no Brasil, considerada a realidade socioeconômica de um país. Daí partirá a defesa normativa de determinada definição de democracia e que servirá de parâmetro para esta investigação, no que diz com a legitimidade da atuação judicial.

Por fim será arrostado o segundo ponto da legitimidade. E aí será revisitada a teoria da separação dos poderes, desde a sua formulação seminal na obra de Montesquieu até o modo como foi adotada pelo constituinte brasileiro na Carta da República de 1988, do que se dirá da "verdadeira" separação de poderes e da necessidade de uma releitura sobre as bases teóricas argüidas.

2. A legitimidade democrática e o princípio da proteção

A tensão entre democracia e direitos fundamentais é dos mais tortuosos temas da contemporaneidade, sobretudo quando se constata que em nome da democracia são desrespeitadas aquelas garantias histórica e duramente construídas por gente sacrificada.

O caso da invasão americana no Iraque é o exemplo mais eloqüente. É certo que os Estados Unidos, a pretexto de levar a democracia ao Oriente Médio, tem afrontado dramaticamente os direitos fundamentais do cidadão e do povo iraquiano. Tudo em nome da democracia.

Se o caso americano é de registro obrigatório por ser emblemático, não se trata contudo de algo isolado. A Grã-Bretanha também se utiliza do escudo conceitual da democracia contra o terrorismo para editar ato normativo que faz pouco caso de direitos fundamentais individuais do inglês e do residente naquele país.

Haveria, por tais exemplos, um choque entre o princípio democrático e os direitos fundamentais. Embora com contornos particulares, não é diferente, e praticamente parte das mesmas bases, o problema em torno da aplicação direta pelo Judiciário de um princípio constitucional, suprindo carência legislativa ou mesmo superando déficit de proteção da lei frente ao texto da Lei Maior, especialmente no que diz com as implicações com o princípio majoritário da democracia. Bem por isso se trata de questão de relevo da presente investigação, e que deve ser arrostada, a tensão entre o princípio da proteção do trabalhador, como direito fundamental que o é, e a democracia, notadamente a regra da maioria.

Alexy alude que é possível elencar pelo menos três posições sobre a tensão entre democracia e direitos fundamentais. A dos que negam a existência desse conflito, argumentando que isso seria infactível entre duas coisas boas, e aí estariam os ingênuos. Haveria ainda os idealistas, aqueles que partem de uma visão de sociedade ideal e assim, em que pese a possibilidade de desencontros entre a maioria democrática e o discurso dos direitos fundamentais, isso jamais ocorreria. E finalmente estariam os realistas, os quais admitem que os direitos fundamentais podem funcionar democraticamente ou antidemocraticamente. Em termos democráticos, quando respaldassem os direitos de igualdade e de liberdade, e mesmo quando garantem procedimentos de participação e deliberação de todos; no lado antidemocrático, quando recusam decisões de maioria parlamentar que vão de encontro a outros direitos fundamentais.[353]

Não parece a este autor que seja uma questão de ingenuidade, de idealismo ou de realismo. Parece intuitivo que enxergar a existência de atrito entre a democracia e os direitos fundamentais vai depender de como o sujeito se posiciona conceitualmente diante de cada objeto. Não se pode colocar a pecha de "ingênuo" em quem, por opção metodológica e mesmo gnoseológica, não vislumbra tal conflituosidade, e assim por diante.

Há quem entrevê na democracia a inclusão dos direitos fundamentais, para muito além pois de um aspecto meramente formal e contigencial de uma maioria. Assim o direito à saúde, à moradia, ao meio ambiente equilibrado, ao trabalho seriam todos elementos do conceito de democracia, tudo fruto de uma construção histórica da humanidade. Essa é a chamada visão substantiva da democracia.

Outra corrente de pensadores advoga a tese de que a democracia não pode ser vista como a defesa de um conteúdo. Antes se trata de um procedimento, em que a maioria é soberana para estabelecer as regras. O conteúdo é mutante e o que importa é que a deliberação decorra da vontade da maioria. Aí se cuida da visão procedimental ou procedural da democracia.

A depender, portanto, da visão que se tenha da democracia, poderá dizer-se esse ou aquele direito fundamental está enraizado no seu conceito, do que decorrerá a conclusão sobre a possibilidade ou não de choque entre a categoria de direitos e o princípio democrático.

Do mesmo modo, uma vez que o princípio da proteção do trabalhador tem *status* de direito fundamental, deve-se primeiro firmar o conceito de democracia e de direitos fundamentais para dizer se o amparo ao empregado se revela uma manifestação democrática.

Deve observar-se que, partindo de um conceito eminentemente procedimental de democracia, nada impede que uma maioria momentosa acabe por decidir pela rejeição dessa proteção ao laborista e eleja o caminho da livre iniciativa privada, e sem limites, como o devido e o correto para reger o mundo do capital e do trabalho.

Ao contrário, se se acolher um conceito substantivo de democracia, terá lugar como elemento definidor integrativo a proteção à dignidade da pessoa humana – de que é desdobramento o amparo do trabalhador –, pelo que, mesmo que o entendimento a favor do trabalhador seja defendido apenas por uma minoria, não se poderia pretender atingir o princípio protetor do obreiro.

---

[353] ALEXY, Robert. *Los Derechos Fundamentales en el Estado Constitucional Democrático. Los Fundamentos de los derechos fundamentales.* Madri: Trotta, 2001, p. 37-38.

Tudo demanda, assim, uma definição prévia do que seja a democracia para o deslinde do problema acerca de ser ou não democrática a proteção do empregado.

Mas aqui se está diante de uma questão normativa: a defesa desta ou daquela posição diz com os argumentos expostos e deliberadamente escolhidos, não tendo, assim, relação com um atavismo conceitual da democracia. Isso é importante deixar bem claro.

Por isso se passará adiante a fazer um percurso histórico sobre o tema e ao depois, fazendo uso do contexto atual, no mundo e especialmente no Brasil, dir-se-á qual o conceito de democracia de que se fará uso para dizer-se democrático ou não o princípio da proteção do trabalhador.

3. Do alargamento conceitual da Democracia e do seu tratamento conteudista na contemporaneidade

Se a razão, como diz Freud, não é inata ao homem, mas objeto de construção, assim a democracia, como fruto da racionalidade humana, não nasce de repente, sendo construída ao longo do tempo.

Será feito aqui um corte histórico para definição do marco inicial, partindo do qual se discorrerá sobre a construção doutrinária dos diversos sentidos de democracia, mas isso apenas como método, justamente para evitar os perigos do atavismo ilimitado a pretexto do rigor temporal; tanto mais que a abordagem deste estudo não é histórica, mas dela se faz uso apenas para mostrar o gradual alargamento do conceito de democracia e a recente preocupação da doutrina no sentido de que lhe seja preenchido o vazio ontológico.

Em Atenas nasce a democracia sob a forma plebiscitária, com o povo participando da assembléia para decidir sobre o destino da *polis*, estimando-se, contudo, que o *demos* representava apenas cerca de dez por cento da população, na medida em que não eram considerados como tal estrangeiros, mulheres e outros, o que se constituía uma maioria.[354]

Em Péricles, para citar um filósofo ateniense, a democracia era tida como regime dos homens livres, aptos para a guerra, contribuintes e domiciliados há muito tempo.[355]

Cabe desde logo referir, com Adeodato, que a experiência prática dos gregos não foi a base do pensamento político ocidental, "mas sim dos ensinamentos de Platão (428-438 a. C.) e Aristóteles (384-322 a. C.), seja pela efêmera idade de

---

[354] ARRUDA ARANHA, Maria Lúcia de et al. *Temas de Filosofia*. 2. ed. São Paulo: Moderna, 1998, p. 176-183.
[355] Cf. MÜLLER, Friedrich. *Quem é o Povo?* A questão fundamental da democracia. São Paulo: Max Limonad, 1998, p. 83.

ouro grega, seja pela força que essas doutrinas adquiriram, embora não se deva perder de vista que foi da experiência da *polis* que os dois filósofos partiram".[356]

Para Platão,[357] a democracia se estabelecia quando os pobres tomavam o poder dos ricos, e toda gente neste novo Estado passava a ser livre, com plena independência de pensamentos e palavras, podendo cada qual fazer o que lhe aprouver. Com este raciocínio, o eminente discípulo de Sócrates condena a democracia, afirmando que a excessiva liberdade degenera em servidão tanto para o Estado como para o indivíduo, sendo de todo natural – segundo conclui – que a tirania não tenha outro governo senão o democrático. Sustenta, mais, que não haverá Estados felizes, se os filósofos não forem reis, e os reis, filósofos.[358]

Aristóteles também construiu um conceito próprio e igualmente restritivo de democracia, na sua taxinomia sobre as formas de governo, segundo o qual deve-se chamar de democracia o Estado que os homens livres e pobres governam, e oligarquia o que os ricos governam. Adverte Aristóteles que não se deve simplesmente definir a democracia como o governo em que a maioria domina, pois nas próprias oligarquias é sempre a maioria que se sobressai, sendo acidental o fato de que o número seja maior ou menor, apesar de comumente ocorrer que o maior número se faça dos homens livres e o menor, dos ricos.[359]

Como se percebe, tanto em Platão como em Aristóteles o conceito de democracia é restritivo, alcançando a condição de cidadão uns poucos privilegiados entre o povo, o que reflete, em grande medida, as circunstâncias da *polis* onde havia um bom número de escravos.

É dizer: muito embora o significado original do termo democracia, cunhado pela teoria política da Grécia antiga, seja o de "governo do povo" (*demos* = povo, *kratein* = governo),[360] a rigor a generalidade da expressão não refletia o pensamento limitado de então.

Na filosofia moderna,[361] já se evidencia o alargamento do conceito de democracia, não mais se restringindo a um regime de alguns para alcançar um regime de todos. Esse, por exemplo, é o pensamento de Thomas Hobbes,[362] para quem a

---

[356] ADEODATO, João Maurício. Ética, Jusnaturalismo e Positivismo no Direito. In: *Anuário dos Cursos de Pós-Graduação em Direito*. n. 7, Recife: Universitária UFPE, 1995, p. 207.

[357] PLATÃO. *A República*. Trad. Albertino Pinheiro. Bauru, SP: EDIPRO, 1994, Livro Oitavo, p. 303-341.

[358] *Idem*, liv. Sexto, p. 223-260.

[359] ARISTÓTELES, *A Política*. Trad. Roberto Leal Ferreira. 2. ed. São Paulo: Martins Fontes, 1998, p. 119-120.

[360] Cf. KELSEN, Hans. *A Democracia*. São Paulo: Martins Fontes, 1993, p. 140.

[361] A Filosofia Moderna, segundo Hannah Arendt, começou com o *de omnibus dubitandum est* de Descartes – ou seja, com a dúvida. Tal como, desde Platão e Aristóteles até a era moderna, a filosofia conceitual havia sido a expressão do assombro, também a moderna filosofia, desde Descartes, tem consistido na manifestação e nas ramificações da dúvida, sendo Hobbes o maior representante da filosofia política da era moderna. (ARENDT, Hannah. *A Condição Humana*. Trad. Roberto Raposo. 9. ed. Rio de Janeiro: Forense Universitária, 1999, p. 286 e 313).

[362] HOBBES, Thomas. *Do cidadão*. Trad. Renato Janine Ribeiro. 2. ed. São Paulo: Martins Fontes, 1998, p. 119.

democracia é o governo do povo; a aristocracia, o governo dos nobres, e a monarquia, o governo de um só: do monarca.

Muito embora Hobbes faça apologia à monarquia e arregimente uma série de argumentos contra a democracia[363] – desde o argumento de que o estado de igualdade é um estado de guerra até o de que seria infeliz confiar as deliberações políticas às grandes assembléias, devido à inexperiência da maior parte dos homens – não se pode deixar de constatar o inchamento do conceito de *demos,* tão restrito no modelo ateniense e aristotélico.

Rousseau também avança no conceito de democracia. Para o filósofo, esta se dá quando o poder incumbe "a todo o povo ou à maior parte dele, de tal forma que existam mais cidadãos magistrados do que particulares".[364] Entende, todavia, como utópico o poder democrático, elencando uma série de dificuldades para sua implantação, a exemplo de uma exigida igualdade "nas classes e forturnas" sem o que a igualdade não poderia subsistir por muito tempo. E sentencia: "se existisse um povo de deuses, governar-se-ia democraticamente. Um governo tão perfeito não convém aos homens".[365]

Não obstante se tenha alargado a noção democrática, permanece o problema do vazio deixado pela "rejeição do Mestre, ou seja, do Insubstituível".[366]

Pontua Agostinho Ramalho[367] que as palavras têm toda uma história, e fragmentos dos primeiros sentidos podem sobreviver por muitos séculos, mantendo ainda uma relação remota com os sentidos contemporâneos da palavra. No caso da democracia, de história milenar, deve-se concordar com essa tese, na medida em que aquela palavra recobre sentidos mais primitivos, "que todavia ali restam", como o sentido de ser um poder legitimado por alguns, ainda que seja a maioria.

O certo é que nessas elaborações doutrinárias, desde a Grécia antiga até a filosofia moderna de Hobbes e Rousseau, o que parece se distinguir é o critério para a escolha de quem seja o *demos,* mas todos são concordes com a concepção de um regime de traço procedimentalista ou, em outras palavras, de um regime que não se vincula a conteúdo algum, a não ser a um procedimento de exercício de poder, de tomada de decisões pelo povo. Pode-se afirmar que a inclinação conteudista de democracia é recente e contemporânea.

---

[363] HOBBES, Thomas. *Do cidadão.* Trad. Renato Janine Ribeiro. 2. ed. São Paulo: Martins Fontes, 1998, p. 155-171.

[364] ROUSSEAU, Jean-Jacques. *O Contrato Social.* Trad. de Antônio de P. Machado. 18. ed. Rio de Janeiro: Ediouro, 1997, p. 79.

[365] Idem, p. 82.

[366] WOLFF, Francis. Nascimento da Razão, origem da crise. In: NOVAES, Adauto (Org.). *A Crise da Razão.* Trad. Paulo Neves. São Paulo: Companhia das Letras, 1999, p. 73.

[367] RAMALHO, Agostinho. Sobre a crise dos Paradigmas Jurídicos e a Questão do Direito Alternativo. Disponível em htpp://www.teiajuridica.com.br. Acesso em 03/06/2007, às 10h20min.

Pode-se também dizer que esse retorno ao conteúdo – dado que o ontologismo[368] é o que marca o início da história, em se tratando de legitimação de poder, para um "progressivo esvaziamento de conteúdo",[369] até chegar à democracia e ao positivismo – mais se deve aos sangrentos dados empíricos de regimes totalitários por que atravessou a humanidade, (e aqui já referidos), como o nacional-socialismo, o fascismo e o stalinismo, de cujo traço democrático procedimental não se pode duvidar porque, em alguns momentos, foram legitimados pela maioria.

Muitos assim se debruçam sobre o vazio ontológico da democracia para construir teses conteudistas, ou mesmo procedimentalistas mas que supostamente enfrentam o problema, alguns indo mais longe para atravessar os limites do conceito e se refugiar noutros, como sucede com o neokantismo axiológico de Gustav Radbruch[370] e, no Brasil, com a aristocracia pensada por Goffredo Telles Júnior.

Para efeito deste estudo, elegeram-se duas propostas de conceito, sendo uma de conteúdo outra de procedimento. A primeira se refere a Ferrajoli e a outra a Habermas, tendo as escolhas sido feitas basicamente pelas destacadas reverberações de ambas na doutrina e na jurisprudência pátria.

4. A democracia em Ferrajoli: uma proposta conteudista

Ferrajoli defende um modelo ou sistema jurídico "garantista", que pretende se condicionar por vínculos jurídicos não somente formais como também substanciais, para garantir os direitos fundamentais previstos na Constituição.[371]

E esse modelo traz algumas alterações no arquétipo positivista clássico, entre as quais a que ocorre no plano da teoria política, em que advoga uma revisão da concepção puramente procedimental de democracia e o reconhecimento também de uma dimensão substancial.[372]

Já se percebe que Ferrajoli igualmente tenciona preencher o vazio ontológico da democracia, bem pronunciado no princípio da maioria que marca o ideal democrático e, como visto tantas vezes, manipulado ao longo da história para dar vazão a idiossincrasias de líderes ou grupos inescrupulosos. O pensador italiano observa que a democracia geralmente é confundida com a onipotência da maioria e, se assim fosse, seria difícil negar o caráter democrático de regimes totalitários

---

[368] Partindo-se do pensamento de João Maurício Adeodato, segundo o qual "mesmo a perspectiva da retórica jurídica, inclusive em sua versão analítica – a qual se abstém de quaisquer afirmações que tenham por cópula o verbo *ser* e se define como radicalmente não ontológica – *pressupõe uma ontologia* no sentido mais adequado do termo" (Cf. ADEODATO, João Maurício, *Filosofia do Direito*: uma crítica à verdade na ética e na ciência. São Paulo: Saraiva, 1996, p. 207, grifos do autor); pode-se aqui afirmar que o início da história retratou o ontologismo essencialista passando para o ontologismo retórico da democracia.

[369] ADEODATO, João Maurício L. *O Problema da Legitimidade* – no rastro do pensamento de HANNAH ARENDT. Rio de Janeiro: Forense Universitária, 1989, p. 29-52.

[370] Cf. RADBRUCH, Gustav. In: AFTALIÓN, Enrique R. *et al. Introducción al Derecho.* Tercera Edición, Buenos Aires: Abeledo-Perrot, 1999.

[371] Cf. FERRAJOLI, Luigi. *Derechos y garantias. La Ley Del más Débil.* Madri: Trotta, 1999, p. 20.

[372] Idem, p. 20.

como o fascismo, o nazismo ou o estalinismo, que gozaram, pelo menos em alguns momentos, de consensos largamente majoritários. E acrescenta:

> una concepción exclusivamente procedimental o formal de la democracia corresponde una concepción asimismo formal de la validez de las normas como mera vigencia o existencia, que, puede decirse, representa el presupuesto de la primera; mientras que una concepción sustancial de la democracia, garante de los derechos fundamentales de los ciudadanos y no simplemente de la omnipotencia de la mayoria [...].[373]

Para fazer frente a isto, que intitula de "ditadura da maioria",[374] propõe seja repensada a democracia para dar-lhe o sentido de um complexo de vínculos e equilíbrios que "não é mais do que o direito, e mais precisamente a Constituição, que deve ser a principal garantia da democracia".[375] E assim fala de uma democracia formal e de uma democracia substancial.

A democracia formal seria o conjunto de procedimentos e de controles estipulados como garantia da representação e do conexo princípio majoritário. E a democracia no sentido substancial deve ser entendida como um sistema de *direitos fundamentais* estipulados contra as tentações absolutistas, para garantia da igualdade e das necessidades vitais de todos.

Observa Ferrajoli que a democracia formal ou política se apresenta como o "Estado Político Representativo", calcado no princípio da maioria como fonte de legitimidade. As regras dessa democracia são as que disciplinam as formas de expressão da soberania popular, definindo *quem* decide e *como* se decide, e estabelecendo para tal fim competências e procedimentos.[376] Ao passo que a democracia substancial é de se compreender como o "Estado de Direito", provido de garantias fundamentais, sendo as regras desse modelo o que não se deve ou o que se deve decidir e importando com esse fim proibições e obrigações aos poderes do Estado.

Ferrajoli pontua que as garantias desse Estado de Direito englobam tanto as garantias do Estado Liberal quanto as do Estado Social, explicando que se a regra do Estado Liberal de Direito é que *nem sobre tudo se pode decidir,* nem sequer por maioria, a regra do Estado Social de Direito, por seu turno, é que *nem sobre tudo se pode deixar de decidir*, nem sequer por maioria. O Estado de Direito seria um sistema de meta-regras, como resultado do conjunto de garantias liberais e sociais.[377]

---

[373] FERRAJOLI, Luigi. *Derechos y garantias. La Ley Del más Débil.* Madri: Trotta, 1999, p. 24-25.

[374] Ferrajoli refere a outra ditadura da democracia, a ditadura do mercado, a qual se limita aqui a registrar-se dado que extrapola os limites propostos para esta pesquisa. Cf. FERRAJOLI, Luigi. O Estado Constitucional de Direito hoje: o modelo e sua discrepância com a realidade. Disponível em htpp://www.teiajuridica.com.br. Acesso em 05/05/2005, às 18h.

[375] Idem, Ibidem.

[376] FERRAJOLI, Luigi. *Diritto e ragione*. Teoria del garantismo penale. Madri: Trotta, 1995, p. 858/864.

[377] Cabe dizer que neste ponto Ferrajoli procura uma solução salomônica entre a dialética das posições liberais e comunitaristas. Esta concorrência, como observa Habermas, é antiga: "o liberalismo que remonta a Locke conseguiu exorcizar, a partir do século XIX, o perigo das maiorias tirânicas, postulando, contra a soberania do povo,

Afirma ainda Ferrajoli que essa função do direito como sistema de garantias, tanto no sentido formal como no sentido substancial de democracia, funda-se em uma característica estrutural própria do moderno estado constitucional de direito: a sujeição da produção do direito ao direito. Os modelos axiológicos que se encontram incorporados no ordenamento do Estado Constitucional de Direito são vínculos e limites jurídicos à produção jurídica, como *derecho sobre derecho,* que não se referem apenas às formas de produção mas aos conteúdos produzidos.[378]

E pondera Ferrajoli que "la democracia política más perfecta, representativa o directa, sería un régimen absoluto y totalitario si el pueblo fuese en ella ilimitado".[379] Portanto, para Ferrajoli a democracia deve ser vista como um sistema de garantia dos direitos fundamentais, confundindo-se, então, a idéia democrática não com o poder do povo mas com a concepção daqueles direitos.

E a noção de direitos fundamentais – obtempera Ferrajoli – "es histórica y no natural, ético-valorativa y no empírico-descriptiva. El aire que se respira no fue nunca en el pasado um bien jurídico o un derecho, porque no había estado nunca amenazado; están llegando a serlo hoy con los peligros de la guerra atômica, de la contaminación radiactiva y de otras catastrofes artificiales".[380]

Acrescentando que a proclamação dos direitos fundamentais equivale a uma estipulação de valores, contendo, por isso, um elemento de utopia, "siendo la utopia um elemento integrante de la noción de valor en el sentido de que es próprio de los valores el hecho de no ser nunca perfectamente realizables o de una vez por todas y de admitir siempre una satisfacción sólo imperfecta, es decir, parcial, relativa y contingente. Precisamente por esto los valores son universales e imperecederos".[381]

É interessante observar como coincidem a visão de Ferrajoli com a de Friedrich Müller no que diz respeito ao sentido de democracia atual. Observe-se o pensamento de Müller:

> a democracia moderna avançada não é simplesmente um determinado dispositivo de técnica jurídica sobre como colocar em vigor textos de normas; não é, portanto, apenas uma estrutura (legislatória) de textos, o que vale essencialmente também para o Estado de Direito. Não é tão-somente *status activus* democrático [...] ela é o dispositivo organizacional para que prescrições postas em vigor de forma democrática também caracterizem efetivamente o fazer do Poder Executivo e do Poder Judiciário [...] representa ela um nexo necessário, um nexo legitimador com a organização da liberdade e da igualdade. Isso não é direito natural idealista [*inhaltliches Naturrecht*]; isso se acha incorporado ao texto das constituições [*in den*

---

a precedência dos direitos humanos, ao passo que o *republicanismo*, que remonta a Aristóteles, sempre colocou a 'liberdade antiga', que participava da política, na frente da 'liberdade moderna', não-política". HABERMAS, Jürgen. *Direito e Democracia – entre facticidade e validade,* vol. II. Rio de Janeiro: Tempo Brasileiro, 1997, p. 315.

[378] FERRAJOLI, Luigi. *Derechos y garantias*. La Ley Del más Débil. Madri: Trotta, 1999, p. 19.

[379] FERRAJOLI, Luigi. *Diritto e ragione*. Teoria del garantismo penale. Madri: Trotta, 1995, p. 859.

[380] Idem, p. 865.

[381] Idem, p. 866.

Konstitutionem vertextef], das quais falamos. Democracia significa direito positivo – o direito de cada pessoa.[382]

5. A democracia pela Teoria do Discurso: notas sobre a visão de Habermas

Habermas menciona expressamente o "problema da neutralidade do processo democrático",[383] e passa a enfrentá-lo dentro da teoria do discurso.

Assim começa por questionar e criticar a proposta de Bobbio para o problema, uma vez que a mera universilização formal dos direitos fundamentais não se revelou suficiente.

Habermas defende uma democracia baseada na teoria do discurso "que atribui ao processo democrático maiores conotações normativas do que o modelo liberal, as quais, no entanto, são mais fracas do que as do modelo republicano",[384] assumindo elementos de ambas as partes, compondo-os de modo novo.

Esta teoria do dicurso conta com a "intersubjetividade de processos de entendimento, situada num nível superior, os quais se realizam através de procedimentos democráticos ou na rede comunicacional de esferas públicas políticas".[385]

A idéia habermasiana de democracia parte da imagem de uma sociedade descentralizada, a qual constitui – ao lado da esfera pública política – uma arena para a percepção, a identificação e o tratamento de problemas de toda a sociedade. E acrescenta Habermas: "a identidade da comunidade jurídica que se organiza a si mesma é absorvida pelas formas de comunicação destituídas de sujeito, as quais regulam de tal modo a corrente da formação discursiva da opinião e da vontade, que seus resultados falíveis têm a seu favor a suposição de racionalidade".[386]

A soberania, pela teoria do discurso, nem se concentra no povo nem é banida para o anonimato das competências jurídico-constitucionais. Esse poder, como diz Habermas "retira-se para o anonimato dos processos democráticos e para a implementação jurídica de seus pressupostos comunicativos pretensiosos para fazer-se valor como poder produzido comunicativamente". Esse poder resulta "das interações entre a formação da vontade institucionalizada constitucionalmente e esferas públicas mobilizadas culturalmente, as quais encontram, por seu turno, uma base nas associações de uma sociedade civil que se distancia tanto do Estado como da economia".[387]

---

[382] MÜLLER, Friedrich. *Quem é o Povo?* A questão fundamental da democracia. São Paulo: Max Limonad, 1998, p 114-115.

[383] HABERMAS, Jürgen. *Direito e Democracia* – entre facticidade e validade. vol. II. Rio de Janeiro: Tempo Brasileiro, 1997, p. 25.

[384] Idem, p. 21.

[385] Idem, p. 21-22.

[386] Idem, p. 24.

[387] Idem, Ibidem.

Para levar o princípio do discurso para a democracia, Habermas utiliza-se do direito: "temos que lançar mão do *medium* do direito, caso queiramos implementar no processo de legislação – com o auxílio de iguais direitos de comunicação e de participação – o princípio do discurso como princípio da democracia".[388]

O direito, portanto, também faz parte do conceito de democracia pela teoria do discurso, sendo tomado entretanto como meio de assegurar a autonomia privada e pública. Não tem o direito, aí, o sentido atribuído por Ferrajoli, que praticamente faz fundir as noções de democracia e direitos fundamentais, sob uma perspectiva manifestamente substantiva. Fica claro que Habermas faz uso de um conceito de direitos procedimentais, afirmando que "esses direitos são condições necessárias que apenas *possibilitam* o exercício da autonomia política; como condições possibilitadoras, eles não podem *circunscrever* a soberania do legislador, mesmo que estejam à sua disposição. Condições possibilitadoras não impõem aquilo que constituem".[389]

Para Habermas, diz-se legítima uma ordem jurídica na medida em que

> assegura a autonomia privada e a autonomia cidadã de seus membros, pois ambas são co-originárias; ao mesmo tempo, porém, ela deve sua legitimidade a formas de comunicação nas quais essa autonomia pode manifestar-se e comprovar-se. A chave da visão procedimental do direito consiste nisso. Uma vez que a garantia da autonomia privada através do direito formal se revelou insuficiente e dado que a regulação social através do direito, ao invés de reconstruir a autonomia privada, se transformou numa ameaça para ela, só resta como saída tematizar o nexo existente entre formas de comunicação que, ao emergirem, garantem a autonomia pública e a privada.[390]

Habermas defende e enxerga um nexo estreito entre cidadania autônoma e esfera privada intacta, criticando o modelo de democracia do Estado Social, pois "intervenções administrativas e supervisão constante desintegram a estrutura comunicativa do dia-a-dia na família, na escola, na comuna e na vizinhança. A destruição das condições vitais solidárias e a quebra da iniciativa e da independência, em domínios que se caracterizam pela super-regulação e pela insegurança jurídica, implicam o aniquilamento de grupos sociais, de associações e de redes, a dissolução de identidades sociais através de doutrinação, bem como o sufoco da comunicação pública espontânea. A racionalidade comunicativa é destruída, tanto nos contextos públicos de entendimento, como nos privados".[391]

Também insuficiente considera Habermas a racionalidade formal dos direitos fundamentais para proteger a sociedade civil contra deformações, sendo de se

---

[388] HABERMAS, Jürgen. *Direito e democracia* – entre facticidade e validade. Trad. Flávio B. Siebeneichler. Rio de Janeiro: Tempo Brasileiro, 1997, p. 165.
[389] Idem, ibidem.
[390] Idem, p. 147.
[391] Idem, p. 100-101.

manter intactas as estruturas comunicativas da esfera pública por uma sociedade de sujeitos privados, viva e atuante.[392]

Critica, mais, a inclinação conteudista que se pretenda dar a uma teoria normativista, argumentando que "no momento em que uma teoria normativa, como a teoria da justiça em Rawls, se estende ao domínio dos conteúdos, ela passa a valer tão-somente como uma contribuição, quiçá particularmente competente, para um Discurso prático, mas ela não pertence à fundamentação do ponto de vista moral que caracteriza os Discursos práticos em geral".[393]

Como bem observa Gisele Cittadino:[394] "à ética teleológica – relativa a questões valorativas – Habermas opõe uma ética deontológica – referente a questões morais ou questões de justiça – representada por um formalismo procedimental assegurador da imparcialidade na resolução dos conflitos normativos, que se revela na busca de um acordo racional que possa expressar os interesses generalizáveis dos sujeitos capazes de linguagem e ação."

6. A democracia e a realidade brasileira: é preciso contextualizar o conceito

Dando-se, assim, um passo adiante para problematizar as propostas com a realidade do Brasil, é coerente defender-se a aplicação da democracia em Ferrajoli. A *malaise* brasileira "como sinônimo da ausência de uma cultura cívica na base da sociabilidade"[395] impõe uma democracia projetada para frente, pautada nos valores constitucionalizados e estranha à cultura do pragmatismo, portando uma idéia de civilização ainda sem raiz segura no seu mundo.

A teoria de Habermas, dentro da problematização com o Brasil, sequer se aproxima dos dados empíricos brasileiros; nas sociedades periféricas como a brasileira, seria ingenuidade pensar-se na ética do discurso. A esse propósito, deve-se citar a flexibilização dos direitos trabalhistas, a que se reporta e defende o governo federal, que nada mais é do que afastar a proteção do direito estatal e deixar ao campo negocial direto o trabalhador e o empregador – nos termos, pode-se dizer, habermasianos –, o que importaria em uma relação de semi-escravidão. Não pode haver prática argumentativa ou discursiva com tamanha disparidade de poder negocial – no caso citado, de um lado ficaria o poder econômico dos empresários, do outro lado, a frágil sustentabilidade dos trabalhadores inorganizados e despolitizados.

---

[392] HABERMAS, Jürgen. *Consciência Moral e Agir Comunicativo.* Trad. Guido A. de Almeida. Rio de Janeiro: Tempo Brasileiro, 1989, p. 102.

[393] Idem, p. 149.

[394] CITTADINO, Gisele. *Pluralismo, Direito e Justiça Distributiva* – Elementos da Filosofia Constitucional Contemporânea. Rio de Janeiro: Lumen Juris, 1999, p. 113.

[395] VIANNA, Luiz Werneck *et al.* A Judicialização da Política e das Relações Sociais no Brasil. Rio de Janeiro: Revan, 1999, p. 145.

Não dimensionar o conceito de democracia seria incorrer em grave equívoco. Definitivamente não cabe invocar, por exemplo, os antecedentes históricos do surgimento do controle de constitucionalidade nos Estados Unidos para endossar uma visão conservadora de que a aplicação direta de um princípio, pelo Poder Judiciário, seria algo pouco republicano ou antidemocrático.

É certo que bons ventos estão a soprar no solo brasileiro, já trazendo o olor do perfume democrático, e aí a atuação consolidada da Justiça do Trabalho num país de quinhentos anos, dos quais 2/3 sob o signo da escravidão de mão-de-obra, já é um exemplo auspicioso, ampliando com isso "as possibilidades de que o velho jogo possa ter outros ganhadores";[396] não menos certo, no entanto, é que o arquétipo de Habermas ainda se mantém muito distante do presente.

Daí que a aplicação do princípio da proteção da pessoa-que-trabalha é de toda democrática. Não levada a efeito consistiria, isto assim, em grave conduta de fundo antidemocrático.

7. O argumento da separação de poderes e a verdadeira separação dos poderes

Recorrentemente invocado como argumento contrário à aplicação da teoria dos princípios, assume-se a posição, nesta investigação, de que a separação dos poderes não passa de um mito[397] e por isso mesmo se trata tão-somente de um artifício retórico.

Mesmo tendo havido outros pensadores antes dele que vislumbraram a existência de três funções estatais, como foi o caso de John Locke em 1690,[398] é recorrente atribuir-se a Montesquieu a formulação da teoria dos três poderes e é nele que geralmente se socorrem os críticos de um Judiciário que também possa funcionar em alguns casos como legislador positivo.

O fato é que, mesmo em teoria, revela-se distorcida a leitura de que Montesquieu a teria pensado de modo a que cada poder fosse estanque e separado rigidamente dos demais, numa segmentação rígida e incontornável. Ao revés o teórico francês, em estudo baseado no modelo de inglês, de 1748, fez a construção com uma idéia de harmonia e compartilhamento entre os poderes e, portanto, com mútua dependência funcional.[399]

---

[396] GENRO, Tarso. Democracia, Direito e Soberania Estatal. In: MELLO, Celso de Albuquerque (coord.). *Anuário Direito e Globalização*: A Soberania, n. 1 Rio de Janeiro: Renovar, 1999, p. 135-143.

[397] Ninguém melhor traduziu o significado de mito do que o poeta Fernando Pessoa,

[398] LOCKE, John. *Dois Tratados sobre o governo*. Trad. Julio Fisher. São Paulo: Martins Fontes, 1998, p. 510-515.

[399] MONTESQUIEU, Charles-Louis de Secondad, Baron de la Brède et de. *De l'espirit des lois*. vol I Paris: Garnier-Flammarion, [S. d.], p. 294.

A idéia principal de Montesquieu era combater, com essa divisão, o abuso de poder pelo próprio poder, e não fez alusão à *separação,* tampouco à divisão absoluta entre os poderes.[400]

Também na prática, e não apenas no plano das formulações teóricas, não se encontra suporte para o argumento da tripartição rígida e severa entre os poderes no terreno brasileiro. É o que deflui de uma análise do texto constitucional de 1988. O que existe é uma predominância de determinadas atividades em cada poder individualmente considerado, sendo o poder legislativo, a título exemplificativo, encarregado de sobretudo legislar, mas também é responsável por atos de administração e mesmo de julgamento, como sucede no caso de crime de responsabilidade do Presidente da República, em que o Senado Federal é quem se incumbe de julgar. O mesmo ocorre com o executivo, que, além de concentrar sua atuação na execução e administração, igualmente legisla através de medidas provisórias e ainda por decretos autônomos de agências reguladoras, tidas por autarquias especiais, como o Banco Central do Brasil e a Anatel; e pratica aquele poder além de atos executivos outros típicos de julgamento, como os que envolvem desvios funcionais dos servidores públicos. Não é de admirar, assim, que o Judiciário acabe por desempenhar funções outras além do julgamento, como a administração de Tribunais e unidades judiciárias, e a "complementação de atividades legislativas deficientes".[401]

Enfatizando sobre o tratamento abrandado que a Constituição de 1988 deu à teoria dos três poderes, Anna Maria da Cunha Ferraz alerta que houve uma "verdadeira invasão" entre os poderes, a exemplo do legislativo exercendo função típica do judiciário, no julgamento do processo de responsabilidade política do Presidente da República.[402]

Como se percebe, a separação estrita dos poderes é um mito que não resiste a um exame, ainda que perfunctório, da teoria e especialmente da prática jurídica nacional, tudo em consonância com a dogmática constitucional brasileira. E sucumbiria, ainda que assim não fosse, às exigências de uma sociedade complexa e ao aspecto de abertura/fechamento de um texto legal.

O mesmo discurso liberal que, a pretexto de atribuir maior segurança jurídica para os negócios, defende um Judiciário "boca da lei", sob o império da legalidade. No bojo desse mesmíssimo discurso se prega a criação e proliferação das chamadas agências reguladoras, que, pelo seu poder normativo,[403] são autênticos entes legisladores descolados do Poder Legislativo. Bem se vê que essa incoerên-

---

[400] Cf. CUÉLLAR, Leila. *As Agências Reguladoras e seu poder normativo.* São Paulo: Dialética, 2001, p. 24.

[401] Cf. KRELL, Andreas. *Direitos Sociais e Controle Judicial no Brasil e na Alemanha* – os (des) caminhos de um direito constitucional "comparado". Porto Alegre: Sergio Antonio Fabris, 2002, p. 85-91.

[402] FERRAZ, Ana Maria da Cunha. *Conflito de Poderes*: o poder congressual de sustar atos normativos do poder executivo. São Paulo: Revista dos Tribunais, 1994, p. 11.

[403] Sobre o tema o autor desta investigação já defendeu dissertação de mestrado, na UFPE, em 2002, com o título "A Democracia Procedimental e a Democracia Constitucional no novo perfil da Administração Pública Brasileira, a partir do exame do Poder Normativo das Agências Reguladoras".

cia revela que não existe a defesa isenta de um modelo político-jurídico de tripartição de poderes, mas a defesa do modelo que melhor se adeque às pretensões do capital globalizado.

É István Mészáros quem chama a atenção para a verdadeira separação de poderes.

O filósofo húngaro, após examinar o conteúdo de determinadas iniciativas legislativas e o resultado de julgamentos célebres na Grã-Bretanha, nos quais constata que o capital tem mais proteção em detrimento da sempre espoliada classe trabalhadora, sentencia com contundência que "a *separação dos poderes* sob a denominação do capital significa somente uma coisa: a *separação institucionalizada e legalmente imposta entre o poder e o trabalho e seu exercício contra os interesses do trabalho*".[404]

Tudo isso impõe uma releitura do princípio da separação dos trabalhadores e recusa que seja utilizado como estorvo à realização do princípio da proteção do trabalhador. Vale a pena transcrever o alerta de Krell sobre o efeito perverso que uma visão equivocada pode ter na efetivação dos direitos sociais:

> Torna-se cada vez mais evidente que o vetusto princípio da Separação dos Poderes, idealizado por Montesquieu no século XVIII, está produzindo, com sua grande força simbólica, um *efeito paralisante* às reivindicações de cunho social e precisa ser submetido a uma nova leitura, para poder continuar servindo ao seu escopo original de garantir Direitos Fundamentais contra o arbítrio e, hoje também, a omissão estatal.[405]

8. Considerações finais ao capítulo

Enxergar a existência de atrito entre a democracia e os direitos fundamentais vai depender de como o sujeito se posiciona conceitualmente diante de cada um desses objetos.

Por extensão, uma vez que já se firmou nesta pesquisa que o princípio da proteção do trabalhador tem *status* de direito fundamental, deve-se partir para dizer a respeito do conceito de democracia e para, aí sim, concluir se o amparo ao empregado se trata de manifestação democrática.

Das elaborações teóricas, desde a Grécia antiga até a filosofia moderna de Hobbes e Rousseau, o que parece distinguir-se é o critério para a escolha de quem seja o *demos* na composição do conceito de democracia, mas todos são concordes com a concepção de um regime de traço procedimentalista ou, em outras palavras, de um regime que não se vincula a conteúdo algum, a não ser a um procedimento de exercício de poder, de tomada de decisões pelo povo. Por isso está-se autorizado a afirmar que a inclinação conteudista de democracia é recente e contemporânea.

---

[404] MÉSZÁROS, István. *Para além do Capital*. São Paulo: Boitempo, 2006, p. 827.

[405] KRELL, Andreas. *Direitos Sociais e Controle Judicial no Brasil e na Alemanha* – os (des) caminhos de um direito constitucional "comparado". Porto Alegre: Sergio Antonio Fabris, 2002, p. 88.

Dentro das propostas contemporâneas elegeram-se nesta investigação as idéias de Habermas e Ferrajoli, este representando a visão substantiva da democracia e aquela a procedimentalista, pelas reverberações dessas teorias no cenário jurídico brasileiro.

Não dimensionar o conceito de democracia seria incorrer em grave equívoco, por isso se defende que para o contexto brasileiro tem toda pertinência a idéia substantiva de democracia, na forma pregada com Ferrajoli, que incorpora em seus elementos definitórios os direitos fundamentais, no que se insere a proteção à pessoa-que-trabalha.

Definitivamente não cabe invocar, por exemplo, os antecedentes históricos do surgimento do controle de constitucionalidade nos Estados Unidos para endossar uma visão conservadora de que a aplicação direta de um princípio, pelo Poder Judiciário, seria algo pouco republicano ou antidemocrático.

Recusa-se, nessa linha, a teoria do discurso de Habermas que não admite conteúdo na idéia de democracia, a não ser a defesa de um procedimento dialógico que envolva todos nas tomadas de decisão e na definição dos rumos da sociedade, o que soa não simplesmente utópico, mas míope diante da realidade de um país que convive com boa parte de sua população sem ter sequer alcançado os benefícios da modernidade.

Defende-se ainda que a separação estrita dos poderes é um mito que não resiste a um exame, ainda que perfunctório, da teoria e especialmente da prática jurídica nacional, tudo em consonância com a dogmática constitucional brasileira. E sucumbiria, ainda que assim não fosse, às exigências de uma sociedade complexa e ao aspecto de abertura/fechamento de um texto legal.

Fica claro que o argumento da separação de poderes é frágil quando se revela flexível, desde que seja superado em benefício do capital, o que denota no fundo um arma às vezes institucionalizada para que o mais forte saia sempre vencedor no embate dentro da relação capital e trabalho.

Por essas razões reforça-se a defesa de que a aplicação do princípio da proteção da pessoa-que-trabalhada é de toda democrática e o Poder Judiciário tem que cumprir o seu papel em prol da sua efetividade.

Conclusão

Fazer frente às condições adversas de sempre e às metamorfoses frenéticas dos dias atuais no mundo do trabalho dentro da perspectiva do Judiciário e em benefício do trabalhador foi o que se propôs no início desta investigação, desde a teoria dos princípios.

O objetivo maior era questionar se o julgador brasileiro poderia seguir o caminho inverso da apregoada flexibilização/precarização de direitos: promover o direito da proteção ao trabalhador sob o regime de emprego.

A essa indagação, depois de tudo o que se expôs, fica recusada a pecha de estritamente intelectual. Não, o capítulo inicial deixou claro que a questão não se resumia a uma inquietação, curiosidade ou divagação puramente intelectiva, mas vinha como um eco do grito de socorro partido de um país que sequer alcançou a modernidade no mundo do trabalho, em que pouco menos da metade da população economicamente ativa está sob a égide do labor regulado. Foi visto que o contexto atual é de precarização. Muito embora o Brasil tenha um capitalismo hipertardio, migraram para cá novas formas de organização da produção, já em curso em países centrais. Depois do fordismo, vive-se aqui a fase do toyotismo, o que significa uma intensificação da exploração do trabalhador, como forma de gestão que leva à redução dos direitos trabalhistas, a exemplo do mecanismo da liofilização. As novas tecnologias chegam mais para pronunciar do que para suavizar a carga de opressão do trabalhador, que se vê ainda mais subordinado, ainda mais controlado pelo poder patronal. O quadro é grave, porque não é de astenia e sim de fortalecimento jamais visto do capital, e o risco embutido e não desprezível é de que os atuais direitos dos trabalhadores sejam enfim afetados drasticamente.

Era e é preciso lidar com os desafios de sempre e, além disso, encarar as novas artimanhas (armadilhas) do capital e do cotidiano mutante de uma sociedade paradoxalmente mundializada, tudo sob a lente do Judiciário e com foco na proteção do trabalhador.

Mas se não há alternativa concreta melhor do que o atual modelo de emprego, o qual se mantém como a maior e a melhor conquista histórica para a classe trabalhadora brasileira, o papel que cabe ao Poder Judiciário é de zelar não apenas pela manutenção, mas sobretudo pelo aprimoramento das condições dos agentes de trabalho sob o regime de emprego.

Confirmou-se a hipótese lançada de que a jurisdição não apenas pode, mas é dever seu promover a proteção do trabalho formal, abarcando situações novas e, portanto, inserindo para o manto protetor de regulação hipóteses ainda não previstas pelo legislador e, ainda, superando casos em que não foram disciplinadas de modo suficientemente digno para o homem laborista.

Ficou assentado que a dogmática constitucional brasileira autoriza essa intervenção. Firmou-se que do texto constitucional emana uma norma fundamental de proteção geral e ampla ao trabalhador que amalgama todos os direitos ali estabelecidos para os trabalhadores, os quais são todos expressões daquela. É desse lócus normativo que deve partir a atuação do Poder Judiciário em abono ao trabalhador. Se não é possível apartar o trabalho da pessoa, afinal a força do trabalho leva consigo a pessoa do prestador, a proteção da pessoa-que-trabalha decorre da também proteção à dignidade da pessoa humana, e ainda do alargado conjunto de direitos fundamentais trabalhistas e da primazia ao trabalho previsto na Lei Fundamental brasileira.

Essa norma geral de proteção tem natureza de direito fundamental e goza de possibilidades plenas de gerar efeitos, com eficácia imediata, direta e indireta, vertical e horizontal.

E se, após afirmada a necessidade contextual de acrisolar a malha protetora regulatória do trabalhador na fase em que se encontra o capitalismo brasileiro, a dogmática é o ponto de partida para uma atuação tuitiva do Poder Judiciário em favor do trabalhador, a teoria dos princípios vem a ser a chave de acesso a ela e da qual não se pode prescindir.

Não é que devam ser desconsiderados os métodos tradicionais, mas necessariamente complementados pelas ferramentas da teoria dos princípios para entrar o intérprete em sintonia com uma constituição com alto grau axiológico como a vigente neste país. Defendeu-se assim um enquadramento morfológico da norma geral de proteção ao trabalhador como uma norma-princípio, dentro de um sistema nacional de amparo ao trabalho híbrido com regras e princípios. E a distinção forte entre regras e princípios tem singular importância no papel que o Poder Judiciário pode ter com um sistema repleto de direitos fundamentais, a exemplo do brasileiro, uma vez que, diferentemente das regras, o princípio é uma norma ampla que não se dirige a uma situação específica e por isso mesmo permite que seja direcionada para toda uma gama de situações, incluídas as que não foram disciplinadas pelo legislador e as que o foram mas de um modo insuficiente, o que abre espaço para uma atuação da jurisdição em termos promocionais do princípio da proteção do trabalhador. Não há hierarquia entre regras e princípios, e entre os princípios sucede uma hierarquia móvel, no sentido de que um princípio pode prevalecer sobre outro em uma situação e inverter a posição tendo em vista outras circunstâncias. A precedência *prima facie* é um instrumento ancilar de resolução dos conflitos principiológicos e importa numa atribuição de carga argumentativa em favor de um deles ou de um lado. Defendeu-se ainda que o modo operativo de resolução desse conflito principiológico deve suceder pela aplicação das estruturas de ponderação, e de modo mais amplo por meio da escala triádica do princípio da proporcionalidade: o exame da idoneidade, da necessidade e da proporcionalidade em sentido estrito.

Depois de passar pela impossibilidade gnoseológica do jusnaturalismo, que não conferia ao homem o papel de sujeito do seu próprio direito, o juspositivismo vem para gerar possibilidades com regras ditadas pelo ser humano, e não mais por recursos metafísicos. Mas as duas vertentes mais representativas do positivismo não resolvem o problema da aplicação do direito: tanto a corrente cética quanto à ideológica claudicaram por navegar em extremos. A cética, por negar racionalidade ao juízo prático; a ideológica, pelo inverso de enxergar um raciocínio exato e matemático, transformando o aplicador num autômato judiciário.

É nessa quadra que a filosofia do direito tem se dirigido para o pós-positivismo. Não há postura de negação em bloco dos preceitos positivistas, mas já não se recorre ao maniqueísmo de outrora. Defende-se uma racionalidade do juízo prático, superando o ceticismo, mas não se incorrendo na perspectiva empobrecida e demasiado simplista do silogismo da Escola de Exegese. É nessa nova vertente que se enquadra a teoria dos princípios.

Verificou-se que é coerente dizer-se racional ("a racionalidade possível") a aplicação do direito pela teoria dos princípios. Essa teoria encerra uma estrutura de argumentação racional, a qual tem o seu centro na escala triádica do princípio da proporcionalidade – a idoneidade, a necessidade e a proporcionalidade em sentido estrito. Uma vez seguido esse *iter* operativo, estará conferida racionalidade e mais transparência ao processo hermenêutico, que, ao final, ficará enriquecido por trazer à tona no debate sobre a aplicação dos direitos fundamentais a carga de valores, desde sempre presente mas ocultada, no processo de edição de uma norma.

Como forma de ampliar a visibilidade sobre o tema, visitou-se a teoria inglesa do *deafeasibility of rules,* que também trabalha com a idéia de superação de regra pelo Judiciário e igualmente adere ao pensamento pós-positivista. No entanto entendeu-se que ela não é compatível com a dogmática e a cultura forense brasileiras. Essa análise comparativa serviu, quando menos, para coonestar o acerto da opção pela teoria dos princípios, bem assim para demonstrar que não é lícito importar modelos alienígenas de alienação e interpretação do Direito sem antes necessariamente passar pelo filtro nacional.

É, pois, pelo veículo dos princípios e neste caso pela aplicação do princípio maior da proteção à pessoa-que-trabalha que o Poder Judiciário pode cumprir com o dever de dar uma melhor cobertura ao trabalhador do que aquela estabelecida na legislação, ou de acolmatar lacunas na/de proteção para situações ainda não disciplinadas em lei.

Em diálogo com Gadamer, se todo e qualquer método é permeável às pré-compreensões do intérprete, tomou-se partido pela defesa de pré-visões que se entendem legítimas para uma postura compromissória do Judiciário trabalhista, seja quanto à Constituição seja mais quanto ao Direito do Trabalho no Brasil. É preciso enxergar a Carta de 88 como inclusiva e democrática em relação ao trabalhador e, mais do que isso, como um marco histórico de regulação no qual foi atribuído um patamar de proteção nunca visto na história brasileira. E com a extensão para todos os trabalhadores deu vários passos para retirar o Direito do Trabalho de seu isolamento histórico. O empenho em prol do Direito do Trabalho e a compreensão do princípio da proteção ao trabalhador devem ser reforçados quando se tenha presente que esse estatuto vem de uma história de mentes genuinamente brasileiras, das mais variadas matizes ideológicas, recusando-se com isso a versão que o trata como concessão do Estado ou ainda como mera cópia da *Carta del Lavoro,* sendo de se destacar que essas versões padecem de esteio fático e só fragilizam a proteção do emprego. O Direito do Trabalho, foi ainda dito, está para além de um mero acerto de contas. Transcende o aspecto salarial ou remuneratório, porque diz com a dignidade da pessoa-que-trabalha. Mesmo no modo de produção capitalista, não se pode perder de vista que o direito do trabalho tem uma feição emancipatória do homem e não se reduz à moeda do capital. Afirma-se ainda o compromisso de se resgatar a positividade do trabalho, afastando-o do reducionismo de o enxergar como mercadoria e reabilitando-o como necessidade humana, de forma que seja tratado de modo amplo e fractal longe, bem longe, do estreitamento que se lhe tenta pespegar.

Dos impactos da incidência do princípio da proteção ao trabalhador no Direito do trabalho se ocupou um capítulo da pesquisa. Verificou-se que os desdobramentos tradicionais do princípio protetor dentro da doutrina de Américo Plá Rodrigues cumpriu seu papel histórico, mas são insuficientes para as demandas atuais, e que é preciso valer-se da nova configuração, o princípio da proteção à luz da teoria dos princípios. Seja na incidência direta, quando disciplina frontalmente uma situação, seja indireta, quando atua mais no campo da interpretação de regras, é natural que ocorra a tensão entre o princípio da proteção ao trabalhador e o seu contraprincípio da livre iniciativa do empregador, sendo cada um destes signos o que melhor representa o embate entre o capital e o trabalho. E se defende que esse conflito deve resolver-se pela aplicação da proporcionalidade, nos seus três estágios operativos, dois mais destinados aos aspectos fáticos e a ponderação dos contornos jurídicos no ponto da proporcionalidade em sentido estrito. Defendeu-se que no embate entre o princípio da proteção e o contraprincípio da livre iniciativa do empregador tem aquele sobre este uma precedência *prima facie* e, portanto, deverá prevalecer, a não ser que haja argumentos mais fortes em sentido contrário. Essa ascendência decorre do fato de a proteção ao trabalho ostentar o caráter de direito fundamental e a livre iniciativa de bem constitucionalmente assegurado, o que é menos em termos de hierarquia dogmática, mas também se assegurou que, mesmo por hipótese de a livre iniciativa ser considerada igualmente direito fundamental, ainda assim, remanesceria a precedência de largada. É que nesse caso o fundamento repousa na defesa de que, num país que se encontra na periferia do sistema como o Brasil, deve-se entender que os direitos sociais, dos quais o direito do trabalho é o carro-chefe, hão de manter a preferência *prima facie* sobre os direitos econômicos. Defendeu-se mais que a precedência da proteção ao trabalhador também emanava do primado ao trabalho na Constituição de 1988.

Ao campo do Processo do Trabalho foi dedicada também atenção sobre a atuação do Judiciário pelas reverberações do princípio protetor. Aí foi defendido que a proteção deve aplicar-se também para efeito de efetividade do processo, utilizando-se como gancho pragmático a disciplina das tutelas de urgência, de especial pertinência ante o caráter alimentício do crédito trabalhista que não suporta como outros as delongas do tempo. Foi visto que a ausência de um disciplinamento maior, no terreno das tutelas cautelares, em vez de conturbar, acabou auxiliando o processo do trabalho, e mesmo antes da construção da teoria dos princípios e até da entrada em vigor do instituto da tutela antecipada no ordenamento jurídico brasileiro, a Justiça do Trabalho já fazia uso de uma hermenêutica de proteção dos direitos. Firmou-se ainda que é importante ter uma visão forte da efetividade e bem compreender o princípio do contraditório, que não se manifesta apenas pelo modo da ampla defesa típica do procedimento ordinário comum, para não se cometerem impropriedades que resultem em estorvos no processo. Afirmou-se que, apesar disso, o embate no processo não se resumiria entre o princípio da efetividade e o princípio do contraditório, e que é preciso dar um passo adiante e considerar também os direitos fundamentais materiais que estão por trás das demandas, eis que se reproduz, na esfera processual, a mesma tensão entre o princípio tuitivo do trabalhador e a livre iniciativa do empregador, pelo que também se defende o critério da preferência *prima facie* daquele sobre este como forma de solução de tal conflito. Defender que os direitos substantivos objeto do processo não mais figurariam no processo equivaleria a tirar as vestes das partes e homogeneizar os figurantes de todo e qualquer procedimento. Já não seriam trabalhadores e empregadores, mas autores e réus como em qualquer processo, o que parece uma abstração. A entrada dos direitos substantivos no procedimento de ponderação da teoria dos princípios confere singularidade ao processo. No que se refere ao campo de aplicação do princípio da proteção do empregado, nem é preciso maiores esforços para se chegar à conclusão de que alcança todos os rincões do processo. Estão aí incluídos assim o procedimento, as técnicas de sumarização da cognização e os meios de cumprimento da decisão, todas as técnicas, portanto, legislativas para essa esfera. Tendo em vista o estado atual da legislação processual, o campo por excelência onde a atuação do princípio da proteção terá efeitos mais determinantes repousa no cumprimento da decisão. O déficit em termos de meios de execução mais apropriados para os agentes de trabalho é assombroso, se se comparar com as deficiências de procedimento e de técnicas de provimento, daí se defender, a título exemplificativo, a aplicação no processo do trabalho da multa coercitiva por obrigação de pagar quantia certa e a prisão civil como meio de coerção.

Doutro lado, a democracia e a teoria da separação dos poderes não são estorvos para a atividade do julgador que vá além do que dispõe o texto legal. Defendeu-se que o conceito de democracia está composto com a idéia de direitos fundamentais, e aí o estudo se filiou à construção substantiva de Luigi Ferrajoli, muito por que os olhos do julgador devem estar voltados para o *lócus* onde é aplicado o direito, e a realidade brasileira não tolera uma definição de democracia apenas procedimental. Logo, desde que fique a decisão judicial dentro das lindes constitucionais – e é o que se defende quanto à proteção do empregado cujo fórum está eminentemente na Carta Política – não se lhe pode negar o moto de democrática.

A teoria da separação dos poderes não é obstáculo, porque não se sustenta em termos dogmáticos nem teóricos, tampouco empiricamente como uma idéia rígida e draconiana de apartamento. Ficou nítido que o argumento da separação de poderes é frágil quando se revela flexível, desde que seja superado em benefício do capital, como no caso da criação das agências reguladoras, o que denota, no fundo, uma arma às vezes institucionalizada para que o mais forte saia sempre vencedor no embate dentro da relação capital e trabalho. Essa objeção diz menos sobre o que cabe a cada Poder do Estado do que sobre quem a suscita.

Por essas razões ficou a firme convicção de que o Poder Judiciário pode fazer muito em favor do trabalhador.

Não é assim preciso uma nova ordem constitucional para encarar a realidade em prol do trabalhador. A articulação da dogmática atual com o método da teoria dos princípios, e também se valendo de pré-compreensões legítimas da Constituição, do Direito e do Processo do trabalho, isso tudo somado habilita a tese de que é perfeitamente factível e dever do Judiciário arrostar os casos ainda não disciplinados pelo legislador e aqueles insuficientemente regulados para incrementar a proteção da pessoa-que-trabalha.

Evidentemente que seguir um método, atentar para as pré-compreensões que se defendeu como legítimas e não tirar os olhos do texto constitucional, tudo isso junto não é garantia de que a aplicação do direito resultará em maior proteção ao trabalhador. Seria cometer um erro circular se valer de uma estrutura de pesquisa nitidamente pós-positivista, com um método e conceitos que representam ruptura com o positivismo, e ao final concluir que, se forem seguidos tais e quais passos, o resultado será automaticamente esse ou aquele. Seria utilizar-se de conceitos póspositivas para pregar uma fórmula positivista, típica das ciências naturais, em que a soma de um determinado método com uns tantos conceitos levaria ao resultado inexorável e matemático desejado. O que importaria num contra-senso.

Mas se não há essa garantia de correção e de que a aplicação seja favorável ao trabalhador, em contrapartida, por todo o exposto nesta investigação não é mais possível deixar em pé o discurso fatalista de que ao trabalhador só restaria o caminho da redução de direitos e de que ao Judiciário apenas caberia assistir passivamente a essa (*malaise*) tragédia humana.

Bem ao oposto. Com os aportes aqui apresentados o processo hermenêutico trabalhista fica enriquecido e é possível divisar uma contribuição para um contra-discurso e uma *práxis* judicial que incorporem um horizonte menos isolado e menos perturbador para o trabalhador.

Em sintonia, portanto, com a moderna dogmática dos princípios, o julgador brasileiro passa a ser co-protagonista de uma resistência às demandas precarizantes e sujeito ativo na construção de melhores condições para a pessoa-que-trabalha, e nisso seguirá escudado no documento constitucional vigente e assim fortemente lastreado pela democracia nacional.

Referências

ADAMOVICH, Eduardo Henrique Von. *A tutela de urgência no processo do trabalho*: uma visão histórico-comparativa idéias para o caso brasileiro. Rio de Janeiro: Renovar, 2000.

ADEODATO, João Maurício. Jurisdição Constitucional à brasileira: situação e limites. *Revista do Instituto de Hermenêutica Jurídica – (Neo) Constitucionalismo: ontem, os Códigos hoje, as Constituições*, vol. 1. n. 2. Porto Alegre: Instituto de Hermenêutica Jurídica, 2004, p. 176-177.

——. *Ética e Retórica – para uma teoria da dogmática jurídica*. São Paulo: Saraiva, 2002.

——. *Filosofia do direito – uma crítica à verdade na ética e na ciência (através de um exame da ontologia de Nicolai Hartmann)*. São Paulo: Saraiva, 1996.

——. Ética, Jusnaturalismo e Positivismo no Direito. *Anuário dos Cursos de Pós-Graduação em Direito*. n. 7, Recife: Universitária UFPE, 1995, p. 207.

——. *O Problema da Legitimidade – No rastro do pensamento de HANNAH ARENDT*. Rio de Janeiro: Forense Universitária, 1989.

AFTALINON. Enrique R. *Introduccion al Derecho*. 4. ed. Buenos Aires: Abeledo Perrot, 2004.

ALEXY, Robert. Colisão de direitos fundamentais e realização de direitos fundamentais no Estado de Direito Democrático. *Revista de Direito Administrativo*, n. 217. Rio de Janeiro: Renovar, 1999, p. 67-79.

——. Direitos Fundamentais, ponderação e racionalidade. In: *Constitucionalismo Discursivo*. Trad. Luís Afonso Heck. Porto Alegre: Livraria do Advogado, 2007, p. 115-116.

——. *Teoria da Argumentação jurídica – a teoria do discurso Racional como Teoria da Justificação Jurídica*. Trad. Claudia Toledo, 2. ed. São Paulo: Landy, 2005.

——. Epílogo a la teoria de los derechos fundamentales. *Revista Española de Derecho Constitucional*. Madrid: 2002, n. 66, p. 13-64.

——. Colisão e balanceamento como problema da base da dogmática dos direitos fundamentais. In: *La ragionevolezza nel diritto*. Torino: G. Giappichelli Editore, 2002, p. 27-43.

——. *Los Derechos Fundamentales en el Estado Constitucional Democrático. Los Fundamentos de los derechos fundamentales*. Madri: Trotta, 2001.

——. *El concepto y la validez del derecho*. 2. ed. Trad. Jorge M. Seña. Barcelona: Gedisa, 1997.

——. *Teoria de los derechos fundamentales*. Trad. Ernesto Galzón Valdés. Madri: Centro de Estudios Constitucionales, 1993.

——. Sistema jurídico, princípios jurídicos y razón prática. *Doxa – Publicaciones periódicas*, n. 5, 1988, p. 143.

ALVES, Giovanni. *O novo (e precário) mundo do trabalho*. São Paulo: Boitempo, 2000.

ANDRADE, Everaldo Gaspar Lopes. *Direito do Trabalho e Pós-Modernidade – Fundamentos para uma Teoria Geral*. São Paulo: LTr, 2005.

ANDRADE, José Vieira. *Os direitos fundamentais na Constituição portuguesa de 1976*. Coimbra: Almedina, 1998.

ANTUNES, Ricardo. *O Caracol e sua Concha*: ensaios sobre a nova morfologia do trabalho. São Paulo: Boitempo, 2005.

——. Os caminhos da Liofilização Organizacional: as formas diferenciadas da reestruturação produtiva no Brasil. In: *Idéias*, Campinas, 9 (2)/10(1), 2002-2003, p. 14.

——. *Os Sentidos do Trabalho – Ensaio sobre a afirmação e a negação do trabalho*, 2. ed. São Paulo: Boitempo, 2000.

——. *Os Sentidos do Capital*, 2. ed. São Paulo: Boitempo, 1999.

ARAÚJO. Eneida Melo Correia de. *As relações de trabalho*: uma perspectiva democrática. São Paulo: LTr, 2003.

ARENDT, Hannah. *A Condição Humana*. Trad. Roberto Raposo. 9. ed. Rio de Janeiro: Forense Universitária, 1999.

ARISTÓTELES. *Ética a Nicômaco*. Trad. Pietro Nassetti. São Paulo: Martin Claret, 2005.

——. *A Política*. Trad. Roberto Leal Ferreira. 2. ed. São Paulo: Martins Fontes, 1998.

ARMELIN, Donaldo. Realização e execução das tutelas antecipadas. In: ALVIM, Arruda (Org). *Inovações sobre o direito processual civil: tutelas de urgência*. Rio de Janeiro: Forense, 2003, p. 516.

ARRUDA ARANHA, Maria Lúcia de et al. *Temas de Filosofia*. 2. ed. São Paulo: Moderna, 1998.

ASSIS, Araken de. Antecipação da eficácia mandamental. In: ALVIM, Arruda (org). *Inovações sobre o direito processual civil: tutelas de urgência*. Rio de Janeiro: Forense, 2003, p. 469-483.

ÁVILA, Humberto. *Teoria dos Princípios*: da definição à aplicação dos princípios jurídicos, 7. ed. São Paulo: Malheiros, 2007.

——. *Sistema Constitucional Tributário*. São Paulo: Saraiva, 2004.

——. *Teoria dos Princípios*: da definição à aplicação dos princípios jurídicos, 4. ed. São Paulo: Malheiros, 2004.

AZEVEDO, Plauto Faraco de. *Aplicação do Direito e contexto social*. São Paulo: Editora Revista dos Tribunais, 1996.

BANDEIRA DE MELLO, Celso Antônio. *Curso de Direito Administrativo*. 11 ed. São Paulo: Malheiros, 1999.

BARCELLOS, Ana Paula de. *A Eficácia Jurídica dos Princípios Constitucionais*: o Princípio da Dignidade da Pessoa Humana. Rio de Janeiro: Renovar, 2002.

BARROS, Alice Monteiro de. *Curso de Direito do Trabalho*, 3. ed. São Paulo: LTr, 2007.

BARROSO, Fábio Túlio. *Novo Contrato de Trabalho por prazo determinado*. Curitiba: Juruá, 2004.

——. Discussão sobre a evolução do Direito do Trabalho e panorama para uma reforma trabalhista e sindical. In: *Elementos Doutrinários do Novo Direito do Trabalho – estudos em homenagem ao Prof. Francisco Solano de Godoy Magalhães*, coord. Fábio Túlio Barroso. Recife: Nossa Livraria, 2004, p. 34.

BARROSO, Luís Roberto. *O controle de constitucionalidade no Direito brasileiro*: exposição sistemática da doutrina e análise crítica da jurisprudência, 2. ed. São Paulo: Saraiva, 2006.

——. *Interpretação Constitucional e aplicação da Constituição: fundamentos de uma dogmática constitucional transformadora*. 2 ed. São Paulo: Saraiva, 1998.

BAPTISTA DA SILVA, Ovídio. *Processo e ideologia: o paradigma racionalista*. Rio de Janeiro: Forense, 2004.

BERNARDES, Juliano Taveira. Aborto de feto anencefálico e "derrotabilidade". In: *Diário do Poder Judiciário*, 22 de março de 2005, p. 03.

BIAVASCHI, Magda Barros. *O Direito do Trabalho no Brasil – 1930-1942: a construção do sujeito de direitos trabalhistas*. São Paulo: LTr/ Jutra-Associação Luso-Brasileira de Juristas do Trabalho, 2007.

BONAVIDES, Paulo. *Do País Constitucional ao País Neocolonial – a derrubada da Constituição e a recolonização pelo golpe de Estado institucional*. São Paulo: Malheiros, 1999.

——. *Curso de Direito Constitucional*. São Paulo: Malheiros, 1997.

CALSAMIGLIA, Albert. Postpositivismo. *Doxa*, 21-I, 1998, p. 209-220.

CAMARGO, José Márcio et al. *Emprego e produtividade no Brasil na década de noventa*. Rio de Janeiro: PUC, 1999.

CANARIS, Claus Wilhelm. A influência dos direitos fundamentais sobre o direito privado na Alemanha. In: SARLET, Ingo Wolfgang (Org.). *Constituição, direitos fundamentais e direito privado*. Porto Alegre: Livraria do Advogado, 2003, p. 237.

CANOTILHO, J.J. Gomes. *Direito Constitucional e teoria da Constituição*, 7. ed, Coimbra: Almedina, 2003.

——. *Direito Constitucional e Teoria da Constituição*, 2. ed. Coimbra: Almedina, 1998.

CASTELO, Jorge Pinheiro. A nova reforma do processo civil e o processo do trabalho – Fase de cumprimento da sentença (Lei n. 11.232/05). *Revista LTr – Legislação do Trabalho.* São Paulo: LTr, março/2007, p. 306-315.

CAVALCANTE, Ricardo Tenório. *A Democracia Procedimental e a Democracia Constitucional no novo perfil da Administração Pública Brasileira, a partir do exame do Poder Normativo das Agências Reguladora.* 2001. 176 f. Dissertação (Mestrado em Direito). Universidade Federal de Pernambuco, 2001.

CHIMENTI, Ricardo Cunha et al. *Curso de Direito Constitucional.* 3. ed. São Paulo: Saraiva, 2006.

CITTADINO, Gisele. *Pluralismo, Direito e Justiça Distributiva:* elementos da Filosofia Constitucional Contemporânea. Rio de Janeiro: Lumen Juris, 1999.

COUTINHO, Aldacy Rachid. A autonomia privada: em busca da defesa dos direitos fundamentais dos trabalhadores. In: *Constituição, Direitos Fundamentais e Direito Privado,* org. SARLET, Ingo Wolfgang. Porto Alegre: Livraria do Advogado, 2003, p. 174-175.

CRETELLA JÚNIOR, José. *Comentário à Constituição de 1988.* v. II, Rio de Janeiro: Forense, 1988.

CUÉLLAR, Leila. As Agências Reguladoras e seu poder normativo. São Paulo: Dialética, 2001.

DÄUBLER, Wolfgang. *Direito do Trabalho e Sociedade na Alemanha.* São Paulo: LTr/Fundação Friedrich Ebert, 1997.

DELGADO, Maurício Godinho. As Duas Faces da Nova Competência da Justiça do Trabalho. In: *Nova Competência da Justiça do Trabalho,* coord. Grijalbo Fernandes Coutinho, Marcos Neves Fava. São Paulo: LTr, 2005, p. 297.

——. *Capitalismo, Trabalho e Emprego – entre o paradigma da Destruição e os Caminhos de Reconstrução.* São Paulo: LTr, 2005.

——. *Introdução ao direito do trabalho.* São Paulo: LTr, 1995.

DE MASI, Domenico. *Desenvolvimento sem trabalho.* São Paulo: Esfera, 1999.

DERANI, Cristiane. *Direito Ambiental Econômico.* São Paulo: Max Limonad, 1997.

DESCARTES, René. *Discurso do método – regras para a direção do espírito.* Trad. Pietro Nasseti. São Paulo: Martin Claret, 2005.

DUSSEL, Enrique. *Ética da Libertação: na idade da globalização e da exclusão.* 2. ed. Petrópolis: Vozes, 2002.

DWORKIN, Ronald. *Levando os Direitos a sério.* Trad. Nelson Boeira. São Paulo: Martins Fontes, 2002.

——. Freedoms Law. *The Moral Reading of the American Constitucion.* Cambridge: Havard University Press, 1996.

——. *Los derechos en serio.* Barcelona: Editorial Planeta-De Agostini S.A, 1993.

FARIA, José Eduardo. *O Direito na Economia Globalizada.* São Paulo: Malheiros, 1999.

FELICIANO, Guilherme Guimarães. O "Novíssimo" Processo Civil e o Processo do Trabalho – uma outra visão. *Revista LTr – Legislação do Trabalho.* São Paulo: LTr, março/2007, p. 283-303.

FERRAJOLI, Luigi. Derechos y garantias. La ley del más débil. Madri: Trotta, 1999.

——. *Diritto e ragione. Teoria del garantismo penale.* Madri: Trotta, 1995.

——. O Estado Constitucional de Direito hoje: o modelo e sua discrepância com a realidade. Disponível em htpp://www.teiajuridica.com.br. Acesso em 10/05/2005, às 19:40 h.

FERRAZ, Ana Maria da Cunha. *Conflito de Poderes: o poder congressual de sustar atos normativos do poder executivo.* São Paulo: Revista dos Tribunais, 1994.

FERRAZ Jr., Tércio Sampaio et al. *Constituição de 1988: legitimidade, vigência e eficácia, supremacia.* São Paulo: Atlas, 1989.

FIGUEROA, Alfonso García. Princípios e Direitos Fundamentais. In: *A Constitucionalização do Direito – Fundamentos Teóricos e Aplicações Específicas,* coord. SARMENTO, Daniel; NETO SOUZA, Cláudio Pereira. Rio de Janeiro: Lumen Juris, 2007, p. 5.

FUX, Luiz. *Tutela de Segurança e Tutela da Evidência:* fundamentos da tutela antecipada. São Paulo: Saraiva, 1996.

GADAMER, Hans-Georg. *Verdade e Método I*: Traços fundamentais de uma hermenêutica filosófica, 6. ed. Trad. MEURER, Flávio Paulo. Petrópolis, RJ: Vozes, 2004.

GEMIGNANI, Tereza Aparecida Asta. Princípios – Marcos de resistência. *Revista LTr – Legislação do Trabalho.* São Paulo: LTr, vol. 71, n. 01, janeiro/2007, p. 47-55.

GENRO, Tarso. Um Futuro por armar – estudo preliminar. In: *Direito do Trabalho: Modelo para Armar*. São Paulo: LTR, 1999.

——. Democracia, Direito e Soberania Estatal. In: MELLO, Celso de Albuquerque (coord.). *Anuário Direito e Globalização: A Soberania*, n. 1 Rio de Janeiro: Renovar, 1999, p. 135-143.

GIGLIO, Wagner D. *Justa causa*, 6. ed. São Paulo: Saraiva, 1996.

GORZ, André. *Misérias do presente, riqueza do possível*. São Paulo: Annablume, 2004.

GRAU, Eros Roberto. *A Ordem Econômica na Constituição de 1988*, 4. ed. São Paulo: Malheiros, 1998.

GUERRA FILHO, Willis Santiago. Direito das Obrigações e Direitos Fundamentais. *Revista Latino-Americana de Estudos Constitucionais*, Fund. Paulo Bonavides. Belo Horizonte: Del Rey, n. I, jan./jun. 2003, p. 536.

GÜNTHER, Klaus. *Teoria da Argumentação no Direito e na Moral*: justificação e aplicação, trad. Cláudio Molz. São Paulo: Landy, 2004.

HABERMAS, Jürgen. Posfácio. In: *Direito e Democracia – Entre Facticidade e Validade*, vol. II. Rio de Janeiro: Tempo Brasileiro, 1997, p. 315.

——. *Direito e Democracia – entre facticidade e validade*, vol. II. Rio de Janeiro: Tempo Brasileiro, 1997.

——. *Consciência Moral e Agir Comunicativo*. Trad. Guido A. de Almeida. Rio de Janeiro: Tempo Brasileiro, 1989.

HART, H. L. A. *O Conceito de Direito*. Lisboa: Fundação Calouste Gulbenkian, 1986.

HESÍODO. *Os Trabalhos e os dias*. São Paulo: Iluminuras, 1990.

HESSE, Konrad. La interpretación constitucional. In: HESSE, Konrad. *Escritos de Derecho Constitucional*. Seleção e trad. Pedro Cruz Villalon. 2. ed. Madrid: Centro de Estudios Constitucionales, 1992, p. 31-54.

HESSE, K. *A Força Normativa da Constituição*. Porto Alegre: Antonio Fabris Editor, 1991.

HOBBES, Thomas. *Do cidadão*. Trad. Renato Janine Ribeiro. 2. ed. São Paulo: Martins Fontes, 1998.

HOLLOWAY, John. The Red Rose of Nissan. In: *Capital and Class*. Londres, 1987, p. 132.

KELSEN, Hans. *Teoria Pura do Direito*, Trad. João Batista Machado. São Paulo: Martins Fontes, 1999

——. *A Democracia*. São Paulo: Martins Fontes, 1993.

KRELL, Andreas. *Direitos Sociais e Controle Judicial no Brasil e na Alemanha – os (des) caminhos de um direito constitucional "comparado"*. Porto Alegre: Sergio Antonio Fabris, 2002.

——. Realização dos Direitos Fundamentais Sociais mediante controle judicial da prestação dos serviços públicos básicos (uma visão comparativa). *Revista de Informação Legislativa*. Brasília: Senado Federal, out./dez. 1999, p. 239-260.

LIMA, George Marmelstein. *Efetivação do Direito Fundamental à Saúde pelo Poder Judicário*. 2003. Monografia final (Curso de Especialização em Direito Sanitário para Membros do Ministério Público e da Magistratura Federal). Universidade de Brasília, 2003.

LÔBO, Paulo Luiz Netto. Contrato e Mudança Social. In: *Anuário dos Cursos de Pós-Gradução em Direito*, n. 7, Recife: Universitária UFPE, 1995.

LOCKE, John. *Dois Tratados sobre o governo*. Trad. Julio Fisher. São Paulo: Martins Fontes, 1998.

MAIA, Antonio Cavalcante (Org.). *Perspectivas atuais da Filosofia do Direito*. Rio de Janeiro: Lumem Juris, 2005.

MAIA, Alexandre da. Dogmática Jurídica e multiplicidade – uma análise da teoria da argumentação jurídica de Robert Alexy. In: *A Filosofia no Direito e a Filosofia do Direito*. Porto Alegre: Instituto de Hermenêutica Jurídica, 2007, p. 38.

——. A determinação apriorística do conhecimento no Direito. In: *Anuário dos Cursos de Pós-graduação em Direito*, n.13. Recife: Universidade Federal de Pernambuco, 2003, p.22.

MALLET, Estêvão. Novas modificações no Código de Processo Civil e o Processo do Trabalho – Lei n. 11.382/2006. *Revista LTr – Legislação do Trabalho*. São Paulo: Editora LTr, vol. 71, n. 05, maio/2007, p. 519-532.

MARINONI, Luiz Guilherme. *Teoria Geral do Processo*. vol. 1. São Paulo: Revista dos Tribunais, 2006.

——. *Técnica processual e tutela dos direitos*. São Paulo: Editora Revista dos Tribunais, 2004.

——. Prefácio. In: *Procedimentos Especiais Cíveis – legislação extravagante*. Cristiano Chaves de Farias e Fredie Didier Jr (coord.). São Paulo: Saraiva, 2003, p. 17-19.

——. *A antecipação da tutela*, 7. ed. São Paulo: Malheiros, 2002.

——; ARENHART, Sérgio Cruz. *Manual do Processo de Conhecimento*, 2. ed. São Paulo: Revista dos Tribunais, 2003.

MARTINS NETO, João dos Passos. *Direitos Fundamentais – conceito, função e tipos*. São Paulo: Editora Revista dos Tribunais, 2003.

MELHADO, Reginaldo. *Metamorfoses do Capital e do Trabalho*: relações de poder, reforma do Judiciário e competência da Justiça Laboral. São Paulo: LTr, 2006.

—— *et al*. Os Direitos Fundamentais do Trabalho. Disponível em www. Amatra5.org.br. Acesso em 15.02.2005.

MEIRELES, Edilton. Trabalhadores subordinados sem emprego – limites constitucionais a desproteção empregatícia. *Revista LTr – Legislação do Trabalho*. São Paulo: Editora LTr, vol. 69, n. 07, julho/2005, p. 842-845.

MENDES, Gilmar Ferreira. *Direitos Fundamentais e controle de constitucionalidade: estudos de direito constitucional*. São Paulo: Celso Bastos, Instituto Brasileiro de Direito Constitucional, 1998.

MÉSZÁROS, István. *Para além do Capital*. Trad. CASTANHEIRA, Paulo Cezar; LESSA, Sérgio. São Paulo: Boitempo, 2006.

MIRANDA, Jorge. *Manual de Direito Constitucional*, tomo II, 3. ed. Coimbra: Coimbra Editora, 1991.

MONTESQUIEU, Charles-Louis de Secondad. *De l'espirit des lois*. vol I. Paris: Garnier-Flammarion.

MORAES, Maria Celina Bodin. O conceito de dignidade humana: substrato axiológico e conteúdo normativo. In: *Constituição, Direitos Fundamentais e Direito Privado*. (org). SARLET, Ingo Wolfgang. Porto Alegre: Livraria do Advogado, 2003, p. 124.

MORAES FILHO, Evaristo. *O Sindicato Único no Brasil*, Rio de Janeiro: Editora A Noite, 1952.

MÜLLER, Friedrich. *Quem é o Povo?* A questão fundamental da democracia. São Paulo: Max Limonad, 1998.

NEGROPONTE, Nicholas. *A Vida Digital*, trad. Sérgio Tellaroli. São Paulo: Companhia das Letras, 1995.

NEVES, A. Castanheira. *Digesta*, vol. 2. Coimbra: Coimbra, 1995.

NORONHA, Eduardo Garuti. *Entre a lei a arbitrariedade*: mercados e relações de trabalho no Brasil, São Paulo, LTr, 2000.

OLIVEIRA, Sebastião Geraldo de. *Proteção Jurídica à Saúde do Trabalhador*, 4. ed. São Paulo: LTr, 2002.

OLSSON, Giovanni. *Relações Internacionais e seus atores na era da globalização*. Curitiba: Juruá, 2003.

PEIXINHO, Manoel Messias. *A Interpretação da Constituição e os Princípios Fundamentais*: elementos para uma hermenêutica constitucional renovada, 3. ed. Rio de Janeiro: Lumen Júris, 2003.

PEREIRA, Jane Reis Gonçalves. *Interpretação Constitucional e Direitos Fundamentais*: uma contribuição ao estudo das restrições aos direitos fundamentais na perspectiva da teoria dos princípios. Rio de Janeiro: Renovar, 2006.

PERELMAN, Chaïm. *Ética e Direito*. Trad. Maria Ermantina Galvão G. Pereira. São Paulo: Martins Fontes, 1996.

PETTER, Lafayete Josué. *Direito Econômico*. Porto Alegre: Verbo Jurídico, 2006.

PINTO, José Augusto Rodrigues. *Curso de Direito Individual do Trabalho*, 4. ed. São Paulo: LTr, 2000.

PLATÃO. *A República*. Trad. Albertino Pinheiro. Bauru, SP: EDIPRO, 1994, Livro Oitavo.

POCHMANN, Márcio. *O Emprego na Globalização – a nova divisão internacional do trabalho e os caminhos que o Brasil escolheu*. São Paulo: Boitempo, 2002.

PORTO, Lorena Vasconcelos; VIANA, Márcio Túlio. Flexibilização Trabalhista e Desemprego – a recente polêmica da Lei de primeiro emprego na França. In: *Revista LTr – Legislação do Trabalho*. São Paulo: Editora LTr, vol. 70, n. 11, novembro de 2006, p. 1333-1337.

PRAKKEN, Henry; SARTOR,Giovanni. The three faces of defeasibility in the law. Disponível em http://www.papers.ssrn.com. Acesso em 10 de setembro de 2005, às 8:20 h.

QUEIROZ CAVALCANTI, Francisco de. O Supremo Tribunal Federal e a Inconstitucionalidade por Omissão Parcial. *Revista Esmafe 5*, n. 2 -2001. Recife: Gráficas Barreto, 2001, p. 19-26.

RADBRUCH, Gustav. In: AFTALIÓN, Enrique R. et al. *Introducción al Derecho*. Tercera Edición, Buenos Aires: Abeledo-Perrot, 1999.

RAMALHO, Agostinho. Sobre a crise dos Paradigmas Jurídicos e a Questão do Direito Alternativo. Disponível em htpp://www.teiajuridica.com.br. Acesso em 12/02/2006, às 20:00 h.

RAWLS, John. *O Liberalismo Político*. Tradução Dinah de Abreu Azevedo, 2. ed. São Paulo: Editora Ática, 2000.

REALE, Miguel. *Pluralismo e Liberdade*, 2. ed. Rio de Janeiro: Expressão e Cultura, 1998.

RECASÉNS SICHES, Luis. *Introducción al estúdio del Derecho*. 6. ed. México: Porrúa, 1981.

RODRIGUES, Américo Plá. *Princípios de Direito do Trabalho*. São Paulo: LTr, 1978.

ROSANVALLON, Pierre. *A Crise do Estado-Providência*. Trad. Joel Pimentel de Ulhôa. Goiânia: Editora da UFG, 1997.

ROUANET, Paulo Sérgio. Ética Iluminista e Ética discursiva. In: *Habermas 60 anos*. Rio de Janeiro: Tempo Brasileiro, 1989, p. 31.

ROUSSEAU, Jean-Jacques. *O Contrato Social*. Trad. de Antônio de P. Machado. 18. ed. Rio de Janeiro: Ediouro, 1997.

SALDANHA, Nelson. *Formação da Teoria Constitucional*, 2. ed. Rio de Janeiro: Renovar, 2000.

——. O que é o Liberalismo. In: *Estado de Direito, Liberdades e Garantias* (Estudos de Direito Público e Teoria Política). São Paulo: Sugestão Literária, 1980, p. 89.

SAMPAIO, José Adércio Leite. *Jurisdição Constitucional e direitos fundamentais*. Belo Horizonte: Del Rey, 2003, p. 301.

SANTOS, Boaventura de Sousa. *Pela mão de Alice – o social e o político na pós-modernidade*, 6. ed. São Paulo: Cortez, 1999.

SARLET, Ingo Wolfgang. Mínimo Existencial e Direito Privado: Apontamentos sobre Algumas Dimensões da Possível Eficácia dos Direitos Fundamentais Sociais no Âmbito das Relações Jurídico-Privadas. In: *A Constitucionalização do Direito – Fundamentos Teóricos e Aplicações Específicas*. (coord.) SARMENTO, Daniel; SOUZA NETO, Cláudio Pereira de. Rio de Janeiro: Lumen Juris, 2007, p. 351.

——. Constituição e Proporcionalidade: o direito penal e os direitos fundamentais entre proibição de excesso e de insuficiência. *Revista de Estudos Criminais* n. 12, ano 3. Sapucaia do Sul: Editora Nota Dez, 2003, p. 86 e segs.

——. Direitos Fundamentais e Direito Privado: algumas considerações em torno da vinculação dos particulares aos direitos fundamentais. In: *A Constituição Concretizada: construindo pontes com o público e o privado*. Porto Alegre: Livraria do Advogado, 2000, p. 114.

SARMENTO, Daniel. Ubiquidade Constitucional: os dois lados da moeda. In: *A Constitucionalização do Direito – Fundamentos Teóricos e Aplicações Específicas*. Coord. SARMENTO, Daniel; SOUZA NETO, Cláudio Pereira de. Rio de Janeiro: Lumen Juris, 2007, p. 113-148.

——. *Direitos Fundamentais e Relações Privadas*. Rio de Janeiro: Lumen Juris, 2004.

——. A dimensão objetiva dos direitos fundamentais: fragmentos de uma teoria. In: SAMPAIO, José Adércio Leite. *Jurisdição Constitucional e direitos fundamentais*. Belo Horizonte: Del Rey, 2003, p. 301.

SILVA, José Afonso da. *Aplicabilidade das normas constitucionais*. 2. ed. São Paulo: Revista dos Tribunais, 1982.

SILVA, Virgílio Afonso da. *A Constitucionalização do Direito*. São Paulo: Malheiros, 2005.

——. Interpretação Constitucional e Sincretismo Metodológico. In: SILVA, Virgilio Afonso da (Org.). *Interpretação constitucional*. São Paulo: Malheiros, 2005, p. 141.

——. O Proporcional e o Razoável. In: *A Expansão do Direito: estudos de Direito Constitucional e Filosofia do Direito em homenagem a Willis Santiago Guerra Filho*, org. TORRENS, Haradja Leite; ALCOFORADO, Mário Sawatani Guedes. Rio de Janeiro: Lumen Juris, 2004, p. 110-111.

——. Princípio e regras: mitos e equívocos acerca de uma distinção. *Revista Latino-americana de Estudos Constitucionais*. Belo Horizonte: Del Rey, jan a jun. 2003, p. 607-630.

SIQUEIRA, André. O Futuro do Emprego. In: *Carta Capital*, ano XII, n. 383, 8 de março de 2006, p. 28.

SOARES FILHO, José. *A proteção da relação de emprego*. São Paulo: LTr, 2002.

SOUTO MAIOR, Jorge Luiz. Reflexos das alterações do Código de Processo Civil no Processo do Trabalho. *Revista LTr – Legislação do Trabalho*, São Paulo: Editora LTr, 2006, v. 70, n. 8, p. 920-1.

——. Terceirização na administração pública – uma prática inconstitucional. *Revista LTr – Legislação do Trabalho*, São Paulo: Editora LTr, novembro/2006, v. 70, n. 11, p. 1307-1317.

STEINMETZ, Wilson Antônio. *A vinculação dos particulares a direitos fundamentais*. São Paulo: Malheiros, 2004.

——. *Colisão de direitos fundamentais e princípio da proporcionalidade*. Porto Alegre: Livraria do Advogado, 2001.

STEINMETZ, Wilson. Princípio da Proporcionalidade e atos da autonomia privada. In: *Interpretação Constituição*, (Org.) SILVA. Virgílio Afonso da. São Paulo: Malheiros, 2005, p. 32-43.

——; OLIVEIRA, Sílvio de. O Direito Fundamental ao Trabalho Formal e a Responsabilidade do Estado perante grupos sociais vulneráveis. *Revista LTr*. São Paulo: Editora LTr, janeiro/2007, p. 71-01/57.

STRECK, Lenio Luiz. *Verdade e Consenso* – Constituição, Hermenêutica e Teorias Discursivas. Rio de Janeiro: Lumen Juris, 2006.

——. A Jurisdição Constitucional e as Possibilidades Hermenêuticas de Efetivação da Constituição: Breve Balanço Crítico nos quinze anos da Constituição Brasileira. In: *Direitos Humanos e Globalização: Fundamentos e Possibilidades desde a Teoria Crítica,* (Org.) David Sánchez Rúbio, Joaquín Herrera Flores; Salo de Carvalho. Rio de Janeiro: Lumen Juris, 2004, p. 348.

——. *A Dupla Face do Princípio da Proporcionalidade e o cabimento de mandado de segurança em matéria criminal*: superando o ideário liberal-individualista-clássico. Disponível em www.ihj.org.br, acesso em 10.02.2005.

——. Bem Jurídico e Constituição: da proibição de excesso (*übermassverbot*) à proibição de proteção deficiente (untermassverbot) ou *de como não há blindagem contra normas penais inconstitucionais*. Disponível em www.leniostreck.com.br/index.php, às 20:10 h, do dia 10/02/2005.

STRUCHINER, Noel. Algumas 'Proposições Fulcrais' acerca do direito: O debate jusnaturalismo vs. Positivismo. In: MAIA, Antonio Cavalcante (Org.) et al. *Perspectivas Atuais da Filosofia do Direito*. Rio de Janeiro: Lumem Juris Editora, 2005, p. 399-415.

SÜSSEKIND, Arnaldo. Revisão dos Direitos Constitucionais do Trabalhador. In: SOARES, José Ronald Cavalcante (Org.). *Estudos de Direito Constitucional: homenagem a Paulo Bonavides*. São Paulo: LTr, 2001, p. 48.

TÁCITO, Caio. Transformações no Direito Administrativo. *Boletim de Direito Administrativo*. São Paulo: NDJ, fev/1999, p. 84.

TALAMINI, Eduardo. Medidas urgentes ("Cautelares" e "Antecipadas"): a Lei 10.444/2002 e o Início de Correção de Rota para um Regime Jurídico Único. *Revista Dialética de Direito Processual*, São Paulo: Oliveira Rocha, maio/2003, p. 23.

TEIXEIRA, Sérgio Torres. *Proteção à relação de emprego*. São Paulo: LTr, 1998.

VIANNA, Luiz Werneck et al. *A Judicialização da política e das relações sociais no Brasil*. Rio de Janeiro: Revan, 1999, p. 15.

VIANNA, Luiz Werneck. *Liberalismo e Sindicato no Brasil*, 3. ed. Rio de Janeiro: Paz e Terra, 1989.

WANDELLI, Leonardo Vieira. *Despedida Abusiva. O direito (do trabalho) em busca de uma nova racionalidade*. São Paulo: LTr, 2004.

WATANABE, Kazuo. *Da cognição no processo civil*, 2. ed. Campinas: Bookseller, 2000.

WIEACKER, Franz. *História do Direito Privado Moderno*, 3. ed. Trad. de Botelho Hespanha. Lisboa: Fundação Calouste Gulbenkian, 2004.

WOLFF, Francis. Nascimento da Razão, origem da crise. In: NOVAES, Adauto (Org.). *A Crise da Razão*. Trad. Paulo Neves. São Paulo: Companhia das Letras, 1999, p. 73.

WWW.vatican.va/holy_father/john_paul_ii/ encyclicals/index_po.htm. Acesso em 10-11-2007.

ZAVASCKI, Teori Albino. *Antecipação da tutela*, 3. ed. São Paulo: Saraiva, 2000.

Impressão:
Evangraf
Rua Waldomiro Schapke, 77 - P. Alegre, RS
Fone: (51) 3336.2466 - Fax: (51) 3336.0422
E-mail: evangraf.adm@terra.com.br